U0456455

泰国研究论丛

（第三辑）

主　编⊙杜　洁　李　萍
副主编⊙白　杨　陈　欣

图书在版编目（CIP）数据

泰国研究论丛．第三辑 / 杜洁，李萍主编．-- 成都：四川大学出版社，2024．10．-- ISBN 978-7-5690-7298-3

Ⅰ．K336.07-53

中国国家版本馆 CIP 数据核字第 2024CA6818 号

书　　名：泰国研究论丛（第三辑）
Taiguo Yanjiu Luncong (Di-san Ji)
主　　编：杜　洁　李　萍

选题策划：刘　畅
责任编辑：于　俊
责任校对：敬雁飞
装帧设计：墨创文化
责任印制：李金兰

出版发行：四川大学出版社有限责任公司
地址：成都市一环路南一段 24 号（610065）
电话：（028）85408311（发行部）、85400276（总编室）
电子邮箱：scupress@vip.163.com
网址：https://press.scu.edu.cn
印前制作：四川胜翔数码印务设计有限公司
印刷装订：四川煤田地质制图印务有限责任公司

成品尺寸：170mm×240mm
印　　张：15.5
字　　数：295 千字

版　　次：2025 年 1 月 第 1 版
印　　次：2025 年 1 月 第 1 次印刷
定　　价：78.00 元

本社图书如有印装质量问题，请联系发行部调换

扫码获取数字资源

四川大学出版社
微信公众号

目　录

经济发展与合作

“一带一路”倡议下中泰经贸合作中成都发挥引领作用研究①

游婧②　李建芯③

摘要： 中泰两国是“一带一路”中重要的贸易合作伙伴，中国与泰国的密切合作具有产业优势合作机遇。成都在南向合作中扮演重要角色，能够在中泰经贸合作中，凭借自身优势与泰国基本国情优势相匹配，从而发挥出更好的引领作用。本文通过梳理中泰合作现状与中泰改革发展的措施，具象呈现成都在中泰合作中利用自身具体的区位优势，探讨促进成都引领提升中泰经贸合作的质量与效益，并试图以成都自贸区与泰中罗勇工业区建立良好合作关系为案例进行探讨，深挖成都的引领作用潜力。

关键词： “一带一路”；中泰合作；泰国经济走廊

一、概论

（一）选题背景及研究意义

1. 研究背景

近些年来，中国-东盟自贸区规模不断扩大。泰国地理位置良好，经济发展状况良好，整体经商环境比较开阔包容，经济社会发展水平处于东盟各国前列，是“一带一路”的重要节点国家，对周边东南亚邻国发挥着重要引领示范作用。

在“一带一路”倡议下中泰两国外贸交流已迈上了新台阶。中泰两国贸易基础条件优良。中国产品种类丰富，政策支撑有力，市场前景广阔。泰国运输条件便利。中泰双边贸易具有较强互补性，泰国向中国出口玉米、橡胶、大米等泰国优势产品，中国向泰国出口泰国稀缺的产品。中国连续多年都是泰国最

---

① 本文系成都大学泰国研究中心“一带一路”倡议下成都发挥中泰经贸合作引领作用研究（项目编号：SPRITS202113）研究成果。

② 游婧，博士，成都大学讲师，研究方向为国际贸易和区域经济。

③ 李建芯，中国建设银行成都分行职员，研究方向为国际贸易与投资。

大贸易伙伴、农产品最大出口市场、主要外资来源国，双方经贸合作强劲增长。投资方面，近来中国企业在泰国投资规模继续不断扩大，中国已成为泰国的第一大投资来源国家。随着中国公司在泰国投资效率提高，更多的中方企业愿意到泰国投资建厂，不断推进可行性建设项目生产建设。中泰双方的投资合作已逐步形成多行业、多范围、多层次的协作局面。

2. 研究目的及意义

中泰合作有利于东南亚地区的发展稳定，意义重大。泰国快速增长的经济、良好的投资环境、优惠的投资政策和完善的基础设施等足够吸引中国企业进行对泰投资。泰国政府提出“泰国 4.0”战略和“东部经济走廊”发展规划，为前来投资企业搭建了完善的融资合作平台，与“一带一路”倡议不谋而合，两者相结合能迸发出新的经济增长点。

作为“一带一路”南向开放的重要桥头堡和门户枢纽城市，成都积极响应，市政府出台相应文件，促进新兴陆海通道的设立，以促进开放合作。在中泰合作中积极探索并发展与泰国重点工业园区的合作，构建协同发展产业渠道的一体化开发开放体系，集约建成南向供应链资源配置中心并构建“东蓉欧”全球供应链体系，实现科技增高、交通便利、制度完善、物流服务、产业多元、竞争顽强的新渠道。要从渠道枢纽、创新供应链、南进商品贸易、服务贸易、合作园区建设等方面有效提升对外开放水平。

基于此，本文通过统计数据分析中泰经贸合作现状，系统梳理中泰合作现状与中泰改革发展措施，呈现成都在中泰合作中利用区位优势推动和助力中泰合作的举措，对存在的问题、发展的困境给出解决思路。

（二）文献综述

1. 国内相关研究现状

（1）中泰双边经贸关系研究。

张恪渝、周玲玲认为泰国基础设施完善，各项交通条件齐备。泰国拥有优惠的投资促进政策、强大的产业链支持、丰富的原材料和零部件，在全球商业指数排名中位列第 21 位，是投资者进入东盟市场的重要桥头堡。①泰露露（Nisachol Thaithong）认为中泰产业合作在贸易方面有失衡，两个产业的优势互补有待进一步完善，投资合作规模有待提高，两国经贸合作存在体制

① 张恪渝、周玲玲：《RCEP 对中国经济及其区域内部的影响分析》，载《国际贸易问题》，2021 年第 11 期，第 37～53 页。

差异问题。[①]

（2）中泰两国双边贸易程度、影响因素、问题和对策研究。

邸勍提出中泰贸易合作受到贸易成本高、贸易结构不平衡、产品结构大致相同等因素的影响。[②]郑国富认为中泰应增进政治互信，切实推进中泰和中泰农业领域的“五通建设”发展，实现两国农产品贸易合作向广度和深度发展，扩大贸易成果，共同打造更紧密的“命运共同体”。[③]

（3）中泰贸易互补性和竞争性的研究。

姜鸿等指出泰国对华出口增速低于从中国进口增速，泰中贸易逆差扩大，泰国对华出口结构水平较低，部分为高加工、高附加值产品出口。[④]志远认为中泰美三国争夺产品市场的焦点主要集中在机械和运输设备产品上。近年来，这类产品在泰国的快速发展主要得益于发达国家在泰国的大量投资以及泰国政府对工业发展的重视。在农产品贸易中，两国以互补为主，以竞争为辅。两国之间的竞争趋于缓慢，互补性趋于薄弱。[⑤]

2. 国外相关研究现状

帕塔（Pattaraporn Kusalangkulwat）认为“一带一路”倡议不仅带动中泰两国经贸往来的深度与广度的增加，而且巩固两国关系，加快了通往中亚和欧洲的物流与基础设施的建设步伐，促进了中泰贸易的发展。[⑥]

3. 文献评述

目前对于中泰贸易合作现状、中泰贸易可行性分析以及中泰贸易竞争性分析等有较多的研究，并且对于中泰贸易之间的摩擦性因素、贸易便利化水平也有一定的研究。

但目前大多数学者主要是研究中泰贸易中的某一方面，对于具体的城市节点参与到贸易过程中的研究比较少。本文将中泰经贸合作现状分析、成都发挥

---

① 泰露露（Nisachol Thaithong）：《中国-东盟自由贸易区升级版背景下泰中产业合作研究》，广西大学学位论文，2017 年，第 34～38 页。

② 邸勍：《中泰双边贸易发展程度评价研究》，云南财经大学学位论文，2017 年，第 22～25 页。

③ 郑国富：《“一带一路”倡议下中国与东盟农产品贸易合作发展的路径与前景》，载《对外经贸实务》，2017 年第 10 期，第 30～33 页。

④ 姜鸿、杜滢、徐乐乐：《中泰贸易互补性与竞争性研究》，载《常州大学学报（社会科学版）》，2016 年第 17 期，第 58～64 页。

⑤ 志远：《泰国与中国水果贸易竞争性研究》，载《商》，2015 年第 12 期，第 102 页。

⑥ 帕塔（Pattaraporn Kusalangkulwat）：《中泰贸易影响因素分析的研究》，哈尔滨工业大学学位论文，2017 年第 35 页。

引领作用二者结合起来进行研究，对成都在中泰贸易中如何发挥引领作用进行分析。

二、“一带一路”倡议背景下中泰合作现状分析

（一）中泰贸易现状概述

回顾近年数据，2019 年，泰国与中国双边货物进出口额为 800 亿美元；2020 年，中泰贸易额 986.3 亿美元，同比增长 7.5%；2021 年中泰双方贸易克服了新冠疫情影响，双边贸易额突破 1000 亿美元大关，达到 1312 亿美元。中国连续 9 年成为泰国第一大贸易伙伴和农产品出口市场。[①]中国和泰国在对方的进出口总额中所占比重不断提高，成为彼此重要而稳定的贸易伙伴。

1. 中泰贸易总体情况

2013—2020 年中国与泰国贸易情况见表 1。

表 1　2013—2020 年中国与泰国贸易情况　　（单位：万美元）

贸易总额	9865398	9174649	8750835	8013781	7572743	7545955	7262116	7124055	6975086
出口总额	5051424	4558484	4287872	3854173	3719508	3829080	3428923	3271790	3119620
进口总额	4813974	4616165	4462964	4159608	3853234	3716875	3833193	3852265	3855466
贸易差额	237450	−57681	−175092	−305435	−133726	112205	−404270	−580475	−735846

（数据来源：根据国家统计局资料整理所得）

自 2011 年开始中泰贸易进出口贸易总额稳步增长，出口额从 2011 年到 2020 年的 10 年期间增长约 96.59%，从 2011 年至 2015 年进口额呈现略微负增长，在 2015 年出现拐点，进口额呈现逐年递增的趋势。从总的趋势来看，中国与泰国之间贸易往来呈现正增长，近年增长速度放缓是由泰国总体进出口贸易量增速下滑造成的，并不是两国经贸往来出现重大变化。

2. 中泰贸易规模及类型

（1）泰国对中国主要出口商品类型及规模。

中泰两国贸易商品种类丰富，包括农产品、工业制成品、能源产品、服务贸易产品等多个类别。泰国对中国出口商品前三大类分别是机电、音像设备及

① 根据中华人民共和国海关总署相关数据整理。

其零件、附件，植物产品和塑料及其制成品，橡胶及其制成品。2021 年 1—12 月，泰国对中国出口第二大类为植物产品，约 96.48 亿美元，占总出口额的 15.61%。其中，食用水果及坚果、食用蔬菜、根及块茎等是主要类别。2022 年，泰国农产品对中国出口 126 亿美元，同比增长 6%。

（2）泰国对中国主要进口商品类型及规模。

以 2021 年为例，中国对泰国的前三大出口商品为机电、音像设备及其零件、附件，贱金属及其制品，化学工业及其相关工业的产品。中国和泰国的进出口商品类别不尽相同，进出口商品的种类也非常相似，这使得两国在对外贸易中的竞争非常激烈。外贸商品结构相似，表明进口竞争比出口竞争更激烈，这种进口竞争对泰国影响很大。

（3）中泰双向投资发展现状。

中泰双向投资额度不大，有较大发展空间。2013—2019 年中国对泰国直接投资存量分别为 247243、307947、344012、453348 和 535847、594670、718585 万美元，投资规模逐渐扩大，且呈现上升趋势。在此期间，中国实际利用泰国外商业直接投资净额比较低迷，2013—2019 年投资体量分别为 48305、6052、4438、5615、11023、4574、10580 万美元，投资增速有所减少，投资总量增加不足。中国以基础设施投资为导向，直接投资总体体量还有待进一步发展。

（二）成都在中泰贸易中的占比分析

四川进出口规模上升迅速，政策导向不断深化，交通条件不断优化，更多的企业和项目在四川生根发芽并且不断壮大，加工贸易产业迎来了持续繁荣，推动了四川外贸结构的转型升级。截至 2023 年，四川进出口增长迅速，对“一带一路”沿线国家进出口总额突破 500 亿元，同期增长超过 40%，充分展现了四川在“一带一路”建设中发挥的重要作用。回溯 2011 年，四川进出口贸易额首次超过 3000 亿元，2019 年直接在 2011 年的基础上翻一番，2020 年逼近 9000 亿元，进出口贸易总额整体呈现上升趋势，且占全国进出口总额比例较大，拥有足够的分量可以起到引领作用。

从表 2 数据发现，成都作为四川省会，在全省进出口贸易中占据充分的主体地位，承接绝大部分的进出口贸易，在南向合作中扮演着重要角色。从 2021 年的数据来看，成都的进出口值约占全省的 86.74%，且成都对四川省 GDP 贡献量也是位居各市州榜首，成都凭借自身优越的区位条件能够很好地开展进出口贸易。

表 2　2021 年 1—11 月四川各市州进出口总值表　（单位：万元人民币）

市州名称	进出口值		出口值		进口值	
	本年	同比%	本年	同比%	本年	同比%
总计	85386243	16.2	50829421	20.4	34556822	10.5
成都	74064476	13.5	43399490	15.9	30664986	10.1
绵阳	2256354	14.8	963673	35.8	1292681	2.9
宜宾	2021077	26.1	1404143	30.3	616934	17.4
德阳	1225498	18.9	943926	31.6	281572	−10.2
泸州	1082150	44.3	548688	52.7	533462	36.5
眉山	801650	164.4	604828	331.1	196822	20.8
乐山	795722	80.8	633138	93.6	162584	43.8
达州	482230	111.7	439773	121.2	42457	46.3

（数据来源：中华人民共和国成都海关）

根据成都海关 2021 年统计数据，四川货物贸易进出口总值超过 8500 亿元，位居全国前列，进出口贸易总量大，基数高，增长快，发展势头好，对东南亚地区的进出口份额较高，尤其是泰国的进出口量在整个东南亚地区名列前茅，且呈向好向高的趋势发展。成都作为四川省会城市，在四川省对泰进出口贸易中起着重要支撑作用。成都能够很好地承担中泰合作中的领头羊作用。

（三）基于成都区位优势的中泰特色产业合作

1. 开展以农产品贸易为主的农业领域合作

泰国对华出口的主要产品是初级农产品、林业及加工产品。中泰两国农业合作范围不断扩大，果蔬贸易合作进程不断优化，合作发展顺利。中国从泰国进口水果、蔬菜和谷物等农产品。泰国倡导自由贸易的政策，为中泰两国农产品贸易带来极大便利。从区位优势来分析，成都作为四川省会城市，有“天府之国”的美称，不断完善的农业产业链供应体系、良好的政策指引为粮食和重要农产品供应提供有力支撑，农业实现全面高质高效发展。成都正在进行国家现代农业产业科技创新中心建设，着力构建“一核、三园、N 基地”农业科技创新矩阵，打造“立足成都、服务四川、辐射西南、带动全国和‘一带一路’国家”国际水准的特色现代农业硅谷，为中泰农产品贸易合作奠定了良好基础。

2. 开展以互增旅游交流为主的旅游业领域合作

中泰旅游业的双赢发展是两国高度重视的问题。中国“一带一路”倡议与泰国 4.0 战略和东部 EEC 经济走廊投资计划中关于旅游业发展的理念和目标高度一致。目前两国旅游贸易额虽然体量较大，但还是存在明显差异。中泰两国的旅游合作受到两国发展水平不平衡和民众消费观念变化的影响，也受到两国自然资源和人力资源差异的制约。泰国旅游资源丰富，具有独特的岛屿风光和丰富的海洋生物，对中国游客极具吸引力。

成都旅游资源丰富，旅游产业发展速度快，旅游资源的开发利用具备良好的条件。地貌复杂多样，山川完整，自然风光秀丽，旅游资源独特。成都旅游资源分布相对集中，形成以成都市区为核心，以周边县市为辐射的多元化旅游片区。泰国和成都都具有足够吸引人的旅游资源，双方加强合作，双向吸引，双方旅游产业发展大有可为。

3. 开展以电子商务沟通为主的高端服务业领域合作

泰国在发展相关产业转型的同时，不断完善北柳、春武里和罗勇三个园区基础和配套设施，优化园区营商环境。泰国政府希望通过与"一带一路"建设建立联系，两国政策导向相互吸引，相互支持，吸引更多企业到泰国投资建厂，并通过中泰铁路联通泰国曼谷向北的高速铁路，以连接中国市场。目前，泰国消费者对网购需求增加，推动了泰国电子商务领域的发展。泰国电子商务的持续推进促进了企业贸易便利化程度的提高。政府通过控制税率，为发展电子商务提供相关优惠政策，以促进泰国电子商务的发展，提高国际竞争力。

而《成都市电子商务发展"十四五"规划》提出，加快电子商务的数量和质量的稳步提升，不断扩大电子商务交易额规模；通过培育垂直领域电商龙头企业形成企业集群，促进更大规模的电子商务发展。加快赋能产业数字化转型、促进新消费发展，不断创新业态更新模式发展，通过对外合作交流，培育出高质量的电商基地。①

三、成都通过成都自贸区进一步发挥引领作用

（一）成都自贸区与泰国经济走廊对接

成都自贸区有着传统商品竞争力强、功能趋向综合、管理体系完善等显著特点。加上成都自身的区位优势，与泰国经济走廊的合作可行性较为突出。

2017 年，泰国开始启动东部经济走廊发展计划（EEC），其主要目的是优化泰国产业结构，转变经济发展方式，全面提升泰国综合国力，吸引投资，实

① 覃川：《中泰贸易逆势增长　后疫情时代电商合作潜力大》，载《中国对外贸易》，2020 年第 11 期，第 54～55 页。

现共赢。2018 年泰国政府发布《东方经济走廊法案》，通过实施泰国 4.0 战略，推进园区基础设施建设和适度政策倾斜优惠，吸引外商投资建厂。东部经济走廊的发展得到制度上的保障，各类大型基建项目稳步开展，园区招商效果显著，发展势头良好。中泰两国在东部经济走廊上合作空间较大，并且有广泛的实践基础，中国可以与泰国开展第三方市场合作，通过优势互补和共同开发等渠道更好地支持东部经济走廊建设。

《成都市国民经济和社会发展第十四个五年规划和二〇三五年远景目标纲要》指出，重视创新驱动和扩大开放，与泰国 4.0 战略高度契合。成都紧跟国家经济外交战略，抓住 RCEP 等战略机遇，推动成都产业转型升级，提升国际竞争力。加快“走出去”战略步伐。支持企业依靠便利交通条件，主动融入经济全球化浪潮，发展全球营运业务，努力在跨境贸易、产业投资、金融服务等领域提高国际化水平，带动成都企业“走出去”，让成都在中泰贸易中起到一定的引领作用。[①]

在成都自贸区的建设方面，努力进行自贸试验区自我革新。对接和引领全球高标准规则，谋求与其他国家同等量级的产业园区进行合作，并持续深化改革，用高水平开放推动高质量发展，将中国（四川）自贸试验区成都区域建设成为国家对外开放发展的桥头堡。不断深掘成都自贸区发展潜力，着力打造具有成都特色的自贸试验区。将成都自贸区的发展融入全球性的园区合作浪潮，借鉴成功发展经验，深化合作。

（二）泰中罗勇工业园在泰国经济走廊建设中的重要地位

泰中罗勇工业园是最早与中国合作海外经贸区之一，因大量中方企业在罗勇工业园投资建厂而被称为泰国的工业唐人街，已成为中国传统优势产业在泰国乃至东盟最大的产业集聚中心和制造出口基地，是中国企业在海外投资建设成功的工业园区之一，以汽配、机械、建材五金、电子电气等为重点产业。

工业园地理位置优越，位于泰国东部海岸，靠近泰国首都曼谷。无论进口原材料还是出口制成品，都具有运输服务方面的明显区位优势。工业园内总体规划囊括中国汽车零部件和仓储区、中国家电行业、物流企业等。通过完善建设一流的投资创业体系，帮助中国企业建设出口一体化平台，助力中国传统优势产业在泰国的发展壮大。通过建设产业集群中心，配置出口基地等措施，吸引到汽车配件、家用电器等中国企业入园投资设厂，打造集制造、会展、物流和商业、生活于一体的现代化综合园区。

① 郭艳、王世钰：《泰国加大吸引外资力度 “一带一路”促中泰贸易加速升温》，载《中国对外贸易》，2016 年第 6 期，第 68～69 页。

（三）成都自贸区与泰中罗勇工业园的合作发展

泰中罗勇工业园发展规划清晰，发展规模庞大，需要大量的资金、企业、设备、人员等，需要与其他国家进行充分合作，优势互补，达成共赢。中国企业基数大，相应的资金、人力以及国际合作经验等相对比较丰富，也还希望通过与国际市场对接，不断强化自身实力，增强国际竞争力。泰国经济走廊对于罗勇工业园的产业定位与中国企业特点有较强关联性，园区内中方企业与泰国政府和企业在建设东部经济走廊方面有着广阔的合作空间。参与园区建设的企业可以响应国家倡议，积极参与泰国东部经济走廊建设。

1. 建立双向外商投资服务促进体系

建立外商投资长期管理机制，建立多种形式的投资模式，支持园区企业开展对外交流合作。完善外商投资合作服务体系，加强投后管理和服务。凭借在金融、产业、国际贸易和风控方面的优势，将成都自贸试验区打造成企业“走出去”的窗口和综合服务平台，泰中罗勇工业园将被打造成园区“引进来”的承载服务中心，大力支持成都自贸区内企业进驻泰中罗勇工业园，进行投资合作。

2. 探索“园区+自贸区”机制建立

双方合作发展坚持招商引资、智力和技术与优势产业、技术和服务相结合。在产业合作、科技创新等领域创新共享开放合作模式，支持成都自贸区国家产业合作园区建设，推动罗勇工业园吸纳优质企业，实现能力提升。

3. 加快服务贸易转型发展

双方加快服务贸易创新发展路径探究，通过探索服务贸易发展新模式，完善服务贸易公共服务体系，搭建贸易促进平台。重点推进在产业政策引导、人才合作、企业对接联动、项目载体共建、商业环境优化、技术共享等领域的深入合作。为服务贸易专业人员的进出提供绿色通道，不定时提供有针对性的指导服务和语言学习机会，以各种形式和渠道帮助中国企业与罗勇工业园对接。成都自贸区扩大开放范围，提升开放水平，双方达到共赢的大好局面。

4. 畅通国际通道

成都自贸区依托双流航空枢纽、成都国际铁路港、川南临港，与相关部门共建综合物流服务体系。支持成都国际铁路港口建设为国家开放港口，基于良好的交通条件，建设国际铁路运输枢纽，促进与泰国重点城市的互联互通。积极探索与泰中罗勇工业园有关机构建立运输安全、环保、通关、检验等方面的合作机制。加快国际航空中心建设，大力发展空港经济。加快集高铁、地铁、城际铁路、高速公路一体化综合运输体系建设，在中国打造欧陆空联运基地。在交通运输领域，完善快件处理设施和绿色通道。加快发展快递等现代物流业。[①]泰中罗勇工业园依据良好的港口条件，卓越的地理位置，强大的吸纳能力、包容能力，吸引更多的成都自贸区企业落户建厂。

四、进一步促进成都发挥引领作用的建议

（一）扩大农产品贸易交流

1. 促进成都农产品对泰贸易的建议

（1）首要是保障农产品质量安全，建立质量监管体系，引进先进的质量检测技术，学习先进的严格检测经验。从农产品的生产源头入手，控制农产品质量，严格规范生产流程，建立规范的农业生产基地。

（2）同时要聚焦做强成渝地区双城经济圈“桥头堡”和全省发展“主干”，发挥成都都市现代农业基础优势，协同共建现代农业科技园区，形成有国际竞争力、区域带动力的现代产业规模，引领带动区域农业现代化。

（3）加强农产品贸易基础建设。通过建设完备的农产品运输、储存台账，完善运输方式、仓储、运输中转站等基础设施，保证农产品质量。

（4）制度保障方面，相关部门减少复杂手续，在宣传方面通过广告、展览等多媒体手段，时刻关注国际市场的变化，跟上国际价格的波动。

（5）提高品牌意识和营销意识，打造农业特色品牌，提高农产品国际竞争力。通过深加工提高产品附加值，提高农产品的国际竞争力。

2. 促进泰国农产品对蓉贸易的建议

（1）探索合作机制，把握贸易时机，创造贸易机会，积极搭建泰蓉农产品合作平台，与成都农产品出口企业建立密切合作关系，畅通农产品信息渠道。互通农产品市场信息，关注国际市场变化，给予政策倾斜，加大补贴力度。

（2）加强人才培养和创新管理模式，加大农产品科技投入和技术升级力

---

① 范鹏辉、祁欣、林梦等：《泰国重点产业的发展及投资机遇》，载《国际经济合作》，2016年第10期，第56～60页。

度，提升农产品加工能力。以精细化的作业方式进行加工农产品，不断更新产品，开发新产品，以适应国际市场的需要。

（3）发挥蔬菜、谷物等产业优势，实施农产品互通，促进泰国农产品对蓉出口贸易。打造独特品牌，如"泰香米"等，把握民众喜好需求，提升国内外知名度，重点关注并培育龙头企业。

（二）促进旅游资源市场对接交流

1. 明确旅游业优化措施

（1）合理利用旅游资源，发展旅游产业，开发旅游产品，调整相关城市经济结构的重心，促进城市经济转型升级。

（2）成都进一步建设旅游之都，使文化旅游产业成为支柱产业和可持续发展产业，弘扬中华优秀传统，打造精品旅游城市，实现成都从传统自然旅游向文化消费旅游的根本转变。

2. 加强两地旅游融合交流

（1）泰国旅游资源丰富程度丝毫不亚于成都。成都通过学习泰国旅游业发展经验，开发经验，将外在学习化成自身发展的内在动力。

（2）深度挖掘成都发展旅游资源潜力，与泰国旅游资源进行契合，形成旅游资源对接，促进中泰旅游资源市场开发，形成旅游资源共享一体化，共建旅游信息平台，推进中泰贸易合作向新发展。同时加强与泰国旅游城市的密切联系，对外输出优质旅游资源，促进成都和泰国旅游业共同繁荣。

（三）互增电子商务服务交流

数字经济快速兴起，在推动产业链转型升级的同时能够加速服务业领域向高端进发，呈现电子商务发展的新局面。成都电子商务贸易总额呈现稳步上升的趋势，电子商务贸易领域不断拓广，贸易质量不断提高，贸易伙伴不断增多。在"十三五"期间，成都电子商务交易额高达 2 万多亿元。"十四五"开局之年，成都电子商务交易额接近 2.5 万亿元，在全国城市前沿阵列。与泰国庞大的电子商务需求形成良好的供求关系。泰国民众日益增长的数字经济需求，电子商务领域的发展与成都方兴未艾的电子商务高端服务业发展不谋而合。通过泰蓉更深层次合作，成都可凭借自身在数字经济和电子商务上的显著优势与泰国庞大的电子商务市场进行对接，能够很好地实现资源互补。

五、结论

成都作为我国南向合作的重要前沿，在国家重大发展战略下，主动发挥出主干桥头堡作用，与泰国的各行各业进行紧密合作，对推动中泰贸易发挥引领作用。通过建立健全制度保障，共享贸易政策优惠，完善基础产业建设、充分发挥产业优势，建设自由贸易合作园区、提高利用外资水平，注重精尖人才培育，注重以人为本发展等方面，助力成都在“一带一路”背景下中泰经贸合作中起到引领作用。

参 考 文 献

陈慧玉（VISETBUNDITKUN KOCHAMON），2018. “一带一路”倡议下的泰中贸易现状及对策研究[D]. 昆明: 昆明理工大学.

邓洲, 2016. 泰国产业竞争力现状及中泰产业合作展望[J]. 东南亚南亚研究（3）: 45-53.

邸勍, 2017. 中泰双边贸易发展程度评价研究[D]. 昆明: 云南财经大学.

范鹏辉, 祁欣, 林梦, 等, 2016. 泰国重点产业的发展及投资机遇[J]. 国际经济合作（10）: 56-60.

郭艳, 王世钰, 2016. 泰国加大吸引外资力度　“一带一路”促中泰贸易加速升温[J]. 中国对外贸易（6）: 68-69.

姜鸿, 杜滢, 徐乐乐, 2016. 中泰贸易互补性与竞争性研究[J]. 常州大学学报（社会科学版）（1）: 58-64.

帕塔, 2017. 中泰贸易影响因素分析的研究[D]. 哈尔滨: 哈尔滨工业大学.

覃川, 2020. 中泰贸易逆势增长　后疫情时代电商合作潜力大[J]. 中国对外贸易（11）: 54-55.

泰露露, 2017. 中国-东盟自由贸易区升级版背景下泰中产业合作研究[D]. 南宁: 广西大学.

云如意, 2020. 中泰农产品贸易互补性与竞争性测算[D]. 广州: 广东外语外贸大学.

张恪渝, 周玲玲, 2021. RCEP 对中国经济及其区域内部的影响分析[J]. 国际贸易问题（11）: 37-53.

张妙湘, 2016. 中泰贸易存在的问题及对策研究[D]. 哈尔滨: 哈尔滨工业大学.

郑国富, 2017. “一带一路”倡议下中国与东盟农产品贸易合作发展的路径与前景[J]. 对外经贸实务（10）: 30-33.

Study on the Rlole of Chengdu in Promoting Sino-Thai Economic and Trade Cooperation under the Framework of the Belt and Road Initiative

You Jing　Li Jianxin

Abstract: China and Thailand are important trade partners in the Belt and Road Initiative, and Thailand's close cooperation with China offers opportunities for industrial cooperation. Chengdu plays an important role in South-South cooperation and can better lead the Sino-Thai economic and trade cooperation by matching its own advantages with Thailand's basic national conditions. By analyzing the current situation of Sino-Thai cooperation and the measures for reform and development in both countries, this paper concretely presents Chengdu's utilization of its specific geographical advantages in Sino-Thai cooperation and explores ways to promote Chengdu's leadership in enhancing the quality and efficiency of Sino-Thai economic and trade cooperation. The paper also attempts to explore the potential for Chengdu's leadership role by discussing the establishment of a good cooperative relationship between Chengdu Free Trade Zone and the Thai-Chinese Rayong Industrial Zone as a case study.

Keywords: the Belt and Road; China-Thailand cooperation; Thailand Economic Corridor

融入西部陆海新通道，拓展南向开放新合作[①]

罗茜[②] 李萍[③] 张辉[④]

摘要： 东南亚国家是“一带一路”建设推进的重要舞台之一，拥有丰富的自然资源、人力资源和较强的消费能力，经济活跃度好，市场潜力大。成都深化与东南亚国家合作，对于发展对外经贸、增强枢纽能力、构建立体全面开放新格局具有重要意义。近年来，交通越来越便利，成都与东南亚国家经济距离不断拉近，但还存在通道较少、平台较低、贸易较窄、外资较小等问题，亟须深度融入西部陆海新通道，充分利用海外市场资源，大力开展“南方丝绸之路”复兴、南向开放平台升级、南向市场拓展、双边项目合作、旅游融合发展、友城网络建设、留学生培育、“汇侨兴蓉”等“突出南向”行动，将成都打造为国家面向东南亚国家的重要枢纽和门户。

关键词： 东南亚；南向开放；经贸合作；文化交流

一、加大中国对东南亚国家双向开放意义重大

深化与东南亚国家合作是四川省“深层次改革、高水平开放”要求中“突出南向”的重大课题，对于成都拓展高质量发展新空间、建设西部国际门户枢纽城市具有重要的战略价值。

（一）是有效应对中美贸易摩擦的重要措施

自 2018 年特朗普政府以多轮加征关税开启贸易战以来，中美贸易摩擦逐步加剧。拜登政府上台后，非关税壁垒的设立愈发频繁，出口管制形势日益严峻，保护主义法案层出不穷。2022 年 8 月，美国接连出台《通胀削减法案》《芯片和科学法案》。前者通过限制原材料产地，力图将中国排出供应

---

① 本文系教育部区域国别研究备案中心成都大学泰国研究中心重点项目“中国-东盟新发展新形势下的成都-东盟人文交流对策研究”（项目编号：SPRITS202302）阶段性研究成果。

② 罗茜，成都大学讲师，主要研究方向为城市比较研究。

③ 李萍，成都大学教授，主要研究方向为东南亚研究。

④ 张辉，成都高质量发展研究院中级研究员，主要研究方向为高质量发展研究。

链之外；后者向在美芯片制造商提供巨额补贴，并限制企业在华正常投资与经贸活动。

东南亚国家作为传统的人口密集区，拥有近 7 亿人口，其中 60%是年轻人，且人口自然增长率正处于大于 1%的高速增长阶段，特别是伴随经济增长和人均可持续收入提高，消费能力逐步提高，市场消费潜力巨大。在此背景下，深化与东南亚市场的经贸合作，持续扩大对东南亚国家的贸易出口，能够进一步优化成都外贸进出口结构，增强应对中美贸易摩擦和对外经贸抗风险能力。

（二）是加快建设西部国际门户枢纽的重点内容

历史上，成都是丝绸之路的重要交通枢纽和经济腹地，也是中国西部的门户枢纽，蜀锦、蜀绣是北方丝绸之路的主要贸易品；成都还是南方丝绸之路的起点，早在古蜀文明时期就与中南半岛文明、南亚印度河文明有着广泛的交流。近年来，伴随航空、铁路、高速公路等交通运输的飞速发展，海运在国际交通运输上的垄断地位削弱，开始进入海权、陆权并重的阶段，内陆城市开放发展有了更多的机遇。

随着“一带一路”建设深入推进，成都已经站在了国家向西向南开放的前沿，拥有以整个中西部为腹地，连接“一带”和“一路”的战略机遇。在建设西部国际门户枢纽城市过程中，迫切需要充分利用对东南亚开放的独特地缘优势和历史基础，以及作为国家中心城市的能级优势，深化对东南亚、南亚等地区的合作，把成都打造为东南亚、南亚与中国乃至泛亚泛欧开放合作的中心枢纽。

（三）是积极抢抓国际经济格局变化机遇的关键举措

当前，新技术革命引领产业变革方向，正对全球创新发展与经济格局进行重构，欧美和其他一些地方出现了全球化倒退现象和地缘政治风险，与此同时，亚洲经济仍然快速增长，特别是东南亚和印度经济突飞猛进，全球经济活力中心正加速向亚洲转移。在亚洲区域内，中国东部沿海地区和台湾地区及日本、韩国等产能以对外直接投资形式大量进入东南亚国家，基础设施、科技创新领域的投资也不断增加，加速了东南亚国家的工业化、科技化、城市化进程。

国际经济格局变化带来新的机遇，成都在一定程度上成为“受益者”。特别是与东南亚国家靠近的地缘优势和发展水平更高的相对优势，让成都有条件通过对东南亚国家进行科技创新、产业发展、基础设施等投资，分享东南亚国家工业化、科技化、城市化持续增长潜力，以及经济中高速增长机遇，更充分享受叠加红利。

二、国内其他城市与东南亚国家合作交流现状

2012 年，由东盟发起，历时 8 年，由包括中国、日本、韩国、澳大利亚、新西兰和东盟十国的 15 方成员制定《区域全面经济伙伴关系协定》（RCEP），该协定涵盖全球近 30%人口数量、约 30%贸易总额和近 40%吸引外资净流入份额，是全球规模最大的自由贸易协定。自 RCEP 正式生效后，中国与东盟贸易总额达 6.52 万亿元，同比增长 15%，东盟已成为中国第一大贸易伙伴。越南、马来西亚、印尼、泰国等 4 国成为我国面向东盟的主要贸易国，2022 年进出口总额分别为 1.57 万亿元、1.36 万亿元、9957 亿元、8994 亿元，其中，越南为我国在东盟第一大出口国，马来西亚为我国在东盟第一大进口国。

（一）广西南宁：建设面向东盟开放合作的区域性国际城市

南宁是我国距东盟最近的省会城市，2018 年广西获批建设面向东盟的金融开放门户，将南宁确定为核心区。目前，南宁已基本形成覆盖东盟的航线网络，涉及航线 21 条，占其国际（地区）航线 90%以上；正加快推进伶俐通用机场建设，建成后将成为全国第一个水陆两用通用机场。基本形成以南宁为中心的高铁经济网络，2 小时通达自治区地级市，3 小时通达周边省会城市，4 小时直达香港。同时，南宁港是西江黄金水道的重要港口，年吞吐能力 1718 万吨，2000 吨级货船可以直达粤港澳。

南宁是“中国-东盟博览会”的永久举办地，在东博会框架下举办了一系列高层次会议、会展和论坛，并聚焦数字经济发展，引入创新企业，加快构建智慧城市产业链、创新链、价值链的全链条发展体系，成为面向东盟产业协同、应用示范和智慧城市技术创新中心。南宁还拥有中国—东盟信息港南宁核心基地、中新南宁国际物流园、中国-东盟经开区、南宁综合保税区等平台载体。

（二）云南昆明：建设立足西南、面向全国、辐射南亚东南亚的区域性国际中心城市

昆明面向东南亚和南亚开放地缘优势明显，是第三亚洲大陆桥的重要枢纽，也是“孟中印缅”经济走廊、“10+1”中国-东盟自由贸易区和大湄公河次区域经济合作的交汇点。教育方面，开展多届南亚东南亚教育合作昆明论坛，成立“南亚东南亚交通职业教育联盟”等 7 个联盟，推动与南亚、东南亚国家高校签订 10 个教育合作协议，加快推进国际办学合作。文旅方面，组织承办中国昆明国际文化旅游节和跨境旅游合作论坛、中缅胞波狂欢节等节庆活动。医

疗卫生方面，推进同南亚东南亚国家在医药卫生领域的交流合作，举办“澜湄周”公共卫生活动等国际卫生活动。

中、缅、泰等六国共同推动建设的GMS跨境电子商务交易平台落户昆明并完成网站建设，与老挝、缅甸和孟加拉当地电商、物流企业达成合作协议，共同实现本地化运营与推广工作，该平台已开发8种语言版本，上架商品50余万种。2023年3月，云南省人民政府办公厅出台《关于加快发展外贸新业态新模式的实施意见》，明确提出打造链接南亚东南亚跨境电商新生态，并加快推进中国（昆明）等跨境电子商务综合试验区目标任务落实。

（三）重庆：大力推动国际陆海贸易新通道建设

重庆国际客运航线实现RCEP成员国全覆盖，中越、中老国际班列常态化运行，连接缅甸、泰国等国家的铁公联运班列和国际联运班列稳定开行，实现运量、货值年均增速保持在15%以上。特别是重庆江津区作为通道主枢纽之一，已开通中老泰（泰国玛达浦—老挝万象—重庆江津）国际铁路联运班列，正继续探索开行中越、中缅班列。此外，重庆牵头建设“单一窗口”西部陆海新通道平台，全力推进铁海联运铁路箱下海出境专列和“铁海联运+内外贸同船”创新模式班列稳定开行，极大缩短运输时间、节约运输成本。

重庆还依托成熟的汽车制造业基础，打造新能源车产业链，一大批本土车企正积极向海外拓展业务，并借助产品供应链、交易市场和价格优势，开拓东南亚五金制品、非热带水果等市场，并通过“渝贸通”外贸综合服务平台，为外贸企业提供“保姆式”全流程服务，帮助企业参与到全球化的分工合作中，让企业专注于产品质量与服务水平，进一步开拓国际市场。

三、成都与东南亚国家合作交流现状及问题

（一）成都与东南亚国家合作交流基本情况

通道平台方面，成都积极参与国际陆海贸易新通道建设，已开通至东南亚国家27个城市直飞客运航线，基本形成4小时航程的泛亚航空圈。经广西钦州港联通东南亚各国的铁海联运班列稳定运行，年总开行量超250列；经广西凭祥口岸至越南河内的国际铁路班列，有效缩短至东南亚各国、欧洲的全程铁路运行时间。新川合作园区已有新加坡创新中心等100多家载体入驻，并成立“中国（四川）-东盟自由贸易合作中心”，引进了马来西亚国家馆等。

经贸往来方面，成都出口产品主要为机电产品及零部件，包括集成电路、便携式电脑等，占比达93.3%；进口也主要是机电产品，包括集成电路、进口

计量检测仪器等，占比达 89.1%。目前，成都对外投资主要集中在东南亚、南亚地区。比如，通威集团已在东南亚及南亚国家设立饲料和水产类分公司（厂）7 家，总投资超 9000 万美元。但是目前东南亚国家在蓉投资企业数量、规模均较小，主要投资领域为房地产、商业服务业等。

人文交流方面，东南亚国家中仅新加坡和泰国设立了驻成都总领事馆。成都与曼谷、清迈等 7 个东南亚城市建立了国际友城和友好合作关系，在新加坡、泰国、马来西亚等 7 个东南亚国家建立了“海外成都”工作站，“PANDA 成都”走进印度尼西亚、泰国等东南亚国家，并组织开展赴越南、泰国的经贸推介会等活动。同时，成都与中国-东盟中心签署《关于共同支持建设成都-东盟交流中心合作备忘录》，赴东南亚国家年旅游人数超 100 万。

（二）成都与东南亚国家合作交流存在的问题

一是通道较少。在航空通道方面，开通直飞客运航线与南宁、昆明、重庆等相比，竞争优势并不突出。在全陆路通道方面，还未开通连接中南半岛的公路班车；铁路班列主要依托广西凭祥口岸经越南至东盟其他国家。在铁海联运方面，仅有发往钦州港的“蓉欧+”东盟铁海联运班列，冷链运输能力不足，回程班列较少。

二是平台较低。国家级平台方面，“成都-东盟交流中心”主要涉及文化交流，层级与南宁“中国-东盟博览会”等相比偏低。产业合作园区方面，新川国别合作园区新方项目招引未达到预期，尚未与其他东南亚国家合作共建产业园区，而南宁有南宁-东盟经济开发区、昆明有云南东盟产业城等重点产业合作园区。

三是贸易面较窄。从外贸结构来看，对东南亚国家出口在总量和增速上均远高于进口。从贸易主体来看，与东南亚国家有贸易往来的企业以外商投资为主，本土企业参与度较低。从贸易内容来看，主要以加工贸易为主，“成都造”品牌推广不足。从贸易对象来看，与除越南、马来西亚、泰国外的其他东南亚国家贸易往来还需加强。

四是外资较小。东南亚外商投资方面，东南亚国家在蓉投资企业累计 670 家；主要外商直接投资来自新加坡、马来西亚和泰国，占东南亚国家在蓉投资的 98%，其他国家企业基本无在蓉投资。在对东南亚国家投资方面，成都企业到东南亚国家备案境外企业及机构不足 200 家，总体上数量偏少、规模偏小。

四、深化与东南亚国家合作交流的建议

坚持以构建“西部国际门户枢纽城市”为统揽，发挥西部陆海新通道重要

枢纽优势，深入开展“突出南向”行动，汇聚东南亚国家优质资源，连接“一带”与“一路”，沟通“泛欧”与“泛亚”，推动成都开放发展水平和综合竞争力提升。

（一）大力推进“南方丝绸之路”复兴

一是推动南向铁路通道建设。大力推动成都至北部湾出海口铁路运输通道建设，持续提升“蓉欧+”东盟铁海联运班列和铁路班列的运营服务、冷链运输等能力。积极与昆明对接，推动成昆高铁（成都—西昌—昆明）规划建设，推动中缅铁海通道（昆明—瑞丽—皎漂港）建设上升为国家战略。全力服务川藏铁路规划建设。

二是架设南丝路航空网络。充分发挥“双流+天府”双国际机场作用，加密联通东南亚各国的航线航班，进一步增强国际中转枢纽功能。安排航线培育专项资金，对成都至东南亚、南亚城市航线进行适当补贴，提升成都面向东南亚、南亚的航空枢纽功能。谋划开设到东南亚国家的全货运直航航线。

三是推动南丝路研究和申遗工作。推动四川大学、四川师范大学和成都大学等共建南方丝绸之路研究中心，聚集国内外专业人才，加大对南方丝绸之路的研究力度，特别是南方丝绸之路复兴对于“一带一路”建设的重要价值，定期举办相关国际论坛、研讨会、学术讲座等。积极探索推进南丝路申遗工作。

（二）大力推进南向开放平台升级

一是规划打造中国-东南亚中心。以现有中国（四川）-东盟自由贸易合作中心等平台为基础，探索建设中国-东南亚中心，引进东南亚国家经贸办事机构、侨团侨企办事处等入驻，并作为中西部地区对东南亚交往合作的新窗口和综合性服务平台。

二是提升现有平台中转能力。以自贸试验区、青白江铁路港等为基础，建设东蓉欧国际物流枢纽园区，提高货物通关储运、资金融通等服务水平，进一步打通蓉欧东盟班列、国际航空网络等洲际多式联运通道，促进内陆过境贸易、转口贸易、总部贸易等发展。

三是强化西博会对东南亚影响。利用现有西博会平台，邀请东南亚国家作为主宾国。推动设立西博会东南亚国家主题分会场，作为西博会的常设分会场。在西博会框架下，探索搭建东南亚国家商品线上线下展示交易平台的可能性。争取国家将更多面向东南亚国家的国际活动放在成都，举办“欧盟+中国+东盟”发展论坛等系列活动。

（三）大力推进南向市场拓展

一是继续拓展与东南亚贸易合作。在深化对越南、马来西亚和新加坡出口贸易的基础上，加强与泰国、印度尼西亚、菲律宾等其他东南亚国家贸易往来，组织企业参与“万企出国门”系列活动，支持企业与东南亚企业合作开拓新的贸易领域。

二是加快拓展与东南亚社会事业合作。鼓励成都企业到东南亚国家开展教育、医疗卫生、文化等社会事业领域业务，参与开办劳动技术和职业教育培训、开办国际（华文）学校等。同时，积极引进新加坡、泰国企业，在蓉开展国际教育、医疗等业务。

三是拓展东南亚科技互联网业务。新加坡、马来西亚、泰国、菲律宾、印度尼西亚、越南等 6 国共有超过 3.5 亿互联网在线用户，其中超过 90%使用移动互联网。可鼓励成都本土科技互联网等高新技术企业，到东南亚国家开拓市场，推动应用产品“出海”，或根据东南亚国家社会文化特色，研发新的产品和内容服务。

（四）大力推进双边项目合作

一是开展产业项目合作。东南亚国家多以产业园区作为推动经济发展和吸引投资的主要工具，但大部分仍处于经济特区及产业园区发展早期。可鼓励成都企业在东南亚经济特区、产业园区等开展投资合作，并运用产业功能区建设管理经验，参与东南亚国家产业园区的规划建设和运营管理。

二是开展基础设施项目合作。鼓励成都企业参与东南亚国家铁路、高速公路等重大交通和信息基础设施项目，以及市政工程、能源、环保等基础设施工程项目的建设、运营、管理。

三是开展标准化项目合作。依托南亚标准化（成都）研究中心等机构以及川大等高校院所，开展并积极推动我国与南亚、东南亚国家在质量基础设施、产能和装备制造、对外贸易、节能环保等领域对比研究，共同制定、联合发布互认标准，大力探索在农业、工业、服务业领域打造标准化示范项目。

（五）大力推进旅游融合发展

东南亚国家有丰富的自然和人文旅游资源，旅游业在国民经济中占据重要地位，旅游国际化水平相对较高。独特的历史文化、地理特征，让东南亚国家旅游资源与成都能够形成良好互补。

一是开展双边旅游宣传。与更多东南亚国家城市签署旅游合作备忘录，制定面向东南亚国家游客的旅游优惠政策，吸引东南亚国家游客来蓉体验中华传统文化和成都特色风情。开展东南亚国家主题品牌活动，在“成都泰国风情周”基础上，进一步开展“成都越南风情周”“成都缅甸风情周”等活动，推动双边客源互换。

二是促进文旅产业合作。打造东南亚特色风情文旅街区，促进成都企业与东南亚国家旅游企业合作，结合双方游客需求与偏好，提供更加丰富、多元的旅游产品。深化与诸如马来西亚等在酒店与旅游管理方面具有世界领先水平的国家开展人才联合培养等。

三是合作共建国际精品旅游线路。利用成都过境免签政策优势，打造以成都为起点的“重走南方丝绸之路”旅游线路，与东南亚国家联合共建成都—越南—泰国—马来西亚—新加坡—印度尼西亚—文莱—菲律宾等跨国旅游线路。

（六）大力推进友城网络建设

东南亚国家普遍存在“大城市化”现象，大城市首位度很高，比如，曼谷经济占泰国总量的 44%，承担着泰国 90%的外贸。因此深化与东南亚国家合作，可以把与其大城市合作交流作为重点。

一是缔结更多友城和友好合作关系城市。选择菲律宾马尼拉、印度尼西亚雅加达、越南胡志明市和河内、柬埔寨金边、马来西亚吉隆坡等东南亚国家大城市，积极缔结友城和友好合作关系城市。

二是构建成都-东南亚友城常态化机制。将成都与东南亚城市间友好合作关系作为交流“支点”，定期举办成都-东南亚城市各类论坛，或推动成立中国-东南亚国家城市联盟，在蓉设立常设机构，促进与东南亚城市间经济、文化、社会发展常态化合作交流。

三是完善双边经贸派出机构体系。积极探索在东南亚国际友城建设“成都中心”，展现“成都造”产品、成都形象。邀请东南亚国家政府在蓉设立经贸办事处等派出机构，为成都企业在东南亚国家的投资经营活动、东南亚企业通过成都拓展市场等提供政府支持。

（七）大力推进留学生培育

一是支持高校招收东南亚留学生。持续扩大中国-东盟艺术学院影响力，支持四川大学、电子科技大学、四川师范大学、成都大学等在蓉高校，通过与东南亚高等院校开设留学生联合培养项目等方式，吸引更多东南亚国家优秀留学生。

二是设立东南亚留学生奖学金。对来蓉学习且取得优异成绩的东南亚留学生进行奖励，并积极引导在蓉企业为东南亚留学生设立奖学金、提供实习机会等。

三是开展文化学术交流活动。组织在蓉东南亚留学生体验中国文化、成都本地文化。组织在蓉高校以东南亚留学生为主体，联合开展东南亚文化交流周等活动。增进与东南亚国家学术交流。

（八）大力推进“汇侨兴蓉”活动

东南亚是华侨华人分布最集中的地区，大约 70%的华侨华人生活在东南亚国家，并以印尼、泰国、马来西亚为主。由于同根同源，社会文化差异不大，东南亚华商在进行对外投资时大多选择中国进行投资，构成了东南亚国家对华投资的主力。

一是规划打造东南亚华人历史博物馆。通过各类文物展示、VR 呈现等手段，对中国历史上“南丝绸之路”“华人下南洋”等历史事件进行叙述，宣传源远流长的南丝路文化，加强来蓉华人华侨对于成都作为南方丝绸之路起点城市的情感认同。

二是强化与东南亚华侨华人交流。加强与东南亚国家华侨华人组织联系，通过东南亚各类华文传统媒体、新媒体，做好天府文化、旅游资源等宣传，用好“熊猫”“蜀绣”“川菜”等元素，邀请东南亚华侨华人特别是华裔青少年来蓉参观，了解成都发展现状和机遇。

三是积极引进东南亚华商资本。发布外商投资机会清单，邀请东南亚华商来蓉考察投资环境，大力引进华商投资产业项目。争取世界华商大会继续在蓉举办，鼓励成都企业、行业组织对接东南亚华商和华商协会组织，加强与东南亚华商合作。

五、结语

国际门户枢纽城市是在“一带一路”建设深入推进和经济高质量发展背景下衍生的新概念，也是城市发展的新方向，特别是东南亚国家逐步成为成都重要经贸合作伙伴的基本格局下，深度融入西部陆海新通道，深化拓展与东南亚国家合作交流，有助于成都在国际竞争中找到“突破口”，深度融入全球供应链、产业链体系，以高水平开放促进深层次改革、推动高质量发展。

参 考 文 献

白东蕊, 2018. 中国与东南亚跨境电商合作的发展趋势与挑战[J]. 对外经贸实务（6）: 16-19.

李隽波，覃春莲，陈铭达，2021. 中国-东盟跨境电商发展的影响因素及路径——基于中国-东盟博览会的调查数据[J]. 商业经济研究（24）: 162-165.

陆晓玲，普凌，鲍亦平，2020. “一带一路”背景下中国与南亚东南亚国家科技创新合作的需求方向及对策研究[J]. 云南科技管理（4）: 7-10.

王淑芳，周俊，孟广文，等，2020. “一带一路”地缘经济的研究现状与热点——基于文献计量法和知识图谱分析[J]. 经济地理（12）: 1-11.

肖光恩，惠欣, 2023. 中美贸易冲突对中国出口贸易影响效应分析[J]. 亚太经济（1）: 51-60.

信桂新，黄蕾，王凤羽，2022. “一带一路”倡议背景下重庆与东盟贸易发展现状与强化策略[J]. 长江师范学院学报（6）: 41-48.

熊理然，杜雯慧，张一方，等，2022. 东南亚地缘经济空间的多重分割及其对 RCEP 的影响研究——基于区域经济合作推拉模型的分析[J]. 经济问题探索（1）: 181-190.

许阳贵，刘云刚，2019. 中国与“一带一路”沿线国家贸易及其影响因素[J]. 热带地理（6）: 855-868.

杨成玉, 2023. 成都扩大对外开放合作的路径探讨[J]. 中国市场（5）: 1-3.

张金泉, 2022. RCEP 对成都开放格局的影响及建议[J]. 先锋（4）: 60-63.

宗会明，杜瑜，黄言，2020. 中国西南地区—东南亚国家陆路交通可达性与城市空间联系格局[J]. 经济地理（5）: 90-98.

Integrating Into New Western Land-Sea Corridor, Expanding New Soathward Open Cooperation

Luo Xi Li Ping Zhang Hui

Abstract: Southeast Asian countries are one of the important stages for promoting “the Belt and Road” initiative. They have abundant natural resources, rich human resources, and strong consumption ability, with a high level of economic activity and great market potential. Deepening cooperation with Southeast Asian countries is of great significance for Chengdu’s development in foreign trade, enhancing its hub capacity, and building up a new pattern of multi-dimensional comprehensive opening-up. In recent years, with the increasing convenience of transportation, the economic distance between Chengdu and Southeast Asian countries has continuously been shortened. However, there are still problems, such as less channels, low platforms, narrow trade, and small foreign investment. Therefore, it is urgent for Chengdu to integrate itself into the New Western Land-sea Corridor, make full use of overseas market resources, and carry out actions such as revitalizing the "Southern Silk Road", upgrading the southward Opening-up platform, expanding the southward oversea market, cooperating in bilateral projects, integrating tourism development, constructing the friendship network between sister cities, cultivating international students, and promoting the "Cohering the overseas Chinese for shared Chengdu prosperity" in order to build Chengdu into an important hub city as well as a portal city contributing for China-Southeast Asia cooperation.

Keywords: Southeast Asia ; southward Opening up ; economic and trade cooperation; cultural exchange

社会与文化

泰国政府推广民族文化对 1982—2012 年间泰国传统音乐研究的影响①

[泰]帕塔拉威·普查达皮罗姆　撰②

张婷　范雨涛　[泰]Jiratchaya Namwong　朱玲仪　译③

摘要：本文报告了 1982—2012 年间泰国音乐研究的相关知识和影响音乐研究的其他因素的现状。自 1982 年以来，民族文化的稳定性和退化问题促使政府通过“保护方法”（conservation approach）来推广民族文化，以符合皇家宫廷的习俗来保护泰国传统音乐。这种方式获得了政府的支持，采用将民族文化遗产传承给后代的推广方式。政府的支持具体表现在以下几个方面：确保各个相关政府机构的参与，在高等教育机构开设泰国音乐教育课程，制定泰国传统音乐的标准，以及划拨资金支持这一艺术形式的研究。这种支持意味着这一时期泰国音乐领域的大多数研究都是基础性的，并且是在泰国音乐理论的框架内研究泰国音乐，同时考察了泰国音乐的组成部分，并采用了保守方法，遵循了社会对泰国传统音乐的普遍理解。

关键词：泰国文化；泰国政府；泰国民族文化；泰国传统音乐

一、引言

“泰国传统音乐”是一种文化元素，几个世纪以来，无论是在王室还是民

① 原文出版信息：Patarawdee Puchadapirom，Thai Government’s Promotion of National Culture that Affected Thai Traditional Music Research During 1982-2012, DOI: 10.14456/jucr.2023.2, published in the *Journal of Urban Culture Research*, Volume 26, 2023. 本文由《城市文化研究》（*Journal of Urban Culture Research*）编辑部授权翻译。本文系四川省区域和国别重点研究基地东南亚经济与文化研究中心资助项目“区域国别研究视角下泰国北部地区非物质文化遗产的发展挑战与当代价值深度研究”（项目编号：DNY2404）阶段性成果，教育部国别和区域研究备案中心成都大学泰国研究中心资助项目“‘一带一路’音乐类‘非遗’交流互鉴研究——以东盟来华留学生音乐教育与实践为例”（项目编号：SPRITS202322）阶段性研究成果。

② 作者：帕塔拉威·普查达皮罗姆（Patarawdee Puchadapirom），泰国朱拉隆功大学美术与应用艺术学院副教授。

③ 译者：张婷，成都大学外国语学院、四川省泰国研究中心助理研究员；范雨涛，成都大学外国语学院、四川省泰国研究中心教授；Jiratchaya Namwong，成都大学外国语学院、四川省泰国研究中心泰籍讲师；朱玲仪，成都大学外国语学院泰语系 2022 级学生。

间，一直是泰国社会生活方式的一部分。传统音乐过去在传统仪式、表演艺术、哑剧、木偶戏、电影、戏剧和其他娱乐形式中都扮演着重要的角色。王室和社会精英鼓励泰国音乐家，不断改进他们的作品，使其发展为高雅艺术。1932 年泰国国家政府改制为民主制度，王室的音乐习俗由负责传承民族艺术和文化的文化部负责推广，由下设的美术司泰国音乐管理处保存。此外，戏剧艺术学院（School of Dramatic Arts）作为泰国第一个传统音乐学院，也肩负着保护泰国传统音乐的使命。尽管泰国已经在推广泰国文化遗产做出了如上努力，但西方音乐和文化在泰国社会的流行导致了泰式音乐和西式音乐在作曲和表演方式上相互融合。比如，在泰国和国际乐队一起演奏传统音乐时，会使用具有广泛吸引力的旋律。这种东西方融合模式广受欢迎，自 20 世纪 40 年代以来一直是标准娱乐的一部分。例如这一时期出现的芭钰泰国古典乐队（Sangkheat Prayukt Band）和三潘泰国古典乐队（Sangkheat Samphan Band）两支乐队便是典型代表。到 20 世纪 70 年代，又出现了将传统音乐与现代音乐结合的“泰国当代音乐”风格。例如，佛南乐队（Fong Naam）[①]在表演、作曲及合奏中采用了新颖的表现形式，同时将传统泰国乐器与现代音乐相结合。之后，为了迎合各种市场需求，泰国出现了许多当代音乐乐队。其中一个例子是 1993 年成立的泰男孩乐队（Boy Thai Band）[②]，他们以泰国传统音乐为基调，与当时流行的国际乐队合作，使用半音阶表演流行音乐和融合爵士乐。然而，尽管泰国当代音乐已成为娱乐行业中受欢迎的一部分，但政府仍然关注遵循王室习俗的泰国传统音乐，视其为国家文化遗产的一部分。因此，正规的泰国音乐教育领域并不支持将当代音乐融入泰国传统音乐。此外，政府还确定了“泰国传统音乐”的标准，以防止这种艺术形式被淡化，并为其传播建立了清晰的结构规则。

---

① 佛南乐队是一支成立于 1979 年的乐队，由 Boonyong Ketkong 和 Bruce Gaston 创立。除了这两位创始人，初期的重要成员还包括 Boonyong Ketkong Kong、Chamnian Srithaiphan、Jiraphan Angsavanont、Thewan Sapsaenyakorn 以及 Phin Rueangnon。该乐队以融合泰国和西方音乐风格而闻名，尤其在音乐创作技术方面取得了一定的成就。

② 泰男孩乐队是徘斯音乐公司（Paisis Music）继“冈萨丹音乐队”之后的第二支乐队，由具有长期组织民族音乐演出经验的 Amporn Chakkaphak 发起。Amporn 同时也是以笔名“斯咯”为人熟知的评论家，在音乐听众中有广泛的影响力。Amporn 的愿景是将徘斯音乐发展成一家独立的私人机构，致力推广泰国音乐在国内外的传播。他的使命包括支持资深音乐家传授知识，培养新一代泰国音乐家，以促进泰国音乐事业的稳步发展。——译者注

二、讨论

（一）泰国政府对传统音乐作为文化遗产的推广和传播

自从第一个多年发展计划（1961—1966）实施以来，泰国的经济和社会发展策略一直遵循西方模式。这种发展模式促使泰国在多个领域飞速发展。然而，不加选择地全面接受西方文化为“好”的文化，未经必要的筛选，导致传统文化的社会地位逐渐衰落。因而，为了增强国家身份认同、促进民族团结，泰国政府出台了一项促进泰国传统文化发展的政策。1979 年，泰国教育部下设的国家文化委员会办公室（Office of the National Culture Commission）成立，负责推广和保护国家艺术和文化。1981 年，泰国政府颁布了一项“国家文化政策”，以其作为指导方针，将民族文化与“国民身份认同”挂钩，以加强国民团结，维护国家安全。该政策号召民众认真并广泛地维护和促进泰国文化，为建立以泰国人民的尊严和自豪感为中心的国家团结和国家安全奠定了基础。当时，泰国宪法（Royal Thai Government Gazette，1981）规定，“国家应当推广和保护国家文化”。此外，在 1982 年庆祝拉达那哥欣王朝（Rattanakosin）建立 200 周年的庆祝活动中，泰国传统音乐表演是重要的一部分，激发了人们对泰国传统音乐文化起源的兴趣。由此，政府和民间部门合作，通过各种场合的表演来推广泰国传统音乐。例如，1986 年，盘谷银行（Bangkok Bank）和儿童青少年事务部（Department of Children and Youth Affairs）首次联合举办了中学泰国传统音乐比赛，名为“泰国古典合奏歌曲锦标赛”（Pralong phleng praleng mahori）；1987 年，銮巴拉迪费罗基金会（Luang Pradit Phairo Foundation）组织了“松铜”（Sornthong）泰国音乐比赛。

20 世纪 80 年代，联合国宣布了“世界文化发展十年”（World Decade for Cultural Development）计划，泰国政府非常重视通过特别活动、教育、研究和传播公共信息来推广民族文化。这些宣传工作一直持续到 20 世纪 90 年代，鼓励人们认识到泰国身份的价值，并积极参与将泰国文化遗产传递给下一代。因此，泰国传统音乐得到了相关政府部门和民间团体的支持。例如，1994 年，皇后公园酒店（Imperial Queen’s Park Hotel）和双鱼座音乐公司（Pisces Music Co.）组织了“皮帕特乐队[①]与塞法混搭表演（Piphat Mai Khaeng Prakob Sapha）”比赛，该比赛也是“第五号暹罗威奇西尔帕”（Siam Wichitsilpa

① 皮帕特乐队是一种泰国乐队，由管乐器与打击乐器混合组成。主要包括木琴和各种类型的锣，还有铙、钹、克拉布、头鼓、塔邦鼓、塔德鼓、哈克鼓、双面鼓等节奏乐器。——译者注

No.5）计划的一部分。1997 年，玛希隆大学音乐学院组织了“青年音乐家比赛”（Youth Musician Competition）。

泰国政府对传统音乐的推广使泰国社会对这种艺术形式更加了解也更感兴趣。此外，娱乐媒体在复兴泰国传统音乐中扮演了重要角色。例如，1990 年，小说《胡甘》（*Khu Kam*）被改编为每周播出的电视连续剧，受到泰国观众的普遍喜爱，而该剧的主题曲使用了泰国扬琴（khim），使该乐器受到更多关注。2004 年的电影《序曲》（*The Overture*）也是一个成功的例子。该电影的情节取材于一所重要的泰国音乐学校校长銮巴拉迪费罗（Luang Pradit Phairoh）① 的生活故事，激励了许多泰国年轻一代学习泰国传统音乐以及演奏传统乐器。此外，还有许多娱乐节目推广泰国传统音乐表演，如 2004 年首播的电视节目“坤帕蔡”（Khun Phra Chuay）宣传泰国身份，2008 年首播的“阿萨昌·坎通拉普”（Atsachan Kanthonrap）也是一个推广泰国艺术和文化的节目。而且在过去的二十年里，泰国举办了许多音乐比赛。

因此，可以说，政府的民族文化遗产推广已经唤醒了大量年轻人和老年人对支持泰国传统音乐的兴趣。这为泰国后世人以及整个音乐界创造保护泰国传统音乐遗产的系统方法奠定了重要基础。为了朝着这个方向努力，泰国应当在高等教育机构创建正式的泰国音乐学术专业，确定真正的“泰国传统音乐”的标准，并为传统音乐的研究提供资金支持。

（二）高等教育机构的泰国传统音乐学术课程

泰国政府以保护为导向推广国家文化，促使许多学院和大学在本科和研究生层次开设了泰国传统音乐课程。例如，1981 年，泰国农业大学（Kasetsart University）在人文学院音乐系开设了泰国古典音乐课程；1983 年，朱拉隆功大学美术与应用艺术学院开设了泰国音乐美术与应用艺术学士学位课程。

通过这种方式，泰国政府通过教育和研究支持来推广泰国传统文化，将其视为国家遗产，促使教育系统将泰国传统音乐作为一门学术学科严肃认真地研究。泰国第七个国家经济和社会发展计划（7th National Economic and Social Development Plan，1992—1996）的目标之一是发展公立和私立高等教育机构，使其能够在人才培养、研究、学术服务和保护艺术与文化方面发挥重要作用。这一政策促使教育机构从 1989 年开始，在研究生层次开设与泰国音乐文化研究相关的课程，首先是玛希隆大学农村发展语言和文化研究所（现称亚洲语言和文化研究所）开设文化研究（音乐）硕士课程。自此，其他高校也陆续推出了音乐硕士学位课程。例如，1992 年，诗纳卡宁威洛大学（Srinakharinwirot

① 本名为索恩·西尔巴班伦（Sorn Silpabanleng）。

University）开设了民族音乐学艺术硕士课程；1993 年，玛希隆大学开设了音乐艺术硕士课程；1994 年，朱拉隆功大学开设了泰国音乐艺术硕士课程。然而，政府关于保护文化遗产的政策已将泰国音乐教育课程引向王室的模式。例如，朱拉隆功大学的泰国音乐艺术硕士课程的目标之一是培养具有泰国音乐知识、技能和能力的毕业生，通过创新举措来保护泰国音乐，以及通过教育机构推广国家文化遗产。同样，农业大学民族音乐学艺术硕士课程（2005 年修订）的目标是在国内外推广民族音乐领域的研究和学习，并有利于泰国音乐的保护。

此外，泰国第八个国家经济和社会发展计划（1997—2001）提出，重点推动促进社会和社区发展的文化，提高所有层次教育的质量，并建立质量保证机制。同时，该计划还要求制定符合标准的课程。第九个国家经济和社会发展计划（2002—2006）强调教育改革和终身学习，着重通过教育质量保证系统开发课程，培训人员，从而推动高等教育的发展，包括泰国音乐教育的发展。2005 年，玛希隆大学音乐学院开设了首个音乐教育艺术博士课程，具体为音乐学哲学博士课程和音乐教育哲学博士课程。这些发展使得泰国音乐的研究对新的视角、问题和概念更加包容。然而，这些课程大多仍然专注于教育和研究，增加对泰国音乐的学术知识，而不是将研究成果推广至整个社会。

（三）泰国传统音乐标准的构建

过去的泰国传统音乐教育是通过音乐学校或由其技能得到认可和尊敬的教师单独进行传授的。然而这种教学方式所采取的教学模式和教学内容必然各不相同，因教师而异，没有统一标准。因此，当在泰国高等教育层次进行音乐教育时，就迫切需要确定“泰国传统音乐”的标准。泰国大学事务部（Ministry of University Affairs）负责在泰国高等教育层次规范和管理教育标准。因此，内阁出台决议指派大学事务部在 1987 年至 2001 年间负责监督泰国传统音乐推广项目。该项目的目标是将泰国传统艺术和文化视为泰国人民文化遗产的宝贵组成部分，并促进其可持续发展。该项目采用了泰国传统音乐的标准，从学前教育到高等教育，涉及教学和学习管理以及人员管理。

1993 年，为了给各级学术课程提供教学指导方针，第一套“泰国传统音乐标准”开始起草。这套标准涵盖了对泰国音乐理论和实践的研究，为各级正规教育系统的传统音乐教育设定了方向。此外，这套标准由泰国大学事务部制定，采用了美术司的惯例，这些惯例源于泰国王室的传统音乐教育和传播习俗，而这些习俗无论是在理论上还是实践上，都早已被学界认可。然而，这些标准是在还没有具体的研究结果的情况下建立起来的，这些研究结果在目前的学术研究惯例下是站不住脚的，这意味着制定标准和要求所采取的各种行动必须基于专业经验。因此，音乐教育的学术标准可以追溯到大约 60 年前，以美术司为其核心。

1993 年内阁批准的“泰国传统音乐”的官方标准是由涉及泰国音乐教育的各级机构共同提出的，包括泰国教育部、大学事务部和其他相关机构。这些标准随后被用作泰国音乐课程和教学的指导方针。此外，泰国人事委员会（Office of the Civil Service Commission）、大学人事委员会（University Civil Service Commission）、教师人事委员会（Office of the Teacher Civil Service Commission）等有关部门在任命泰国音乐教师时，也参照了泰国传统音乐的官方标准。通过这种方式，基于王室认可的对泰国传统音乐的理解作为国家标准得以传播。之后，许多研究泰国音乐的学术和专业标准的论文陆续发表。如 1997 年布萨亚・奇图姆（Bussaya Chittuam）对“唱塞法”（krap-sepha）[①]标准模式的研究；巴玉・孔（Prayuth Kong）2001 年的硕士学位论文，该论文根据学术和专业标准研究了皮帕特乐队中的主要泰国传统旋律。

（四）对泰国传统音乐研究的支持

为了通过教育系统促进传统音乐的传播，泰国国家文化委员会办公室（Office of the National Culture Commission）下属的文化促进基金会（Cultural Promotion Fund）等有关机构提供了研究资助，其目的是通过研究、保护和传播等方式促进和支持艺术和文化的发展（Ministry of Education，1993）。获得资助的泰国音乐研究项目包括朱拉隆功大学教育学院学生费萨尔・旺克西里的论文，题为《泰国文学教学的塞法（Sepha）分析研究》（Phaisal Wonksiri，1982），以及简邦・诺邦（Janporn Nounpang）于 1998 年发表的关于塞法研究的论文。

20 世纪 80 年代，社会关注的重点是将研究成果应用于国家发展，这让政府意识到了为研究项目提供经费资助的必要性。因此，政府设立了“泰国研究基金会”（Thailand Research Fund）来处理这一问题。然而，在当时泰国传统音乐领域的学术研究很少得到该基金支持。苏格里・查伦苏克（Sugree Charoensook）等人在 1995 年进行的“泰国音乐标准音高和音阶研究”是少有的获得资助的项目。

不过在多个泰国传统音乐相关的学术部门和项目建立之后，高校及非政府组织可以根据政府政策提供文化研究奖学金。例如，1982 年，朱拉隆功大学为奥拉万・卡马瓦塔纳（Oravan Kamawatana）和卡蒂卡・康达纳卡诺德（Kattika Kangdhanakanond）的研究“关于泰国中部示范学校音乐教育的意见”提供了资

① 唱塞法（krap-sepha）是泰国诗歌叙事的一种体裁，起源于以风格化朗诵为辅的游唱诗人的表演，并辅以两根小木条来赋予节奏和强调性。——译者注

助。此外，1988 年，拉玛七世国王和兰帕巴尼王后纪念基金会（King Prajadhipok and Queen Rambhai Barni Memorial Foundation）泰国诗纳卡宁威洛大学（曼谷校区）为教育技术研究领域的学生阿侬・帕瓦布他弄（Anong Phawaphutanon Na Mahasarakham）提供了奖学金，资助其撰写论文《以计算机图形的视频演示作为常规课程教学的补充对初中三年级学生对泰国音乐的态度和技能提升的影响》。

1999 年，泰国《国民教育法》（National Education Act）通过后，研究资助成为教育机构的一项重要任务。随后，泰国启动了重大的教育改革，重视实施促进社会和国家发展的教育标准，鼓励教师根据教育质量保证标准控制人员和教学发展标准，制定适合各级教育学习者的课程（Royal Thai Government Gazette，1999）。因此，教育机构有动力建立体系和机制来资助全职教师进行研究，以改进教学水平（Office of the Higher Education Commission，2008）。例如，朱拉隆功大学通过美术与应用艺术学院泰国音乐文化研究中心（Thai Music Culture Research Unit，2004 年成立）等机构为教职员工提供研究经费。该中心旨在促进泰国音乐系教师的研究水平的提高，建立泰国传统音乐的文化研究数据库，以服务于国内外各机构的教师、学生和研究人员（Honors and Awards for Teaching and Research，2011）。2010 年，泰国农业大学人文学院音乐系支持讲师拉坚・索差（Rajan Sornchai）在教学中进行泰国音乐研究，以促进传统音乐教学的发展。2010 年，泰国艺术大学（Silpakorn University）艺术学院为音乐系教职工提供了研究资金，其中包括布恩达里卡・孔佩特（Boondarika Kongphet）的研究“泰国扬琴（Khim）[①]制作和表演方法：以维尼特・普萨瓦先生（Mr. Winit Puksawat）为例”。2009 年孔敬大学（Khon Kaen University）资助了塔拉纳特・兴安（Tharanat Hin-on）的“銮费罗桑松老师（Khru Luang Phairoh Siang Saw）[②]演奏的穆卡帕塔（mukhapatha）口头表演[③]文化研究”。1996 年，东方大学（Burapha University）对丘查特・平帕特（Chuchart Pinpart）的研究“泰国东部地区泰国音乐家调查”提供了资助。

① 泰国扬琴是一种源自美索不达米亚或波斯桑图尔的弦乐器。这种琴是从中国传入泰国的，在中国有一种类似的乐器叫扬琴，后来又从泰国传入老挝和柬埔寨。它用两根柔软的竹签演奏，尖端是柔软的皮革，以产生柔和的音调。——译者注

② 本名翁・杜里亚奇温（Oun Duriyacheewin）。

③ 穆卡帕塔口头表演是以言语或歌曲形式进行的知识、艺术、思想和文化交流方式，经过世代的接受、保存和传承，成为一种独特而重要的文化传递手段。

技术。例如，2000 年，阿浓 • 吉玛尼（Anong Jitrmanee）的论文《皮奈（Peenai）①的制作方法》；2008 年，庞杰 • 鲁恩罗恩（Poomjai Ruenroeng）的论文《萨那帕蓬大师（Khru Sanae Phakphong）制作客鼓（Klongkhaek）②的程序》；1969 年，维拉瓦特 • 桑哈伊（Veerawat senchanthhai）的论文《维尼杰 • 普克萨瓦大师（Vinij Puksawa）制作弓弦乐器（saw sam sai）③的过程》。

（二）泰国传统音乐与其他学科相关内容的跨学科研究

从 20 世纪 80 年代开始，这种研究方法开始在学术界引起关注。这方面的音乐研究已在泰国音乐教育中普及，涉及音乐编排原理、音乐心理学，与音乐学习相关的评估和发展问题，以及音乐教学技巧。因此，这一领域的研究是多种多样的。该领域的研究同样会使用社会科学的研究方法，如将重要理论家的假设作为数据统计的指导方针。例如，2003 年阿塔彭 • 塔萨那（Athaporn Tassana）的研究"曼谷地区中学泰国音乐教师对泰国音乐职业标准化的看法"。另一项研究是 2004 年由吉拉蓬 • 辛索巴特（Jiraporn Sinsombat）进行的，题为"叻丕府小学教育办公室下属学校的当地专家教授和学习泰国音乐的情况"。

1. 旨在促进社区和社会发展的泰国音乐研究

这方面的研究引起了人们对利用音乐治疗和社区音乐保护的兴趣。1999 年，布撒功 • 素龙通（Bussakorn Sumrongthong）等人的研究"以赤星式音乐疗法（Akaboshi method）为指导在音乐治疗中使用传统乐器作为治疗工具"，考察了赤星式音乐治疗的模式和方法，探讨了使用泰国传统音乐替代赤星式治疗设备的可能性（Sumrongthong et al.，1999）。2011 年，皮拉猜 • 李送布芬（Peerachai Leesomboonphon）进行了题为"鼓励和保护参与行动研究，以解决湄公河流域泰国古典音乐衰落的问题"的研究，该研究旨在降低湄公河流域失去泰国传统音乐传统的风险。

---

① 皮奈是一种声音低沉的大管乐器，其特色在于独特的舌头设计。从外观上看，它就像一根独立的管子。在这根大管乐器的中间部分，有一个被称为"捞"（Lao）的装置，它起到了声音放大的作用。这种带有簧片的管乐器自古以来就是皮帕特乐队的重要组成部分。

② 客鼓是泰国音乐中使用的一种双头鼓。该词的字面意思是印度鼓，单词"klong"的意思是鼓，"Khaek"的意思是印度人或泰米尔人。

③ "saw sam sai"是泰国传统的弓弦乐器。它属于泰国小提琴的锯系列，有三个弦和一个与乐器分开的弓。其主体为一个三叶椰子碗，一端覆盖着动物皮，还有一个用木器油清洁和抛光的硬木或象牙色脖子。弓由马尾和硬木制成。

2. 其他学科的泰国音乐研究

自20世纪90年代以来，泰国政府一直在促进泰国文化遗产的传播。2005年研究生课程标准（2005 Graduate Program Standards）强调通过创造、连接和整合自己专业领域与其他学科的研究过程，在各学科领域中培养具有高水平能力的学者和专业人士（Royal Thai Government Gazette，2005）。这使得其他学术领域开始通过整合跨学科数据研究泰国传统音乐，包括基础研究和应用研究。

3. 基础研究

大多数基础研究使用各自学术领域的教育框架或理论。例如，2007年布尼·布勒（Punnee Buale）的研究"邦克洛（Bang Khlo）社区[①]与泰国传统音乐保护"使用历史研究方法从历史角度分析邦克洛社区形成和转变的数据，揭示了社区的变化如何影响泰国音乐文化遗产的传播（Buale，2007）。此外，苏帕·通差维（Suphat Thongchawee）的论文《高等学校音乐专业学生的信息行为》对高等院校音乐专业学生的信息行为进行研究。

4. 高等教育机构的应用研究

应用研究包括开发实用创新的研究，涉及跨学科的知识整合，如自然科学、社会科学和人文科学，并将其应用于泰国传统音乐的发展和艺术形式的演变。这使得在不同领域有更多研究以跨学科的方式关注与泰国音乐相关的问题。这些研究不仅极具学术意义，同时也有利于社区、企业和整个社会的发展。

5. 教与学中的学术效益研究

这方面研究包括高等教育、基础教育、课程与监督、课程与教学以及教育心理学等领域的研究。通过整合泰国传统音乐的信息，从多方面研究与泰国音乐教学相关的问题。例如，2001年瓦萨那·布亚皮塔（Wassana Bunyaphithak）的论文《根据提供泰国音乐和戏剧学位课程的优秀高校的教育标准指定教育质量管理战略》旨在根据教育标准研究当前教育现状和教育质量管理策略，并根据提供泰国音乐和戏剧学位课程的优秀高效的教育标准研究教育质量管理的最佳实践（Bunyaphithak，2001）。另一项研究是巴玉·塔塔尼（Prayut Thaithani）2003年的"泰国音乐能力测试的构建和发展"，其研究目的是为

① 邦克洛社区位于曼谷，是邦克洛兰区（Bang Kho Laem）的一个分区。

10～18 岁的学生构建和开发泰国音乐能力测试体系（Thaithani，2003），也是作者咨询心理学论文的一部分。

6. 有益于社区和社会发展的研究

这方面研究主要涉及泰国传统音乐在身体和心理健康治疗相关的应用。2001 年，东方大学教育咨询硕士研究生道加·田西（Daojai Thiansi）的论文《泰国古典音乐和泰式按摩对剖宫产术后患者疼痛影响的比较研究》考察了音乐治疗对普外科术后患者疼痛的影响（Thiansi，2001）。另一项研究是 2004 年诗纳卡宁威洛大学指导心理学教育硕士阿鲁尼·通巴（Arunee Tongba）的“系统性脱敏对诗纳卡宁威洛大学泰国音乐系学生表演焦虑的影响”。

7. 关于技术应用的研究

这方面研究关注利用科技发展泰国传统音乐，例如改善教学。2012 年，泰国班颂德昭帕亚皇家大学（Bansomdejchaopraya Rajabhat University）信息技术管理哲学硕士送猜·拉撒买（Somchai Rassamee）进行了一项关于泰国传统乐器制作工艺的研究，题为“通过使用计算机技术探究泰国和西方音乐的结合模式”。另外一个使用这种方法研究泰国和西方音乐的是来自乌汶叻差他尼皇家大学（UbonRatchathani Rajabhat University）的坎派·卡姆萨特（Khanpetch Khamsat），他 2008 年的论文题为《泰国乐器和合奏的计算机辅助教学发展：泰国乐器史》。此外，还有一篇由素来功·乌耐（Sureeporn Unem）于 2009 年撰写的论文《关于昂格隆（Angkalung）[①]的计算机辅助教学的发展和效率研究》。

此外，各个领域的泰国音乐研究成果在商业管理方面也有所助益。2007 年，瓦心·维塞萨迪（Wasin Wesetsakdee）的室内设计论文《泰国古典音乐对音乐治疗机构室内设计的影响》利用泰国音乐所蕴含的文化哲学研究了音乐治疗设施的内部环境设计（Wesetsakdee，2007）。2010 年，法政大学（Thammasat University）文化管理艺术硕士南提帕·禅布（Nantipa Chanboon）的论文《泰国音乐知识管理：銮巴拉迪费罗基金会为例》研究了组织管理的模式，提出了组织管理的方向，以造福社会（Chanboon，2010）。

① 昂格隆（Angkalung）是印度尼西亚巽他人的一种乐器，由连接在竹架上的不同数量的竹管制成。这些管子经过雕刻，在敲击时会产生共鸣音调，并被调至八度，类似于西方的手铃。一只手握住框架的底座，另一只手摇动乐器，从而发出重复的音符。安格隆合奏团中的每位表演者通常只负责一个音高，在适当的时间发出各自的昂格隆以产生完整的旋律。——译者注

四、结论

泰国政府以传承民族文化为中心推广泰国文化遗产，意在加强和巩固民族认同，维护国家安全。因此，在一系列政策和项目的支持下，政府机构和高等教育机构通过研究支持泰国传统音乐的传播。此外，“泰国传统音乐标准”的制定进一步促进了这种艺术形式作为国家文化遗产的传播，并且使得大多数泰国音乐研究都聚焦于泰国传统音乐，意味着研究成果通常是基础性质的，旨在建立学术知识体系。20 世纪 90 年代，对应用研究的推广确实促进了许多直接适用于音乐教育的教学计划和课程开发。同时，大量跨学科的研究汲取不同领域的知识来研究泰国传统音乐。不过，大多数研究都是按照政府指导方针，将王室的泰国传统音乐作为国家文化遗产来传播。几十年来对泰国传统音乐文化的推广为泰国音乐研究奠定了基础，时至今日，这些研究的影响力仍然存在。

参 考 文 献

AMATAYAKUL P, et al, 1989. Alphabetical List of Names of Thai Musicians, Song Writers and Composers of the First 200 Years of the City of Ratanakosin[M]. Bangkok: Chulalongkorn University.

BUALE P, 2007. Bang Khlo Neighborhood and Thai Traditional Music Conservation[M]. Bangkok: Office of The National Culture Commission.

BUNYAPHITHAK W, 2001. Development of Educational Quality Management Strategies in Accordance with Education Criteria of Performance Excellence for Higher Education Institutions Offering Thai Music and Drama Degree Program[D]. Bangkok: Chulalongkorn University.

CHANBOON N, 2010. Thai Music Knowledge Management: A Case Study of the Foundation of Luang Pradit Phairo（Sorn Silapabanleng）[D]. Bangkok: Thammasat University.

CHAROEN N, 2009. Musical Analysis of Krawnai for Ranadthum Solo: A Case Study of KruUthai Keolaiad[D]. Bangkok: Chulalongkorn University.

CHITTUAM Y, 2002. Changwang Suan: Ban Pephat of Prapadang District, Samut Prakan Province[D]. Bangkok: Mahidol University.

命运共同体视域下的跨文化交际探究

——以电影《泰囧》为例

申丰瑞[①]

摘要： 随着“一带一路”建设的不断深化，中泰两国旅游文化、经济贸易交流和民间来访日益紧密，文化差异带来的交际障碍值得我们重视。中国提出的“人类命运共同体”体现了天下为公和休戚与共的理想价值，旨在为不同文化间平等交流交往构建内在逻辑。在本文中，笔者通过高低语境文化理论分析了电影《泰囧》中展现跨文化交际差异的桥段，探究两国跨文化交际差异的成因，分析文化差异背后的深层逻辑，提出了中泰两国跨文化交流的应对策略。

关键词： 命运共同体；跨文化交际；高低语境；文化差异

“文化”，从汉语语境的角度来看，其概念的外延十分宽广，可以代指历史实践过程中人类社会劳动创造的物质财富、精神财富的总和。“文化”一词从产生至今经历了较长时间的流变，其内涵和外延也几经变化。文化有广义和狭义之分。广义的文化指一切与人类有关的成果。狭义的文化则专指根植于人类内心的思想、观念、信仰、意识等。[②]在一定程度上，文化作为体现民族个性的标签普遍存在。不同民族之间的联系交流夯实了“命运共同体”的价值共识，不同国家间交流交往的过程就是“命运共同体”意识不断深入人心的过程。

随着“一带一路”建设的不断推进和《区域全面经济合作伙伴关系协定》的达成，中泰两国在外交、经济、文化、教育、科技等诸多领域的合作交流进一步加深，赋予了“中泰一家亲”和“人类命运共同体”更加深刻的时代内涵。当前，国内学者对于中国和东南亚国家之间的跨文化交际研究，多局限在传播学和对外汉语教学的角度，对个别群体的跨文化交际进行讨论。例如范氏深（越南）的《跨文化交际下的中越饮食文化比较》，从文化角度揭示了中越饮食相互渗透和影响的关系。梁文静的《跨文化交际中的宗教文化差异及应对策略——以缅甸大其力大华佛经学校汉语教学为例》，从非语言交际、语言交

---

① 申丰瑞，广西民族大学东南亚语言文化学院泰语翻译专业 2021 级硕士研究生，主要研究方向为跨文化研究、泰语翻译。

② 刘荣、廖思湄：《跨文化交际》，重庆大学出版社，2015 年，第 19 页。

际和文化三个方面分析中缅两国的宗教取向差异。以上研究为笔者在泰国跨文化交际研究提供了背景方面的参考。笔者从生活节奏、性别认同、风俗礼仪、节日习俗四个方面对电影《泰囧》中涉及跨文化交际的问题进行深入探讨，探索命运共同体意识与跨文化交际的价值关联，以期望为东南亚地区的国别和跨文化研究提供一定的参考。

一、共同体意识和跨文化交际

（一）共同体意识

“命运共同体”一词，最早出现在 2011 年 3 月国务院新闻办公室发布的《2010 年中国的国防》白皮书中。2011 年 9 月，国务院新闻办公室发布的《中国的和平发展》白皮书中又多次提及“命运共同体”概念。[①]2017 年 10 月，“构建人类命运共同体”被写入《中国共产党章程》。次年 3 月 11 日，“人类命运共同体”的重要理念被写入《中华人民共和国宪法》序言。

“人类命运共同体”既是悠久历史所孕育出的独特智慧，更是当前世界格局发展的和人类可持续发展议题的迫切需要。荣辱与共，命运相依，既是一种选择，更是一份担当。它将人类的命运紧密相连，形成了“你中有我，我中有你”的依托关系，为解决文明冲突和地缘政治隔离和误解带来的世界难题提供了中国方案。2015 年 9 月 28 日，习近平总书记在第 70 届联合国大会一般性辩论时作的《携手构建合作共赢新伙伴，同心打造人类命运共同体》讲话中，在维护联合国的宪章基础上全面阐释“人类命运共同体”理论。习近平总书记指出：“和平、发展、公平、正义、民主、自由，是全人类的共同价值，也是联合国的崇高目标。”[②]只有不断携手，共同应对挑战，方能实现人类命运共同体的伟大构想。当今世界，各国之间命运相连，进退与共，具有团结性和规范性的《联合国宪章》及其被广泛接受和普遍认同的宗旨和原则需要被继承和弘扬。文明冲突和贸易壁垒需要被打破，合作才能共赢，对抗永无出路。永久和平的新型国际关系需要人类命运共同体不断指引方向。2017 年 12 月，在中国共产党与世界政党高层对话会上，习近平总书记又阐述了“人类命运共同体”的积极内涵，他强调：“人类命运共同体，顾名思义，就是每个民族、每个国家的前途命运都紧紧联系在一起，应该风雨同舟，荣辱与共，努力把我们生于斯、长于斯的这个星球建成一个和睦的大家庭，把世界各国人民对美好生

① 何英：《大国外交“人类命运共同体”解读》，上海大学出版社，2019 年，第 6 页。

② 习近平：《携手构建合作共赢新伙伴，同心打造人类命运共同体》，载《习近平外交演讲集》第一卷，中央文献出版社，2022 年，第 286～287 页。

活的向往变成现实。”[①]人类共同的价值需要共同意识，它关乎全人类的前途与发展，只有不断深入沟通，不断互利共赢，全人类的美好生活和人类的永久和平才会变为现实。

（二）跨文化交际

学术界一般认为跨文化交际是指任何在语言和文化背景方面存在差异的人们的广泛交际行为，它包括但不限于母语者和非母语者之间的各种形式的交际活动的总和。普遍来说，爱德华·霍尔（Edward Hall）的《无声的语言》（*The Slient Language*，1959）一书的面世，标志着跨文化交际学及其相关研究的诞生。霍尔首次在《无声的语言》中提出“跨文化交际学”这一概念，标志着跨文化交际学的创立。霍尔在书中对文化与交际的关系给予了关注，并对时间、空间与交际的关系进行了深入的探讨。而最早提出“语境”（context）这一词语并论述语境问题的学者是波兰人类语言学家马林诺夫斯基（Malinowski）。1923 年他在给奥格登和理查兹的《意义的意义》这本书所写的补录中提出了“语境”这一概念。霍尔认为语境是组成一个事件的信息，这些信息与事件的意义关系密切。

在富含高度文化内涵的社交背景当中，人们在进行沟通和交流时，主要依赖社会文化环境和具体情境传递信息，这种信息的长期自动化编码和调整，使得语境和信息之间形成了某种结构上的选择性契合，这种契合同时也在交流双方的明确信息编码过程中起到了联结和引申的作用。它使得交际双方的显性信息编码内容往往仅起到指示和引导作用，而绝大多数负载信息蕴含在文化氛围中依靠交际双方自行提取；而低语境文化环境中，情景和社会文化环境起到的负载信息作用很小，显性信息编码带有极大的指向性和明确性，交际双方通过解码完成信息的接受和交换。

二、《泰囧》中跨文化交际现象分析

电影《泰囧》时长 104 分钟，是 2012 年 12 月 12 日在中国上映的喜剧电影，成为中国电影史上首部票房超过 10 亿元的华语电影，该片的大热也成功开启了中泰旅游的黄金期。

本研究将从生活节奏、性别认同、文化内涵和节日习俗四个方面对电影《泰囧》中涉及跨文化交际的桥段进行分析，通过故事情节分析文化交际背后的影响因素。

① 习近平：《携手建设更加美好的世界》，载《习近平外交演讲集》第二卷，中央文献出版社，2022 年，第 87 页。

（一）慢节奏的生活态度

电影桥段 1（13：40—14：20）对话如下：

徐朗：“Go that way，be quick!”
司机：“No × 3…ใจเย็นๆ”
徐朗：“No bodies，no camera”
司机：“ใจเย็นๆ นะ คุณ”
徐朗：“Use loudspeaker”
司机：“No… บีบแตรไม่ได้นะ คุณ ใจเย็นๆแหละ”
徐朗：“I need time，I don’t ใจเย็นๆ ”
司机：“せんぱい、ご安心ください”
徐朗：“你才日本人呢！I’m not Japanese，I’m Chinese.”
司机：“中国人最着急。”
徐朗：“泰国人最磨叽。”

影片中，徐朗和泰国司机关于是否变道超车产生的分歧实则从侧面反映了中泰两国时间观念的不同。虽然同为高语境国家，但是随着工业化和城市化进程的加快，中国的沿海城市发展非常迅速。高速发展的时代大潮之下，中国人的时间观念也被朝着低语境文化的方向不断冲刷，人们对于时间的敏感度和对效率的追求越来越极致。一方面，时间效率直接指向工作和生产，忽视时间就意味着收益的减少；另一方面，对于时间的过度焦虑也反映了发展过快造成的个体获得感缺失。

反观泰国，整体 90%以上民众信奉上部座佛教，泰国人讲究通过修行和积累功德来获得来世的福报，民族性格整体偏温和。因此，在时间上少了一分中国人的“分秒必争”的迫切，多了一分“随遇而安”的从容淡定。时间上的环形思维使得泰国人认为时间并非单一射向的，后续的时间能够完成对当下事件的补偿或是修正。因此，泰国社会中，整体的社会节奏相对较慢。

徐朗身上的“快”体现的是一个民族在建设大潮中的争先恐后，逆流而上的“快”。当前，中国在全球垂直分工中属于世界工厂，中国人不管在哪里都带着一股“快劲儿”。在快之中，人们获得了改革和发展带来的红利和快感，但是这样的“快”也麻木了我们体验生活的神经。而泰国则是典型的“慢性子”国家。无论是九世王时期提出的“เศรษฐกิจพอเพียง”（充足经济哲学）还是泰国炎热潮湿的地理气候，都为“慢”提供了物质前提和精神养料。

（二）对变性人的认同差异

电影桥段 2（23：35—24：00）对话如下：

王宝：“哎，你说那人妖是人生下来的吗？”
徐朗：“你后面那俩就是。”
徐朗：“哎，别马上回头。”
王宝：“哎呀，太性感了。”（说完，转身用照相机拍照。）

电影桥段 3（25：20—25：50）对话如下：

美女：“รอแป๊บหนึ่งค่ะ ขอบคุณค่ะ”
王宝：“你说这个人是人妖吗？”
徐朗：“我跟你说，你在泰国看到的所有美女都是人妖”
王宝：“你敢打赌吗？”
徐朗：“我有什么不敢的，你敢问吗？”

从上述两个桥段的对话可以看出，徐朗和王宝分别代表了中国平民和精英阶层对于泰国人妖的刻板印象。从语义本体来看，“人妖”（Kathoey）一词在翻译过程中存在极强的贬义和误导色彩。“妖”作为一种超自然鬼怪形象根植于中国人的想象之中，人们无不谈“妖”色变。绝大多数国人对于泰国跨性别者群体的了解和认识处于一种启蒙和偏见阶段。虽然和中国同为高语境国家，但是因为历史背景和宗教习俗的不同，泰国的性开放程度呈现出极大的差异性。

就影片《泰囧》来看，对于“人妖”概念的定性体现了极强的文化刻板印象和焦点放大嫌疑。笔者更加认同人妖主要指的是：专门从事表演的从小服用雌性激素而发育成人的男性。但是影片中出现的人妖形象仅仅是从属于变性人中的一种，而非典型。影片刻画的泰国人妖形象与风俗产业直接挂钩，存在利用对性少数群体的歪曲误导大众猎奇心理的嫌疑。无论是从构建人类命运共同体的文化平等或者是从跨文化交际学的文化移情角度看来，桥段设定的合理性仍有待商榷。

从宗教层面来看，在上部座佛教教化和影响下的泰国社会，泰国人普遍注重个人的圆满和修行，强调自我精神境界的修炼，以渡己和解脱作为最高追求。这使得在日常生活中，泰国人很少主动去评价和议论他者，这也是泰国社会保持较高的文化包容性的原因之一。即便是受歧视相对严重的“人妖”，泰国人也多从可怜的角度默许和看待这一类人。大多数泰国人都认为这是因果轮回的结果和惩罚，因此很少进行强制性的阻碍，而是放任其自由发展。正是这种宽容的社会认同，使得泰国的同性恋亚文化发展十分迅速。

从经济层面来看，长期的自足经济被资本主义打破后的泰国，妇女承担了大部分抚养子女的任务，而男性的工作目的大多只求“自足”，社会责任意识淡薄。这就促使大部分阶级固化的底层家庭只能选择将男孩送去人妖学校接受培训。同时，泰国积极发展旅游业等第三产业引导产业转型，一方面倡导适足经济政策，另一方面又无法走出资本主义国家典型的财富至上的价值误区，形成了泰国社会笑贫不笑娼的矛盾现状。

从历史文化来看，同为高语境国家的中国，在儒家思想影响下，中国人普遍对性持保守态度，民族性格也更加内敛。因此，两国对性别认同的包容度差异较大。

（三）合十礼的文化内涵

合十礼起源于印度的古老礼法，后来佛教一直沿用，随着佛教在东南亚传播，逐渐成为老挝、缅甸、泰国等国家的见面礼仪。面对不同的人，合十礼的方式也有所不同。而中国古代自西周礼乐制度完善成形后，见面时双手合于胸前，左手在外，右手在内，身体向前微倾的作揖礼就成为人们的相见礼。由此可见，无论是作揖礼还是合十礼都体现了两国作为高语境国家含蓄、内敛的民族性格，体现了长幼有序、等级观念的道德自觉。

电影桥段 4（43：10—43：35）中，高博双手合十立于胸前摆动，请求王宝告知行踪，然后电影镜头切换到徐朗双手合十敬拜佛像，这一艺术手法将中泰两国对于合十礼的解读进行了直接对比。在中国人看来，双手合十来自佛教，一般见于寺庙等宗教场所，且传入中国的大乘佛教教义又和泰国的上部座佛教有所差异，讲究六根清净，普度众生，所以寺院多坐落于深山而远离世俗尘烟，导致合十礼在中国人日常生活中出现的频率极低。

再者，中国人的精神家园以大家庭和家族宗室为聚合，同时受到儒释道三教的共同影响和地理环境的割裂。使得中国人通过祖先崇拜和祠堂文化来维系人际关系的纽带，表现出浓烈的集体主义色彩。因而个体对于合十礼的理解和使用，会根据交际场和主体情感的不同产生差异。影片中高博使用合十礼并非表达问好或是祝愿的意思，反而带有强烈的请求目的。一方面合十礼带有佛教色彩，表现出信奉者的虔诚和自谦，符合中国人交际的底层逻辑；另一方面，在儒家看来双手合十微微摆动也有抬高对方，希望得到权威力量支持的意味。

电影桥段 5（1：05：50—1：06：30）中，徐朗假扮的僧人向警察低头行合十礼，让其帮忙抓住“偷佛像”的高博，也折射出了两国不同的文化差异。在泰国，僧人地位极高，且出现在泰国社会的各个角落，世俗化程度更高，不忌口，在古代，寺庙往往就是社区的中心。因此，无论是从社会分工还是文化层面来看，在泰国社会出现僧人向警察行合十礼的场面是不大现实的。

电影桥段 6（1：00：10—1：00：35）中，徐朗来到寺庙，众人坐着，双手合十，听僧人诵佛经。村长帮助他画出目的地路线图，徐朗鞠躬行合十礼表示感谢，接着来到佛像前鞠躬行合十礼拜佛，而非模仿泰国人，向佛像下跪行合十礼。

在泰国人看来，头是人最神圣的部位，一般来说小孩子面对大人时，头要低于长辈，这一现象在学校和寺院中尤为突出。不同于泰国的君主立宪，中国在结束了两千余年的封建制度后，人们对于旧俗礼教等陋习进行了深刻反思。当今社会，中国人认为“男儿膝下有黄金”，不会轻易下跪。

（四）节日习俗的心灵寄托

泼水节，也就是泰国的宋干节，对泰国人来说，宋干节是一年之中最重要的旧历节日之一，于每年公历 4 月 13 至 15 日举行。泰国河流遍布，水域发达，天气炎热，这使得泰国人对水十分重视。在宋干节期间，水是最纯洁的事物，干净的清水可以为人们带来清爽，洗去污秽，寓意着来年的幸福安康，因此，在节日期间，泰国人常常向别人泼水，以表达美好的祝愿与希望。

与中国一样，作为农业国的泰国，根据农作物的耕作和季候变化确定历法。不同的是，泰国地处热带，故将极热之日作为新年的伊始，大家泼洒干净清凉的水，洗去一年的污秽，祈祷来年的风调雨顺。中国疆域辽阔，大部分地区位于北温带，四季分明。中国人则把一年最冷、万物沉寂的正月当作新年的开端。忙碌一年的家人得以在除夕夜聚在一起，吃上象征团圆的年夜饭。中泰两国都是根据季候变化来划分节日，一定程度上反映了两国文化的互通性。

电影桥段 7（1：00：35—1：01：25）中，运用远景近景镜头切换，搭配《茉莉花》为背景音乐，渲染出和谐静谧的放飞孔明灯场景。作为电影中难得的主动文化体验行为，徐朗和王宝共同放飞孔明灯。中秋节、元宵节放孔明灯也是中国人的传统习俗。例如：在四川省的平乐古镇就有燃放孔明灯的习俗，因为孔明灯的形状酷似诸葛亮的帽子，当地人以此纪念诸葛亮在蜀中的功绩，表达对其高尚人格的推崇。如今，每逢传统佳节或是婚嫁喜事，当地人也会燃放孔明灯，表达对美好生活的祝愿，祈求平安顺意。此外还有海南文昌的“送灯”万宁的“天灯”、台湾省新北市平溪区的“放天灯”，均带有美好的寓意。

以“灯”寄情是中泰两国人民共同的文化通性，中国人历来主张，凸显了两种文化对美的追求的共性，实现了超越文化本身的价值升华。“世界大同，天下一家”，是人类对美好生活的追求和中华民族对和平的向往与“命运共同体”世界价值的最好诠释。“各美其美，美人之美，美美与共，天下大同”，不仅承载着中国人对理想世界的向往和寄托，也是构建“人类命运共同体”的题中之义。

三、跨文化交际的应对策略

从世界公民的角度来看，任何人均具有交往并受到友好对待的权利，并且负有彼此交往以促进自身理性成熟的义务。简言之，交往的要求既是权利，又是义务。[①]因此，只有掌握跨文化交际的基本能力，才能从理性上实现对异质文化的理解、接纳和交往。基于此，笔者认为应从以下四个方面入手，夯实跨文化交际的基础。

（一）外语习得与“非本质主义文化观”培养

电影《泰囧》塑造了一个自我中心非常明显的人物——王宝。在电影的开头，他便开始带着固定视角看待他者。其中，他随身携带的“相机”也很好地验证了这一点。这一意象性极强的实体便是王宝人物个性的鲜面写照，从下飞机开始，相机几乎不离手，以相机不变的主观视角窥探着异质的泰国文化。除此之外，大闹佛像地下交易现场，不分青红皂白指责他人，同泰国人用中文跨语言吵架等行为都充分体现了跨文化交际当中的本质主义文化观和外语水平低造成的交际失误。

对于跨文化交际活动的主体性来说，很多人容易陷入本质主义文化观的误区。本质主义文化观认为，文化决定个体，个体的所有行为都可以从其所属的国族文化中找到解释。这样的观点忽视了个体的主观能动性，必然会形成对个体的刻板印象，甚至造成“文化歧视”。[②]因此，保持基本的外语沟通能力和对文化的适应和应用能力，才能调动交际过程中的积极因素为我所用，从而避免文化休克带来的负面影响。

① 杨云飞：《康德与跨文化交流的哲学基础》，载《跨文化传播研究》，2021 年第 1 期，第 91 页。

② 和媛媛：《中国大学生对跨文化交际误解的认知研究》，载《跨文化研究论丛》，2020 年第 2 期，第 17 页。

（二）避免文化负迁移对跨文化交际的消极影响

“文化负迁移”（Negative Transfer of Culture），可以理解为，当两个不同民族文化背景的人在交往过程中，面对由于文化背景、语言习惯等差异带来的交往过程中的矛盾和冲突时，自动化地、不自主地选择和倾向选择本民族思维惯性、语言特点、文化特点的处理方式处理问题，进而从心理上产生一种潜意识文化排他行为和对立意识，从而错误地将本民族价值标准作为唯一选择，进一步造成不可避免的交际障碍的动态迁移过程。

跨文化交际过程中伴随大量的隐形冲突和文化差异，当面对异质文化的价值观体系带来的挑战时，如何选择应对策略很大程度上决定了跨文化交际活动的成功率。积极地引入环境等客观因素，融入文化氛围和运用非语言因素才能促进交际失误向着共同理解前进。

影片中对于“人妖风俗”的看法，无论是徐朗还是王宝都表现出浓烈的文化定式和刻板印象，试图逃避并从本族文化的角度阐述这一文化行为。这样的回避式交际不利于问题的解决，过度的文化负迁移只会带来更加割裂的文化隔阂。

（三）注重“文化移情”意识的形成

文化移情不是一味地跨入异质文化领域去看待一切文化活动，而是教会我们以一种动态且平和的态度一以贯之。充分发挥交际主体的主观能动性，感情位移，认知转换，以便有意识地超越民族思维定式去思考跨文化交际过程中的问题。对于强势文化保持敬畏，对于弱势文化保持理解。以动态的眼光看待文化问题，要求我们审视自己的交际活动，以获得交际双方的理性成熟，最终走向全人类的成熟交流。实现全人类的命运与共，不仅要在交际主体上主动展现善意，更需要双方的理性互鉴和深刻反思，以达到自由秉性的同步升华。

影片中，徐朗九十度鞠躬虔诚敬拜佛像，无疑就是对文化移情最好的诠释。有意识地尊重异质文化，并且在本民族文化的底线之上进行跨文化交际，体现的就是文化交际过程中的一种动态转移。

（四）尊重交际过程中的非语言因素

中泰两国拥有悠久的历史和灿烂的文化，具有很多相似的文化背景和社会风貌。同为高语境国家之间的交际可能带有更多的非语言因素。因此，对于他者文化的背书显得必不可少。例如，中国人不喜欢数字“4”，因为和“死”同音。泰国人不喜欢被人摸头，不能越过他人头顶传递东西。中国人待客喜欢喝热茶，泰国人待客则端上一杯加冰的纯净水，中国人吃饭时习惯用筷子和碗，泰国人更愿意用叉子和勺子，等等。这些看似微不足道的细节，实则会给还未进行的跨文化交际带来很多积极的心理暗示和引导。

在影片中，高博虽然个性高傲，但是在和泰国人交际的过程中显得十分熟练，无论是英语沟通还是给小费，都体现了对他者文化的尊重。因此，事先做好相应的交际攻略，了解他者文化中的禁忌和喜好，往往更容易在交际过程中达成文化共识，从而形成理解和包容的交际氛围。

四、结语

本研究从生活节奏、性别认同、风俗习惯、节日习俗四个方面分析了电影《泰囧》中跨文化交际失误的经典桥段，并从经济、历史、文化、地理等方面对交际差异的成因进行了分析。与此同时，从命运共同体的角度出发，对跨文化交际提出了四点建议，即外语与“文化观”培养、避免文化负迁移、注重“文化移情”、尊重非语言因素。

跨文化交际其实就是在筑牢换位思考的底线，在这样的底线框架之上进行跨文化交际，有利于异质文化之间相互理解，避免绝对主观主义下的他者思维现象。因此，让跨文化交际意识深入国民教育，让“命运共同体”理念真正被不同国家和民族接受和认同，并成为凝聚共识、指导未来发展的国际公共产品，可能还会是将来很长一段时间内我们必须要思考和解决的问题。

参考文献

安小可, 2019. 跨文化交际[M]. 重庆: 重庆大学出版社.

曹京渊, 2008. 言语交际中的语境研究[M]. 济南: 山东文艺出版社.

何英, 2019. 大国外交“人类命运共同体”解读[M]. 上海: 上海大学出版社.

和媛媛, 2020. 中国大学生对跨文化交际误解的认知研究[J]. 跨文化研究论丛（2）: 128-129.

胡为雄, 2021. “人类命运共同体”新议[J]. 理论视野（2）: 36-42.

黄东梅, 2019. 从高低语境文化角度浅析中美国际商务谈判[J]. 现代交际（4）: 94-95.

刘荣, 廖思湄, 2015. 跨文化交际[M]. 重庆: 重庆大学出版社.

习近平, 2022. 携手构建合作共赢新伙伴, 同心打造人类命运共同体[G]//习近平外交演讲集 第一卷. 北京: 中央文献出版社.

习近平, 2022. 携手建设更加美好的世界[G]//习近平外交演讲集 第二卷. 北京: 中央文献出版社.

杨云飞, 2021. 康德与跨文化交流的哲学基础[J]. 跨文化传播研究（1）: 83-101.

虞崇胜, 2019. 类文明: 化解全球化时代文明冲突的新文明形态[J]. 马克思主义与中华文化研究（1）: 72-112.

Exploring Inter-cultural Communication from the Perspective of a Community of Shared Destiny: A Case Study of the Film Lost in Thailand

Shen Fengrui

Abstract: With the deepening of the "One Belt, One Road", tourism, cultural exchanges, economic and trade exchanges, and visits by citizens between China and Thailand are becoming increasingly close. The communication barriers brought about by cultural differences are worthy of our attention. China's proposed "community of common destiny" embodies the ideal values of the world as a public and shared fate. It aims to build an inherent logic for equal communication and interaction between different cultures. In this article, the author will analyze the Inter-cultural communication differences presented in the movie *Lost in Thailand* through the theory of high and low context culture. The article explores the underlying causes of inter-cultural communication differences between the two countries, analyzes the deep logic behind cultural differences, and summarizes the coping strategies for cross-cultural communication between China and Thailand.

Key word: community of common destiny; inter-cultural communication; high and low context; cultural differences

泰拳软实力与中泰命运共同体的建立①

张猷②

摘要： 体育在当代已经成为展现国家软实力的重要的中介。作为发展中国家，泰国在经济和军事方面的实力相对有限，难以有效扩大其在全球范围内的影响力，因此提升文化软实力成为泰国增强国际影响力的有效途径。作为泰国文化的重要组成部分，泰拳在这一过程中扮演着举足轻重的角色。泰国为泰拳的国际化做出了极大努力，一方面政府结合申奥开展了泰拳推广运动，进行系列泰拳软实力推广项目；另一方面泰拳文化还通过流行文化的传播产生国际性影响。泰拳与人类命运共同体、中国体育外交在理念和实践都有相合之处，也与我国体育产业有着巨大的市场合作空间。泰拳由于其蕴含着深厚的泰国优秀传统文化，也是我国了解泰国、增进两国交流、推动中泰命运共同建立的重要窗口。

关键词： 泰拳；软实力；中泰命运共同体

一、体育与文化软实力

软实力概念最早由著名学者约瑟夫·奈提出，他将软实力定义为通过吸引而不是财政支付或军事力量来塑造其他国家偏好的能力和行为③。实施软实力的目的是说服而非胁迫，它包含三个主要资源，即文化、政治价值和外交政策。其中，体育在传播一个国家的价值观方面发挥着重要作用④。在倡导和平的价值观占主流的年代，体育在倡导和平的同时又内在地包含着竞技性的要素，于是毫不奇怪，许多国家都将体育视为提高国际知名度、展示国家力量和提升他国对自己文化关注度的重要手段，让它作为传达本国价值观、展现本国软实力的有效工具。

① 本文系成都大学泰国研究中心、四川省泰国研究中心资助项目“泰拳外交与中泰命运共同体建构研究”（项目编号：SPRITS202104）成果。

② 张猷，哲学博士，成都大学马克思主义学院副教授。

③ Nye Jr. J S，*Soft power：The means to success in world politics*，Public Afairs，2004，p. 47.

④ Nye Jr. J S，*Soft power：The means to success in world politics*，Public Afairs，2004，p. 47.

实际上，国与国之间实行体育外交已有长久历史，比如中美乒乓外交、印巴板球外交，都是借助体育作为中介将两国的关系重新拉近的经典案例。周期性地举办夏季和冬季奥运会以及世界杯等重大体育赛事，也是实行体育外交的重要方式。2008 年北京奥运会的成功举办是体育赛事展现国家形象的经典案例，无论是在开幕式中，还是在对各项赛事的安排布置以及比赛的开展中，中国都向世界充分展示了一个崛起的和现代化的强国形象。2022 年北京冬奥会反映了中国向国际社会表达的抗疫的决心，2023 年成都大运会也成功地对外宣传了“成都成就梦想”。除了大型的项目举办，个别赛事项目的推广也能起到同样的作用。比如，从 1988 年韩国夏季奥运会开始，韩国政府便战略性地推动跆拳道在欧洲和美国的传播。随后，跆拳道不仅成为奥运会正式项目，也成了韩国的重要的文化标识。同样，中国也尝试在世界上推广武术运动，但仍需进一步提升发展成效。

除了会消耗大量资源的体育赛事，培养著名的体育团队或者名人运动员，让他们成为国家体育外交的代表，这类消耗较少的手段也可能成为有效的软实力增长的工具。根据国外学者：“体育也不能‘仅仅是一场比赛’。若体育机构的成员渴望在全球范围内获得专业认可，他们便不能仅仅满足于作为世界事务的冷眼旁观者。作为运动员，他们并非自愿选择成为众人瞩目的榜样，然而他们不得不如此，他们内心并不渴望成为某种象征或代表，然而他们不得不如此。”[①]也就是说，著名的体育运动员可以作为一个国家的形象代表，从而成为两个国家人民之间相互理解和交流的中介。比如中国曾经的篮球明星姚明，他在中美两国都吸引了大批篮球迷。

因此，我们可以看到，体育在当代已经成为国家软实力展现的重要的中介。更为重要的是，某项体育运动也可以作为国家的一个标志性的文化象征，甚至在一定程度上超出体育的范畴，而作为混合型的文化标志来展现一个国家的文化特性。比如，韩国的跆拳道就具备这样的特性，因为跆拳道一方面作为体育文化的标识而成为韩国文化的标志之一；另一方面它也融合到了影视等流行文化之中，让更多的人群接触到其力量美感。中国的武术也如此，尽管作为体育项目武术国际化还有很长的路要走，但在流行文化中武术已有一席之地。相似的情况也出现在泰拳中。我们看到，一方面近年来泰国政府在世界范围内积极推广泰拳；另一方面泰拳也作为流行文化中的一个要素在国际上广泛传播，比如在好莱坞电影中就有泰拳元素出现，中国电影中也有与泰拳明星合作的案例。

---

① Delay J A，“The curveball and the pitch：Sport diplomacy in the age of global media”，*The Journal of International Institute*，1999（1），p. 36.

二、泰拳的文化软实力

泰拳（Muay Thai 或 Thai boxing）是泰国的国家武术和运动，经由格斗体育和影视等通俗文化的中介，已经在全球范围内被广泛地传播。泰拳不仅是一项极具吸引力的格斗类竞技体育，还包含丰富的文化价值，是泰国民族文化和历史的一个侧面。于是，它被泰国政府视为软实力的重要来源，被用作文化外交的重要工具。①

根据国外学者，在泰语中，“Muay”是指一种徒手格斗或拳击，其梵语词根是“mav”，意指捆绑在一起或进攻性地侵犯。在泰语的语境中，Muay 被用来形容各种拳击，比如 Muay Bamar 是指缅甸的格斗技术 Lethwei，Muay Khmen 是指柬埔寨的拳术 Pradal Serey，而中国的武术则被称为 Muay Chin。当翻译为英语时，用 Thai boxing 一词则是为了意指一种与其他的格斗体育风格不一样的竞技体育格斗技术②。

泰拳的历史源远流长，一般认为，现代泰拳，即 Muaythai 起源于古泰拳（Muay Boran），是作为武术的古泰拳在现代社会竞技体育化的产物。古泰拳的称谓并不是从来就有的，它是在学者们梳理泰拳的历史时创造的术语，用来意指泰国皇家宫廷武士使用的拳术，该术语最早在 20 世纪 70 年代被提出③。对于泰拳的发展历史，有学者找到了它与公元前 400 年与中国广西少数民族相关的人类学证据④，这意味着泰拳的历史与泰国民族的历史发展同步。不过，泰国官方明确记载的关于泰拳的训练和运用的历史要追溯到公元 13 世纪位于现代泰国上中部的素可泰王国（Sukhothai）的相关历史记载。素可泰国王拉姆卡蒙（Ramkamhaeng）年轻时曾在洛布里的萨莫洪山（Samokhon mountain in Lopburi）与隐士苏卡丹塔（Sukadanta）一起学习各种形式的武术⑤。到 14 世纪中期，阿瑜陀耶王朝在湄南河流域的大城府（Ayutthaya）建都，作为素可泰王

① Sukontasap R，“Invigorating Thailand’s soft power resources”，*National Defence College of Thailand Journal*，2018（3），p. 48.

② Jones W J，“Muay Thai Diplomacy：Thailand’s Soft Power Through Public Diplomacy”，*Journal of Alternative Perspectives in the Social Sciences*，2021，11（1），p. 100.

③ Vai P，“Muay Thai：Inventing Tradition for a National Symbol”，*Journal of Social Issues in Southeast Asia*，2014（3），p. 515.

④ Qian G，“The Huashan rock art site（China）：The sacred meeting place for sky，water and earth”，*Rock Art Research：The Journal of the Australian Rock Art Research Association（AURA）*，2013，1（30），pp. 22-32.

⑤ Jones W J，“Muay Thai Diplomacy：Thailand’s Soft Power Through Public Diplomacy”，*Journal of Alternative Perspectives in the Social Sciences*，2021，11（1），p. 102.

国的继承者，泰拳在其首都大城府广泛流行，成为各个阶层都受欢迎的娱乐活动，它经常出现在各种形式的博彩和表演中。据记载，国王桑菲特八世（1661—1709，Sanphet Ⅷ）是一位泰拳大师，喜欢在当地庆典上隐姓埋名参加泰拳比赛。政府在此时也设立了由退役的泰拳选手组成的国王直属警卫部队。泰拳也出现在近代西方人的记载中，比如，17 世纪法国人西蒙·德·拉卢贝尔（Simon de la Loubère）就提到了泰国的民间和皇家的职业泰拳选手[①]。

在当今，泰拳也在世界范围拥有大量受众。泰拳在泰国广受欢迎，是融格斗、健身和娱乐为一体的体育项目。泰拳在国外也广泛流行，作为一种极具实战价值的格斗技巧，其相关技法已经充分融入国外各类格斗竞技体育项目，同时国际竞技格斗界也有许多知名泰拳选手。随着竞技泰拳流行，国外也开设了大量的泰拳馆，许多健身房中也有泰拳课程，比如，全球著名健身连锁品牌 fitness First 在泰国、香港、马来西亚、印度尼西亚、新加坡、约旦、卡塔尔和阿联酋等国的连锁店中都设有泰拳团体课。根据泰国体育局的数据，泰国有 5100 家泰拳健身房；根据泰国外交部的统计，有 3869 家泰拳馆分布在除泰国外的 36 个国家[②]。因此，泰拳连同其巨大的商业和娱乐价值在全球范围内流行。

作为发展中国家，泰国在经济和军事方面的实力并不能有效地扩大其在世界范围的影响力，因此文化软实力是提升其国际影响力的有效途径，而泰拳在其中扮演着重要角色。正如我们前面所讲的那样，大型赛事的举办、体育明星和相关资本的运作能够在体育外交中发挥重要作用，泰拳也正可以在这些方面施展拳脚。可以看到的是，泰国政府主要从赛事运作、表演推广和流行文化三个方向上推广泰拳，一方面推动泰拳的国际化，另一方面让泰拳成为国家文化软实力发展的手段。

第一，泰国政府结合申奥开展泰拳推广运动。从 20 世纪 80 年代末开始，泰国政府就以泰拳进入亚运会和奥运会项目为目标而努力。泰国政府很早就推出国际统一的泰拳规则并成立了泰拳国际单项组织。1990 年，国际业余泰拳联合会（IFMA）成立，为泰拳的推广打下了良好的基础。1998 年，在 IFMA 和泰国政府的共同努力下，泰拳成为 13 届亚运会的表演项目。2006 年 4 月，IFMA 成为国际体育总会成员。2010 年，首届世界武搏运动会在北京召开，泰拳成为其中正式的比赛项目。随后，IFMA 启动泰拳进入奥运会的计划，积极申请成为国际奥委会成员，并争取泰拳入奥。2012 年泰国新闻部文化关系司启动了“泰拳路演”的项目，在世界范围内宣传泰拳，旨在提高泰拳的海外认可

---

① Jones W J，“Muay Thai Diplomacy：Thailand’s Soft Power Through Public Diplomacy”，*Journal of Alternative Perspectives in the Social Sciences*，2021，11（1），p. 102.

② Jones W J，“Muay Thai Diplomacy：Thailand’s Soft Power Through Public Diplomacy”，*Journal of Alternative Perspectives in the Social Sciences*，2021，11（1），p. 102.

度和文化鉴赏力①。2016 年 12 月 14 日，国际奥委会正式接纳泰拳成为奥运临时观察成员。虽然在资格期三年内不能转正，但是已经进入了奥运会的观察行列。2019 年网上流传泰拳入选 2024 年巴黎奥运会项目的消息，实际上只是 IFMA 提出申请，目前尚在观察阶段。

第二，泰国政府开展泰拳国际化推广项目。2012 年，泰国新闻部文化关系司启动了专门用于泰拳宣传工作的项目，以增加外国对泰拳的认可、欣赏和实践，其中最重要的就是“泰拳路演”项目。虽然该项目因为新冠疫情影响不得不在大多数国家暂停，但是它仍扩大了泰国文化软实力在国际上的影响。泰拳路演的项目在世界上许多国家中开展，覆盖了所有大洲，各国的官方媒体均对路演的开展进行了报道。泰拳路演在卡塔尔、科威特等中东国家，智利、巴西、墨西哥等美洲国家，肯尼亚、埃塞俄比亚、莫桑比克、南非等非洲国家，以及俄罗斯、捷克等欧洲国家均有开展，从 2016 年起在中国的昆明、成都、北京和广州等城市也开展了路演项目，最近的则是 2023 年 8 月在意大利罗马进行的展演②。路演项目通常是泰国外交部与海外泰拳馆联系后，拳馆和官方均组织人员深入各场馆、警察局、高校等场所展演。路演的环节包括展示和教导两个环节，前者主要是要最真实地向观众展示泰拳的各种技法以及泰拳舞蹈，后者则让观众亲身尝试，感受泰拳的魅力。演出者和参与者也不局限于男性，它同样包含女性的表演者和参与者。比如，在南非路演时就因女性的参与而取得了不错的反响，一是女性泰拳运动员在表演中击倒男性，二是很多女性观众乐于参与泰拳的练习。

第三，泰拳文化通过各种传播渠道在流行文化中渗透影响。与中国的武术文化融入影视娱乐一样，泰国也于 2000 年初开始拍摄系列电影并在世界范围内推广。其中最成功的案例是《拳霸》。这是 2003 年泰国最卖座的电影，后来被发行到全球 40 多个国家和地区。《拳霸》电影以寻佛为主线，将泰拳和佛教等泰国传统文化融为一体，成功地向世界推广了泰国文化，增强了泰国文化影响力。随着《拳霸》电影的成功，泰拳主题的电影也不断在泰国推出。与武术、武侠是中国电影的名片之一相同，泰拳也成了泰国电影名片之一。随着网络新媒体的流行，泰拳也走向了新媒体的平台。比如在泰拳路演期间，泰拳表演不仅在各国主流媒体中被报道，同时也将相关活动制作成短片，分享到流媒体平台

① Saranrom Radio，“Cultural relations：Muaythai Roadshow in the Arab world”，Ministry of Foreign Affairs of Thailand，2016-10-3，https://www.facebook.com/saranromradio/videos/1248801438474446.

② Indo Thai News：“Promoting Muay Thai in Rome：A Successful Roadshow by the Royal Thai Embassy”，2023-8-8，https://www.indothainews.com/promoting-muay-thai-in-rome-a-successful-roadshow-by- the-royal-thai-embassy/.

上。路演制作的约 9.45 分钟的半记录形式短片在 YouTube 上的浏览量达到 679010 次，Facebook 上的浏览次数达到 70000 次①。

综合来看，泰拳已经成为泰国文化软实力的一大标志，它在泰国文化的对外传播和泰国提升国际软实力的过程中起着巨大的作用。有国外学者表示，在近几年泰国的泰拳软实力外交取得了里程碑式的成就，尤其是被国际奥委会选为入奥考察项目，是泰拳国际化进程的飞跃②。泰国外交部和泰国驻各国皇家大使馆均承认泰拳在泰国文化外交中的作用，泰拳作为格斗体育的代表和饮食、电影、时尚和节日一起被视为泰国最具潜力的软实力产业，被称为 5F 软实力③。因此，泰拳在文化外交和软实力彰显中的作用是毋庸置疑的，我们可以充分地看到它在中泰文化交流和中泰命运共同体建设中的潜力。

三、泰拳外交和中泰命运共同体的建设

2022 年是中泰建交 46 周年，建立全面合作伙伴关系 10 周年，应泰王国总理巴育邀请，中华人民共和国主席习近平于 2022 年 11 月 17 日至 19 日赴泰出席亚太经合组织第二十九次领导人非正式会议并对泰国进行访问，中泰联合发表了《中华人民共和国和泰王国关于构建更为稳定、更加繁荣、更可持续命运共同体的联合声明》（简称《声明》）。《声明》中明确表示“双方一致同意，秉持平等、互惠和可持续原则，推动高质量旅游业复苏，加强在教育、文化、媒体、信息、友城等领域合作”④。因此，文化始终是中泰外交和中泰命运共同体建构中的重要环节。

中泰两国在文化交流、文化产业合作、教育交流、人才交流等领域仍然有持续合作的可能性，有很多势能可以释放。这些以文化软实力为中介的合作与交流，可以切实地推进两国的互信与互助。泰拳作为当前泰国体育外交的重要环节，同样也可以在中泰命运共同体的建构中发挥重要作用。

“人类命运共同体”是我国大国外交的基本理念，国际社会日益成为一个你中有我、我中有你的“命运共同体”。2011 年《中国的和平发展》白皮书提

① Jones W J，“Muay Thai Diplomacy：Thailand’s Soft Power Through Public Diplomacy”，*Journal of Alternative Perspectives in the Social Sciences*，2021，11（1），p. 113.

② Jones W J，“Muay Thai Diplomacy：Thailand’s Soft Power Through Public Diplomacy”，*Journal of Alternative Perspectives in the Social Sciences*，2021，11（1），p. 116.

③ Roongsanjun T，“Soft Power and the Development of Thai Society”，*Journal of Social Work*，2023，31（1），p. 100.

④ 新华社：《中华人民共和国和泰王国关于构建更为稳定、更加繁荣、更可持续命运共同体的联合声明》，2022 年 11 月 19 日，https://www.gov.cn/xinwen/2022-11/19/content_5727904.htm。

出，要以“命运共同体”的新视角，寻求人类的共同利益和共同价值的新内涵。正如国内学者指出，体育外交与人类命运共同体的理念有“共生”相合之处，有巨大的潜力可供挖掘。“体育与人类命运共同体从哲学基础、价值追求、环境关切与目标导向上具有深刻的一致性。进而言之，人类命运共同体理念符合体育事业发展的内在逻辑，并可以为体育事业的发展提供价值导向；而体育事业的发展可以成为全面构建人类命运共同体的重要实践。”[①]可以看到，泰拳作为当前泰国体育文化软实力的重要环节，是可以与中国在文化外交方面形成良性互动的。

根据前面对泰拳文化软实力和泰拳外交的分析，我们可以看到泰拳与人类命运共同体建构和中泰命运共同体建构在理念和实践上的相合。泰拳是泰国优秀传统文化，是泰国当前文化软实力彰显的重要标志之一，泰拳所拥有的体育精神、蕴含的传统文化底蕴，能够支持以泰拳为中介的中泰体育外交活动的开展，而泰拳体育包含的在体育文化实践和相关产业方面的价值也使得它可能在中泰命运共同体的建立中发挥实践上的作用。

首先，泰拳所蕴含的体育精神和人类命运共同体的外交理念以及中国体育外交的秉持的精神有共同之处。国际泰拳业余联合会（IFMA）对泰拳的基本体育精神描述：泰拳的基本价值观建立在五个重要支柱上：尊重、荣誉、传统、公平竞争和卓越，这也是奥林匹克运动的基础。泰拳不仅仅是一项运动也是一种生活方式，男人和女人、男孩和女孩都可以平等地练习健身、自卫、比赛。可以看到，泰拳实际上还意味着一种通过体育运动实践生活的态度。与其他体育运动一样，泰拳尤其强调对对手的尊重、公平，以及对荣誉的看重。

与泰拳提倡的精神一样，人类命运共同体也有着共同的追求，它与中国对体育精神的理解一致。正如我国学者指出，人类命运共同体有“共生共在”的哲学基础，以及“公平与包容”的共享的价值追求，正好与体育蕴含的基本精神相通。[②]习近平总书记指出，“人类生活在同一个地球村里，生活在历史和现实交汇的同一个时空里，越来越成为你中有我、我中有你的命运共同体”[③]。同时，人类命运共同体理念将平等与公平作为维护世界秩序的基础原则。习近平主席指出，“世界长期发展不可能建立在一批国家越来越富裕而另一批国家却长期贫穷落后的基础之上。只有各国共同发展了，世界才能更好发

---

① 陈世阳、刘晓：《体育对构建人类命运共同体的价值与实施路径》，载《北京体育大学学报》，2021年第2期，第3～4页。

② 陈世阳、刘晓：《体育对构建人类命运共同体的价值与实施路径》，载《北京体育大学学报》，2021年第2期，第2页。

③ 习近平：《习近平谈治国理政》（第一卷），外文出版社，2018年，第2页。

展”[①]。两者在内在精神上的相同，正好可以让围绕泰拳开展的外交促进中泰命运共同体构建。

其次，泰拳和人类命运共同体在对美好生活追求的目标上具有一致性。泰拳训练的目的是获得一种正确的生活态度并得到美好生活。泰拳的体育运动是为了部分有特别的喜好、禀赋和现实追求的人获得美好生活，是某类群体为了自身的生活理念追求而建构起来的，它是微观层面上的部分人群的活动。而人类命运共同体构建则是更为宏观层面的对全人类的美好生活的追求，中泰命运共同体的目的也是中泰之间的和谐和中泰人民的美好生活。作为一种人类社会发展理念，人类命运共同体反映了人类共同的价值追求，是对全球治理困境的深刻反思。该理念致力于从政治环境、经济条件、文化基础与生态环境方面改善人类的生存境况，维护世界的和平与发展，促进世界的繁荣与进步，满足各国人民对美好生活的向往。习近平主席指出，人类命运共同体是“努力把我们生于斯、长于斯的这个星球组建成一个和睦的大家庭，把世界各国人民对美好生活的向往变成现实”[②]。

另外，除了理念和目的上的相通，中泰在相关传统文化的推广发展方面面临着相似的难题。作为泰国的优秀传统文化，泰拳是泰国充分展示民族性、提升文化软实力的重要途径，这正好可以和中华优秀传统文化形成互动。正如我们在前面提到的那样，泰拳在泰国有着悠久的传统，是泰国民族的标识之一。在中国，同样也有作为中华民族标识的各种传统文化，它们是中国提升文化软实力的关键因素。中泰可以在传统文化方面形成有效的交流和互促。泰拳在当前面临着扩大国际影响力，走向世界、走进奥运会的任务。可以看到的是，作为传统的格斗技术，泰拳在最近十多年来才开始逐步向更为正规的体育运动转化。实际上，传统泰拳格斗向泰拳体育的转化同时就是泰拳国际化的过程，泰拳既努力转变自身，以适应现代体育的形式，又在改变自身的过程中力图以各种方式扩大影响。在这一点上，作为我国传统文化的武术项目实际上和泰拳一样面临着相似的难题。武术虽然随着电影等媒体的传播在国际上有一定的影响力，也是中国在世界上的文化标识之一，但作为体育项目被国际认可并产生体育文化方面的影响尚有很长一段路需要走。中国武术在当代转型为散打体育项目，中国的格斗运动员也在美国的 UFC 等赛场上取得了一定的成绩，但无论是散打还是武术，影响力均非常有限。就格斗体育方面的影响来看，泰拳的影响力较散打大，并且也有相对成熟的规则和推广体系。因此，中泰之间在格斗体

① 习近平：《顺应时代前进潮流促进世界和平发展：在莫斯科国际关系学院的演讲》，载《人民日报》，2013 年 3 月 24 日。

② 习近平：《携手建设更加美好的世界：在中国共产党与世界政坛高层对话会上的主旨讲话》，人民出版社，2017 年，第 4 页。

育和传统格斗方面有着极大的交流和互助空间。

最后，泰国和中国在体育产业、文化产业等方面也有广阔的合作空间。泰拳对中泰命运共同体建构的促进，不仅体现在理念相通、精神共融，促进双方交流理解、增进双方人民友好情感方面，更能实现产业合作、增进两国人民的福祉。与中国武术大多以民间业余的方式发展、中国的散打格斗体育产业发展并不充分不同，泰拳在泰国的文化和体育产业中占有着很重要的地位，它不仅是泰国需要传承和保护的文化遗产，也是泰国第三产业的支柱之一。泰拳在泰国内外各种专业赛事的打造、泰拳培训以及和影视综艺的融合等体育产业和文化产业方面都有着非常专业的推广与开发经验。泰拳相关产业职业化的运作模式，使之非常符合产业化的国际体育和文化相关市场机制，因此泰拳的体育文化在国外有着较高的接受度。因此，中国与格斗和武术相关的体育产业既可以与泰拳进行市场化的合作，也可以吸收其市场化的经验，以推动自身的进一步发展。

综合来看，泰拳与人类命运共同体、中国体育外交在理念和实践之间都有相合之处，也有巨大的市场合作空间。因此，我们可以与职业化发展较好的泰拳体育进行交流，以推动我国相对较为落后的武术和格斗等文体产业的发展。泰拳由于蕴含着深厚的泰国优秀传统文化，是泰国当前着力推广的传统文化，它也是我国了解泰国、增进两国交流、推动中泰命运共同建设的重要窗口。

四、结语

2022 年 11 月，习近平主席出席亚太经合组织第二十九次领导人非正式会议并对泰国进行访问，中泰关系从“一家亲”向“人类命运共同体”的新阶段迈进。2022 年是中泰建交 46 周年，是中泰建立全面合作伙伴关系 10 周年。中泰在 10 年间合作互助，关系不断升温。中国是泰国最大贸易伙伴，2021 年度经贸总额首次突破千亿美元。可以预见的是，中泰之间在未来会有进一步的合作空间。除了经济领域在未来会有深入合作空间，文化交流和文体产业合作方面的空间将会更为广阔。文化交流作为“软实力”向来都是经济、政治等领域持续合作发展的保障。在未来，以文化为中介的交流必将是中泰合作与交流的重要课题。通过分析可以看到，泰拳是泰国重要的文化标识，是当前泰国重点发展的文体产业，泰拳因其包含的精神、秉持的理念，可以让我们将其作为文化交流和产业互助的中介。在未来中泰命运共同体建构的文化交流和文体产业合作的过程中，泰拳可以发挥相应的作用。

参 考 文 献

陈世阳，刘晓，2021. 体育对构建人类命运共同体的价值与实施路径[J]. 北京体育大学学报（2）: 1-9.

习近平，2013. 顺应时代前进潮流促进世界和平发展：在莫斯科国际关系学院的演讲[N]. 人民日报, 2013-03-24（2）.

习近平，2017. 携手建设更加美好的世界：在中国共产党与世界政坛高层对话会上的主旨讲话[M]. 北京：人民出版社.

习近平, 2018. 习近平谈治国理政（第一卷）[M]. 北京：外文出版社.

新华社，2022. 中华人民共和国和泰王国关于构建更为稳定、更加繁荣、更可持续命运共同体的联合声明[EB/OL].（2022-11-19）[2023-8-19]. https: //www.gov.cn/xinwen/2022-11/19/content_5727904.htm.

DELAY J A, 1999. The curveball and the pitch: Sport diplomacy in the age of global media[J]. The Journal of International Institute（7）: 1-9.

Indo Thai News, 2023. Promoting Muay Thai in Rome: A Successful Roadshow by the Royal Thai Embassy[EB/OL].（2023-8-8）[2023-8-19]. https: //www.indothainews.com/promoting-muay-thai- in-rome-a-successful-roadshow-by-the-royal-thai-embassy/.

JONES W J, 2021. Muay Thai Diplomacy: Thailand’s Soft Power Through Public Diplomacy[J]. Journal of Alternative Perspectives in the Social Sciences（1）: 99-124.

NYE JR J S, 1990. Bound to lead: The changing nature of American power[M]. New York: Basic Books.

NYE JR J S, 2004. Soft power: The means to success in world politics[M]. New York: Public afairs.

QIAN G, 2013. The Huashan rock art site（China）: The sacred meeting place for sky, water and earth[J]. Rock Art Research: The Journal of the Australian Rock Art Research Association（AURA）（1）: 22-32.

ROONGSANJUN T, 2023. Soft Power and the Development of Thai Society[J]. Journal of Social Work（1）: 89-117.

SARANROM RADIO, 2016. Cultural relations: Muaythai Roadshow in the Arab world. [Video]. Ministry of Foreign Affairs of Thailand[EB/OL].（2016-10-3）[2023-8-19]. https://www. facebook. com/ saranromradio/ videos/1248801438474446.

SUKONTASAP R, 2018. Invigorating Thailand’s soft power resources[J]. National Defence College of Thailand Journal（3）: 48-55.

VAIL P, 2014. Muay Thai: Inventing Tradition for a National Symbol[J]. Journal of Social Issues in Southeast Asia（3）: 509-553.

Muay Thai Soft Power and Building China-Thailand Community with a Shared Future

Zhang You

Abstract: Sports have become an important intermediary for demonstrating a country's soft power in contemporary times. As a developing country, Thailand's economic and military strength is relatively limited, making it difficult to effectively expand its global influence. Therefore, enhancing cultural soft power has become an effective way for Thailand to strengthen its international influence. Muay Thai, as an important component of Thai culture, plays a pivotal role in this process. Thailand has made great efforts to internationalize Muay Thai. On the one hand, the government has launched a Muay Thai promotion campaign in conjunction with its bid for the Olympics, implementing a series of Muay Thai soft power promotion projects. On the other hand, Muay Thai culture has also generated international influence through the dissemination of popular culture. Muay Thai shares similarities with the concept and practice of a human community with a shared future and China's sports diplomacy, and there is also tremendous market cooperation potential with China's sports industry. China can engage in exchanges and learning with professionally developed Muay Thai to promote the development of China's relatively underdeveloped martial arts and combat sports industries. Muay Thai, which embodies profound traditional Thai culture, is also an important window for China to understand Thailand, enhance exchanges between the two countries, and promote the establishment of a China-Thailand community with a shared future.

Keywords: Muay Thai; soft power; China-Thailand community with a shared future

读者中心论在对泰大学生中华优秀传统文化网络传播中的策略研究①

邓希雯②

摘要： 随着信息技术的迅猛发展，网络传播已成为中华优秀传统文化传承与发展的重要途径。在对泰国大学生的传播过程中，读者中心论的应用具有一定理论和实践意义。本文以读者中心论为理论视角，从“自主接受”“积极参与”“主体创造”三个方面分析泰国大学生在中华优秀传统文化网络传播中接受与参与的现状，即主体性地位凸显的特点，从内容定制与文化适应、渠道传播与受众触达、技术助力与差异弥合三个方面提炼出“跨文化差异尊重”适应性传播策略，从互动反馈与理解深化、文化认同与认知重塑、创作融合与共创引导三个方面提炼出“价值认同与共创”创新性共享策略，以期为对泰大学生开展中华优秀传统文化网络传播提供有益的参考和借鉴，推动中华优秀传统文化国际化传播。

关键词： 读者中心论；对泰大学生；中华优秀传统文化；网络传播

在当下全球文化交融的背景下，中华优秀传统文化的网络传播不仅是文化自信的体现，也是国际交流的重要桥梁。泰国作为与中国文化交往密切的东南亚国家，泰国大学生群体对中华文化的兴趣与认知对于推动两国文化交流具有不可忽视的作用。然而，如何确保中华优秀传统文化的精髓在跨文化网络传播中得以有效传递，并激发泰国大学生的文化共鸣，是当前亟待探索的课题。

读者中心论是接受美学理论中的核心观点，强调读者在文本意义生成和接受过程中的主体性和能动性。其代表人物汉斯·罗伯特·姚斯（德国）在《文学史作为文学科学的挑战》中提出，作品的美是由读者依据以往的审美经验得

① 本文系教育部国别与区域研究备案中心成都大学泰国研究中心课题“接受美学理论视域下对泰大学生中华优秀传统文化网络传播策略研究”（编号：SPRITS202320）、四川省教育厅网络思想政治教育研究课题“大学生优质网络文化精准供给研究”（编号：CJWSZ22-03）、四川省社会科学重点研究基地四川学术成果分析与应用研究中心专项课题“主流网络文化高校传播策略研究”（编号：GXXB-2022022）研究成果。

② 邓希雯，四川师范大学博士研究生，副研究员，主要研究方向为文化传播、马克思主义美学。

到的，读者发现美的过程便是美学的接受过程。而读者对美的认知受社会背景、自身教育等主客观因素影响，并不能完全趋同，也不是任意而为的。[①]读者中心论强调读者并非被动地接受文本信息，而是积极参与文本意义的生成与解读。在读者中心论的基本观点中，读者的阅读体验、理解以及再创造被视为作品意义生成的关键环节。同时，该理论也重视读者与作者之间的对话与交流，认为这种互动能够丰富文本的内涵，推动文化的传承与创新。通过系统研究读者中心论在对泰大学生中华优秀传统文化网络传播中的应用策略，我们能够更加精准地把握泰国大学生的文化接受心理，为制定有效的文化传播策略提供科学依据。同时，有助于推动中华优秀传统文化的国际传播，增强中华文化在全球文化舞台上的影响力和竞争力，为跨文化网络传播领域的研究提供新的视角和方法，促进相关学科的交叉融合与发展。

一、主体性地位凸显：泰国大学生在中华优秀传统文化网络传播中的接受与参与现状

泰国大学生在中华优秀传统文化网络传播中体现出显著的主体性地位。根据泰国电子交易发展处（ETDA）公布的 2016 年泰国互联网用户行为的相关调查报告，2016 年，由于智能手机与 4G 商用服务的普及，每天泰国用户通过移动设备访问互联网的时长增加了 9%，约达 6.2 小时。Youtube、Facebook 和 Line 是访问量最大的媒体平台。在 16661 位受访者中，超过 85%的受访者表示使用智能手机访问互联网。社交媒体在泰国广受欢迎，86%的受访者表示通过手机访问社交媒体。其次是 Youtube（66%）、电子书（55.7%）、搜索（54%）、电子交易（45%）。在泰国，千禧一代（1980—2000 年出生）是 Youtube 的热粉。[②]他们在中华优秀传统文化网络传播中表现出“自主接受”“积极参与”“主体创造”三个主要特征，不仅积极发挥主体的主观能动性，更在创新实践中为中华文化的国际化传播贡献了智慧与力量。

（一）泰国大学生在中华优秀传统文化网络传播中的自主接受

在信息化浪潮的推动下，泰国大学生对中华优秀传统文化的自主接受呈现蓬勃发展的态势。他们的自主接受意愿较为强烈，这与中华文化在泰国的受欢迎程度息息相关，尤其对学习书法、茶艺、古典诗词等传统文化技艺的自主度

① 车嫣：《接受理论视域下的大学生社会主义核心价值观研究》，河南理工大学硕士学位论文，2015 年，第 5 页。

② 张文：《泰国大学生网络购物行为影响因素研究》，云南财经大学硕士学位论文，2018 年，第 5 页。

较高，同时，有的大学生基于就业诉求，对于中文、中华文化表现出自主接受态度，对于网络影视、音乐等形式中的中华优秀传统文化元素自主接受程度较高。这种自主接受的态度，既体现了泰国大学生对多元文化的包容和开放，也反映了中华文化的独特魅力和吸引力。

泰国大学生在网络渠道自主接受中华优秀传统文化的过程中，也面临着一些挑战和问题。首先，语言和文化背景的差异在网络上呈现的文化传播有效程度，一定程度上影响了他们对中华文化的主动深入理解和全面把握。尽管网络传播提供了便捷的学习途径，但网络环境缺乏真实的体验和感受，可能导致他们对中华文化的认知停留在表面。其次，网络信息的繁杂和多元使得他们在筛选和辨别学习内容时感到困惑，导致泰国大学生这一群体感到理解上的迷茫和文化接受上的局限，文化接受判断力减弱，并且这一困难和局限在大学生群体形成世界观、人生观、价值观的关键时期表现更为突出。最后，网络化的跨文化传播信息较为碎片化，缺乏有效的系统性的激励接受机制，使得泰国大学生在一般网络文化环境下，难以自主形成完整的文化认知体系。这些问题不仅制约了泰国大学生对中华文化的深度学习和传承，也影响了文化交流和传播中的有效性和准确性。

（二）泰国大学生在中华优秀传统文化网络传播中的积极参与

泰国大学生在中华优秀传统文化网络传播中的参与现状呈现出积极态势。泰国教育部发布的数据显示，大量泰国大学生通过网络平台主动学习和了解中华文化，其中，社交媒体和在线教育平台的活跃度尤为显著。在对泰国大学生中国形象的认知调查认为，在泰国大学生群体中，媒体是传播中国形象的主要渠道，尤其是互联网、手机等新媒体。因此，要充分利用新媒体来推动中华文化的对外传播。[①]泰国大学生不仅自主浏览学习资料，还积极在相关论坛和群组中发表观点，与其他学习者互动交流。在各类线上中华优秀传统文化活动中，泰国大学生的参与度持续攀升，他们的身影频频出现在线上书法、国画比赛，以及中华诗词朗诵会等文化盛事的舞台上，显示出高度的积极性。

泰国大学生在中华优秀传统文化网络传播中虽然积极性较高，但仍然存在反馈性等方面的一些问题。首先，泰国大学生在中华优秀传统文化网络传播渠道中的反馈机制上的参与度不高，他们往往缺乏对网络传播内容的及时反馈和评价，使得传播者难以了解学习者的真实需求和反馈，从而影响了传播效果。其次，尽管泰国大学生在网络平台上表现出较高的活跃度，但他们互动和反馈

① 姚沁：《泰国大学生中国形象认知调查与国际传播策略反思》，四川外国语大学硕士学位论文，2015年，第32页。

的形式较为单一，过程中的深度和广度仍有待提升，许多泰国大学生停留在表面的信息接收和转发阶段，缺乏深入的文化讨论和思考。最后，由于语言和文化背景的差异，泰国大学生在与其他国家学习者、中国学习者互动时可能存在沟通障碍，难以及时纠正错误观念或澄清疑惑，限制了中华优秀传统文化网络传播的有效到达率。

（三）泰国大学生在中华优秀传统文化网络传播中的主体创造

泰国大学生在中华优秀传统文化网络传播中展现了显著的主体创造性。受访泰国大学生表示，他们在网络平台上不仅学习中华优秀传统文化，还尝试进行文化内容的再创作，如改编古典诗词、设计融合中泰元素的艺术作品等。这些作品在社交媒体上的分享与传播，不仅丰富了中华优秀传统文化的网络生态，也彰显了泰国大学生在中华文化传播与创新中的创造性。

泰国大学生在主体创造方面也存在一些不足。首先，尽管创作热情高涨，但受限于文化知识和理解水平的不足，他们的作品往往缺乏深度和系统性。在跨文化创作中，部分泰国大学生在创造过程中过于追求形式上的新颖，忽视了文化内容的真实性和准确性，导致作品与中华文化的本质相脱节。其次，由于语言和文化背景的差异，泰国大学生在理解和诠释中华文化时可能存在一定的偏差和误解，这也影响了他们创造的质量和效果。最后，在一定程度上的误解中产生的文化生命，经由网络这一开放环境的传播加工，其核心意蕴进一步消解，更难进一步完成跨文化传播的再创作使命，泰国大学生群体在中华优秀传统文化网络再创作的贡献质量较低。

二、跨文化差异尊重：泰国大学生在中华优秀传统文化网络传播中的适应性传播策略

（一）内容定制与文化适应

内容的精准定制与跨文化传播中的差异性原则是相对应的。作为文化生产者和传播者，在提升泰国大学生对中华优秀传统文化的网络传播适应性时，我们应聚焦于内容制定和精神文化层面。

第一，在精神文化层面，我们应注重对泰大学生的差异化传播，注重在深刻理解和把握中华优秀传统文化的精神内涵和人文价值的基础上，以泰国大学生文化精神需求为中心，充分尊重其个性化需求，挖掘适宜他们的个性化中华优秀传统文化元素。例如可以选取泰国大学生喜闻乐见的中国传统故事，如《西游记》《三国演义》等经典文学作品，通过讲述这些故事中的人物、智慧

策略以及深厚的人文情感，引发泰国大学生的兴趣与共鸣。比如，《西游记》中的团结协作、勇往直前，《三国演义》中的智慧谋略、忠诚义气，都是泰国大学生可以借鉴和学习的精神品质。通过传递这些积极向上的价值观，我们可以帮助泰国大学生更好地理解中华文化，并激发他们对中华文化的尊重和热爱。同时，我们还应关注泰国大学生对中华美食、传统艺术等领域的兴趣，介绍中国的饮食文化、书法、绘画等，展示中华文化的多元魅力。

第二，充分理解泰国大学生的网络接受兴趣点，把握网络传播内容制定的差异化特征。泰国大学生在网络上对中华优秀传统文化的兴趣点多种多样，根据调查研究，他们可能感兴趣的中华优秀传统文化网络传播内容主要包括经典文学作品、传统艺术与手工艺、美食文化、哲学思想与道德观念以及现代中华文化发展与创新等方面的内容，如春节、中秋节等①及四大名著等。四大名著等作品的故事情节引人入胜，人物形象鲜明，不仅具有深厚的文化底蕴，还能帮助泰国大学生了解中国的历史、文化和社会风貌。中国的京剧、昆曲等传统戏曲艺术，以及剪纸、陶瓷、书法等艺术，都蕴含着深厚的艺术价值和文化内涵。还有中国的烹饪技艺、食材选择、饮食礼仪等方面的内容。中华文化的哲学思想和道德观念也是泰国大学生感兴趣的内容之一。对于泰国大学生而言，如熊猫、孝道、中国歌曲就比西湖、天人合一、唐诗更容易接受。无论是针对泰国大学生的汉语教学还是文化交流，我们都应该以点带面，以他们的兴趣点为驱动，在有了一定的中国文化认知基础后，逐步引入其他元素。②

第三，尊重泰国大学生的文化背景和信仰，避免在传播过程中出现文化冲突或误解。在精准制定网络传播内容以提升泰国大学生对中华优秀传统文化的兴趣时，尊重泰国大学生的文化背景和传统元素至关重要。在内容制定中，我们应避免与佛教教义相冲突的信息，同时可以选择一些与佛教文化相契合的中华文化元素，如佛教故事、禅修文化等，进行融合传播，以增进泰国大学生的亲近感。尊重泰国的传统节日和习俗，如泼水节、水灯节等，这些节日反映了泰国人民的生活方式和精神追求。我们可以结合相关的中华文化内容，如介绍中国传统节日的起源、习俗和庆祝方式，通过比较和对照，让泰国大学生更好地理解两国文化的异同。尊重泰国的传统艺术和文化符号。泰国艺术独具特色，如泰式舞蹈、泰式建筑等，都蕴含着深厚的文化内涵。在内容制定中，我们可以引入这些艺术元素，与中华文化的传统艺术相结合，如中国的京剧、国画等，通过艺术的交流和融合，展示两国文化的独特魅力。尊重泰国大学生的

① 仇京龙：《泰国大学生的中国文化认知与认同研究》，西北大学硕士学位论文，2020年，第52页。

② 仇京龙：《泰国大学生的中国文化认知与认同研究》，西北大学硕士学位论文，2020年，第54页。

文化价值观。泰国文化注重家庭、友情和尊重长辈等价值观，这些价值观与中华文化有着共通之处。在内容制定中，我们可以强调这些共通点，通过讲述中华文化中的家庭观念、友情故事等，引发泰国大学生的共鸣。

（二）渠道传播与受众触达

通过精准定位社交媒体平台、制作高质量短视频以及优化移动端传播渠道，我们可以提高泰国大学生中华优秀传统文化网络传播的有效触达率，促进中华文化的广泛传播和交流。

首先，针对不同属性的网络社交平台，采用不同的渠道传播策略。泰国大学生在 LINE、Facebook、Instagram 和 Twitter 等社交平台上都表现出对中华优秀传统文化的浓厚兴趣和讨论热情。这些平台不仅为他们提供了学习和了解中华文化的途径，也成为他们展示自己文化修养和跨文化交流能力的重要舞台。我们应积极利用这些等平台的社交属性和用户基础，发布与中华优秀传统文化相关的内容。通过精准定位目标受众，制定定期推送计划，确保内容能够精准触达泰国大学生。针对 LINE 社交平台属性，不仅用于日常沟通，还承载着社交娱乐、新闻资讯等多重功能，可以多使用社交账号、群组等分享关于中华优秀传统文化的文章、图片和视频，讨论中国的历史、文学、艺术以及现代文化现象。Facebook 作为国际性的社交平台，在泰国也拥有庞大的用户群体。根据使用习惯，在 Facebook 上设立中华优秀传统文化相关的账号和群组，激励泰国大学生参与关于中华优秀传统文化的讨论和分享。他们会在个人主页上发布自己学习中华文化的体验，或者转发一些有趣的中华文化内容。针对 Instagram 属性，可多发布参观中国文化展览、学习书法、品尝中华美食的照片和视频，并附上相关的文字说明和感受。

其次，考虑到泰国大学生对网络视频的喜好，我们应尽量选择契合中华优秀传统文化网络传播的平台和环境，多运用如多语言类型的平台、跨平台联合传播等策略。根据泰国大学生的视频平台接触习惯，在视频渠道的选择上，以有效用户量为依据，主要集中在 YouTube、LINE TV、Facebook 视频等。泰国大学生大多数通过 YouTube 观看关于中华优秀传统文化的各类视频，如历史纪录片、文化讲座、技艺展示等。LINE TV 作为泰国本土流行的视频平台，拥有大量年轻用户，其中泰国大学生占据相当比例。该平台提供了丰富的中华传统文化内容，包括古装剧、纪录片、文化访谈等，满足了泰国大学生对中华文化的探索欲望。Facebook 视频也是一个不可忽视的渠道。许多与中华文化相关的个人和机构在 Facebook 上分享他们的视频内容，泰国大学生可以通过 Facebook 视频功能观看这些内容，并与朋友们分享和讨论。一些专注于中华文化的特色视频平台也逐渐在泰国大学生中流行起来。这些平台提供了更为专业和深入的中华优秀传统文化内容，如专门介绍中国历史的平台、展示中国艺术的平台等。

最后，考虑到泰国大学生对移动设备的依赖，我们应优化移动端传播渠道。通过开发适用于移动设备的应用程序或优化网页版，提供便捷、流畅的用户体验。同时，我们可以利用移动设备的推送功能，将中华优秀传统文化的内容直接推送给泰国大学生，提高传播的及时性和有效性。针对泰国大学生对移动学习的需求，我们可以将中华优秀传统文化的学习资源与移动学习平台相结合，提供便捷的在线学习体验。例如，可以开发针对移动设备的中华优秀传统文化学习应用，包含课程视频、学习资料、在线测试等功能，方便泰国大学生随时随地进行学习。同时，我们还可以与高校或教育机构合作，将中华优秀传统文化课程纳入移动学习平台，为泰国大学生提供更丰富的学习资源。

（三）技术助力与差异弥合

技术的运用在弥合泰国大学生与中国文化之间的差异性方面起到了一定作用。通过丰富的学习资源、巧妙的流量机制运用以及精准的数据分析，泰国大学生能够更有效地传播中华优秀传统文化，促进两国文化之间的交流与理解。

首先，数字化技术的广泛应用使得泰国大学生能够轻松获取到关于中国文化的详尽资料，包括历史、艺术、习俗等各个方面。通过深入学习这些资料，泰国大学生能够更全面地了解中国文化的内涵和特点，从而减少因文化差异而产生的误解和偏见。我们还可以结合现代影音、AI、3D 等技术手段，以更加生动、多元、形象、准确的方式呈现中华优秀传统文化元素。

其次，利用先进的流量算法技术，对泰国大学生的网络行为进行深入分析，了解他们的兴趣偏好和文化需求。基于这些数据，传播者能够精准定位目标受众，制定个性化的传播策略。例如，通过精准推送与泰国大学生兴趣点相关的中华文化内容，如中国传统节日、传统手工艺等，提高他们对中华优秀传统文化的关注度和兴趣。

最后，大数据分析技术的运用为精准把握泰国大学生网络文化需求提供了有力支持，同时对传播效果进行实时监测和评估。通过对用户反馈、点击率、分享率等数据进行分析，传播者能够及时调整传播策略，优化内容形式，提高中华优秀传统文化的有效触达率。例如，根据数据分析结果，传播者可能会发现泰国大学生对某个特定的文化元素特别感兴趣，那么就可以围绕这个元素进行更深入的内容创作和传播。可以根据数据分析结果调整视频内容的风格、节奏和话题，使其更加符合泰国大学生的观看习惯和审美偏好，从而进一步弥合文化接受差异。

三、价值认同与共创：泰国大学生在中华优秀传统文化网络传播中的创新性共享策略

（一）互动反馈与理解深化

互动反馈不仅是传播过程中的一个环节，更是深化泰国大学生对中华优秀传统文化理解的重要途径。这种基于读者反馈的传播方式，不仅提高了传播效果，也促进了泰国大学生对中华文化的深度理解。

第一，在中华优秀传统文化网络传播中，泰国大学生展现出了积极的互动反馈特征。作为传播者，我们应当敏锐捕捉这些反馈，并据此调整传播策略。例如，当泰国大学生在社交媒体上表达对某一文化现象的兴趣时，传播者可以迅速整理相关资料，以图文、视频等形式进行深度解读，满足他们的求知欲。同时，通过定期发布调查问卷或在线讨论话题，传播者可以主动收集泰国大学生的反馈意见，了解他们对中华文化的认知程度和接受度，从而更有针对性地优化传播内容。

第二，考虑到泰国大学生的文化背景和审美习惯，传播者在网络传播过程中应注重互动形式的多样化。比如，可以设计一些富有趣味性和互动性的文化体验活动，如线上中华文化知识竞赛、传统节日主题挑战等，让泰国大学生在参与中感受中华文化的魅力。此外，传播者还可以利用直播、短视频等新媒体形式，与泰国大学生进行实时互动，解答他们的疑问，分享文化故事，增强传播的即时性和互动性。

第三，传播者需要深入分析泰国大学生的互动反馈数据，以数据为依据优化传播策略。例如，通过分析泰国大学生在社交媒体上的点赞、评论和分享行为，传播者可以了解哪些内容更受欢迎，哪些话题引发了热烈讨论。基于这些数据，传播者可以调整内容选题和呈现方式，提高传播的针对性和有效性。同时，传播者还可以利用数据分析工具，对泰国大学生的文化兴趣、需求变化等进行长期跟踪研究，为未来的传播活动提供决策支持。

（二）文化认同与认知重塑

在中华优秀传统文化的网络传播中，通过积极推动泰国大学生网络互动和深度参与，实现文化认同与认知重塑。这一过程不仅是文化价值的传递，更是泰国大学生个体认知的升华。

首先，构建文化认同需要传播者通过网络平台为泰国大学生提供丰富的文

化体验。例如，可以创建专门的中华文化学习网站或社交媒体群组，定期发布关于中国传统节日、传统艺术、历史典故等内容的图文资料、短视频和直播讲解。泰国大学生通过这些平台深入了解中华文化的精髓，并在互动中分享自己的感受和思考。这样的网络传播做法不仅可以提升泰国大学生对中华文化的兴趣，也可以促进他们对中华文化的认同感和归属感。

其次，认知重塑需要泰国大学生在互动中反思并更新自己的文化观念。传播者可以设计在线文化讨论活动，鼓励泰国大学生围绕某个文化主题展开深入讨论。例如，可以组织一场关于“中泰文化差异与交融”的在线论坛，邀请泰国大学生发表自己的观点，并与传播者和其他参与者进行互动交流。这样的活动有助于泰国大学生打破固有认知，从多角度审视和理解中华文化，从而重塑自己的文化观念。

最后，实现泰国大学生与中华文化的深度融合，需要传播者利用网络平台提供个性化的学习体验。例如，可以为泰国大学生开发一款中华文化学习APP，提供个性化的学习路径和推荐内容。泰国大学生可以根据自己的兴趣和需求，在 APP 中选择适合自己的学习内容和学习方式。同时，传播者还可以通过大数据分析，了解泰国大学生的学习情况和反馈意见，不断优化学习体验，帮助他们更好地接受中华文化。

（三）创作融合与共创引导

在推动中华优秀传统文化网络传播的过程中，创作融合与共创引导是激发泰国大学生参与热情、深化文化理解的重要途径。这一过程充分体现了读者中心理论的核心观点，即文学作品的生命力源于读者的再创造。

第一，注重创作兴趣的激发和方向的把握多元共创。传播者应积极寻找中华文化与泰国文化的共通点，通过跨界合作和创意融合，创作出既符合泰国大学生口味又能展现中华文化魅力的作品。例如，可以邀请泰国大学生参与中华诗词的改编与创作，将中华诗词的意境与泰国本土文化元素相结合，创作出具有独特风格的文学作品。这种融合创作不仅能够激发泰国大学生的创作热情，也能让他们在参与中更深入地理解和感受中华文化的魅力。

第二，发挥泰国大学生的主体性和创造性引导共创。传播者应搭建起一个开放、包容的创作平台，鼓励泰国大学生发挥想象力和创造力，参与到中华文化的再创作过程中。例如，可以举办以中华文化为主题的短视频创作大赛，邀请泰国大学生以自己的视角和方式解读和呈现中华文化。这种共创引导不仅能够丰富网络传播的内容形式，也能让泰国大学生在创作中实现自我表达和文化交流。

第三，利用文化生命再创造的影响力塑造价值认同。文化的生命力源于接受者的解读和创造。泰国大学生对中华优秀传统文化的再创造产生，形成了网络渠道中的真实世界。泰国大学生对中华优秀传统文化的接受不仅来自传播者，也来自他们本身再创造的文化接受环境。推动网络文化作品的再创造传播，可以吸引更多泰国年轻人对中华优秀传统文化的关注和兴趣。他们通过欣赏和分享这些作品，扩大了中华优秀传统文化的魅力和价值。再创造作品促进跨文化交流与价值认同。泰国大学生在创作过程中融入本土文化元素，形成具有独特风格的跨文化作品，为两国文化的交流互鉴提供有益的尝试。这些作品也提升了泰国大学生的文化素养和跨文化交流能力。通过再创造的过程，他们不仅加深了对中华文化的理解，也锻炼了自己的创作能力和沟通技巧。

参考文献

车嫣，2015. 接受理论视域下的大学生社会主义核心价值观研究[D]. 焦作：河南理工大学.

关世杰，2006. 中国跨文化传播研究十年回顾与反思[J]. 对外大传播（12）：32-36.

瑙曼，1988. 接受美学问题[G]//中国艺术研究院外国文艺研究所《世界艺术与美学》编辑委员会. 世界艺术与美学（第九辑）. 宁瑛，编译. 北京：文化艺术出版社：81.

仇京龙，2020. 泰国大学生的中国文化认知与认同研究[D]. 西安：西北大学.

杨丽莉，2018. 泰国汉语学习者对中华文化认知与需求分析[D]. 福州：福建师范大学.

姚沁，2015. 泰国大学生中国形象认知调查与国际传播策略反思[D]. 重庆：四川外国语大学.

伊瑟尔，1911. 阅读活动：审美反应理论[M]. 金元浦，周宁，译. 北京：中国社会科学出版社.

张文，2018. 泰国大学生网络购物行为影响因素研究[D]. 昆明：云南财经大学.

A Strategic Study of Reader Centred Theory in the Online Communication of Chinese Excellent Traditional Culture to Thai University Students

Deng Xiwen

Abstract: With the rapid development of information technology, network communication has become an important way for the inheritance and development of Chinese excellent traditional culture. The application of reader-centred theory in the process of communication to Thai university students has certain theoretical and practical significance. This paper takes reader-centred theory as the theoretical perspective, and analyses the current situation of acceptance and participation of Thai university students in the online communication of Chinese traditional culture from the aspects of "autonomous acceptance", "active participation" and "subjective creation", that is, the current situation of acceptance and participation of Thai university students in the online communication of Chinese traditional culture. The innovative sharing strategy of 'value identity and co-creation' is extracted from three aspects, which provides useful references and lessons for Thai university students to carry out the online communication of Chinese excellent traditional culture, and has certain significance for promoting the international communication of Chinese excellent traditional culture.

Keywords: reader centred theory; Chinese excellent traditional culture; online communication for Thai students

历史、语言与文学

泰语学习者对泰语中汉语方言借词的辨识状况探析[①]

何舒婷[②]　饶冬梅[③]

摘要： 泰语中的汉语方言借词主要源于中国的粤语、闽南语、客家话等方言词，且随着人口、语言、文化等的影响不断发展变化。本文通过问卷与访谈调查等方法研究中国泰语学习者对泰语中汉语方言借词的辨识状况，并基于调查数据分析辨识不同汉语方言借词的依据，探析辨识状况中所蕴含的语言文化因素。

关键词： 泰语借词；汉语方言词；借词辨识；泰语学习者

借词，也称外来词或外来语，通常指一种语言从别种语言吸收或借用来的词语。[④]本文所涉及的泰语中汉语方言借词指的是泰语中源自汉语方言的借词。现有泰语中汉语方言借词的研究成果较丰富，具体研究现状如下。

关于泰语中汉语方言借词的研究最早始于 20 世纪 60 年代。查伦·勇文格通过中泰语音对比，分析了泰语中的三百多个汉语方言借词。帕拉尼·盖阿仑素则从现代泰语中收集了更多的汉语方言借词，并将这四百多个借词按照读音展开溯源分类。

21 世纪初，泰语中汉语方言借词研究逐渐在国内兴起，21 世纪的研究成果主要集中在三个方面。①本体与方言研究。吴圣杨比较了潮汕方言、闽南方言与泰语中汉语方言借词的异同，陈丽芳等人就泰语中汉语方言借词的本体开展了语音、词汇、语用等研究。②语言接触与发展。李泰盛通过调查研究得出了泰语中大部分潮汕方言词汇仍在使用的结论，覃静从汉语方言借词数量等考察了汉泰语言接触演变的情况，林小玉从词汇结构角度展开泰国人对泰语中汉语外来词的辨识状况与语言态度调查研究。③文化传播与语言教育。游辉彩立足

① 本文系成都大学泰国研究中心、四川省泰国研究中心项目“基于数据调查的泰国‘汉语+技能’文化教学与普及研究”（项目编号：SPRITS202304）成果。

② 何舒婷，西华大学硕士研究生，主要研究方向为语言学及应用语言学。

③ 饶冬梅，西华大学教授，主要研究方向为语言学及应用语言学。

④ 游辉彩：《翻译文化观视域下泰语汉借词的翻译特性体现》，载《东南亚纵横》，2017 年第 4 期，第 33～38 页。

跨文化大语境分析了汉借词的翻译特性，赵梓欣从汉语借词在不同层次文化中的影响总结当代中国文化传播启示，罗艺则论述了汉语方言借词在泰汉语词汇教学中的正负迁移作用。

综上所述，目前泰语中汉语方言借词的研究成果较为丰富，但泰语中汉语方言借词与汉语方言词的对应研究多为局部的、静态的比较，缺乏整体的、动态的对应研究，且成体系的汉语方言借词研究多是立足泰语内部视角，缺乏外部研究视角。本文研究对象为（中国）泰语学习者对泰语中汉语方言借词的辨识状况，以外部视角开展泰语中汉语方言借词的动态研究，选用问卷访谈、数据统计、实证分析等研究方法，立足调查数据，探析不同汉语方言借词的辨识依据以及背后的影响因素。

一、问卷调查

（一）问卷介绍

本文问卷调查的对象是中国的泰语学习者，调查问卷中的借词语料主要源自泰语学习者的泰语教材《基础泰语》第一册、第二册单词以及泰语日常口语词汇，借词语料根据借词来源分为五大类（粤语/白话借词、客家话借词、福建闽南话借词、潮汕闽南话借词、海南闽南话借词）。问卷以调查“泰语学习者对泰语中汉语方言借词的辨识状况”为主题，共设置了 20 道题目，问卷中介绍了此次问卷的目的、用途、“借词”概念等。问卷内容主要分为三个部分：一是受调查者的个人信息，包括性别、年龄、职业、户籍地、学历水平、就读院校、语言掌握情况等；二是调查泰语中汉语方言借词数量占比、学习帮助、其他借词补充等主观认知情况；三是对各类汉语方言借词的辨识情况展开调查。

（二）问卷数据收集与反馈分析

此次调查共收集 82 份问卷，其中有效问卷 80 份。笔者使用 SPSS 24.0 软件，辅以 Execl 2019 等工具对问卷内容及数据进行统计分析，调查分析结果以图表等形式展现。

1. 泰语学习者的基本信息分析

80 位受调查的泰语学习者年龄主要分布在 20～35 岁之间，其中，75%为女性，25%为男性；37.5%为研究生，60%为本科生，2.5%为大专生；职业主要为教师、翻译、物流、学生等；目前/曾经就读中泰两国院校均有；受调查者“学习/接触泰语的时长”随着时长上升而人数下降，如图 1；户籍地与语言情况等数据则如图 2、图 3。

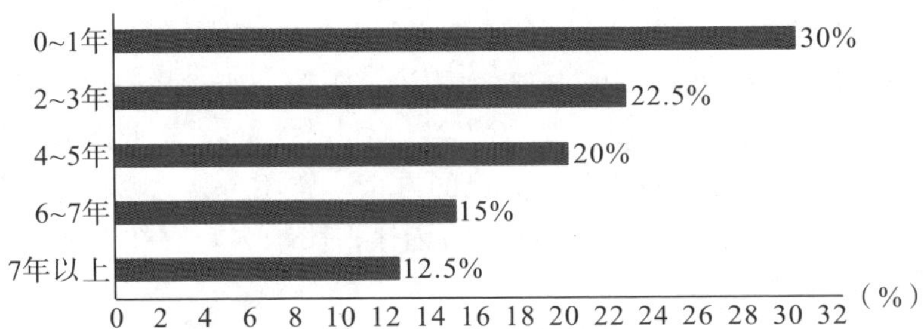

图 1　受调查者学习/接触泰语的时长（纵坐标）与人数百分比（横坐标）关系图

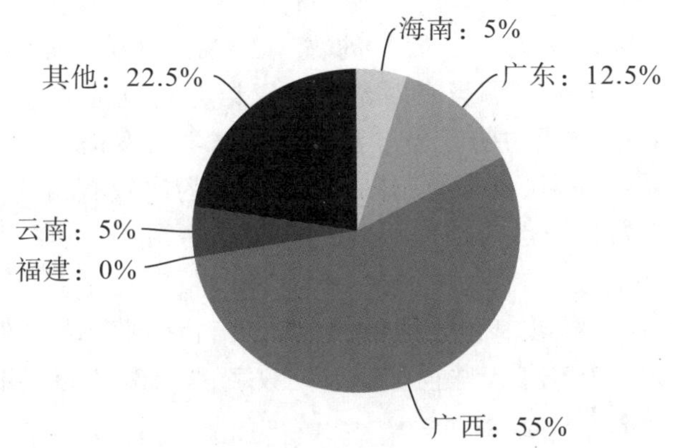

图 2　受调查者“户籍地”占比

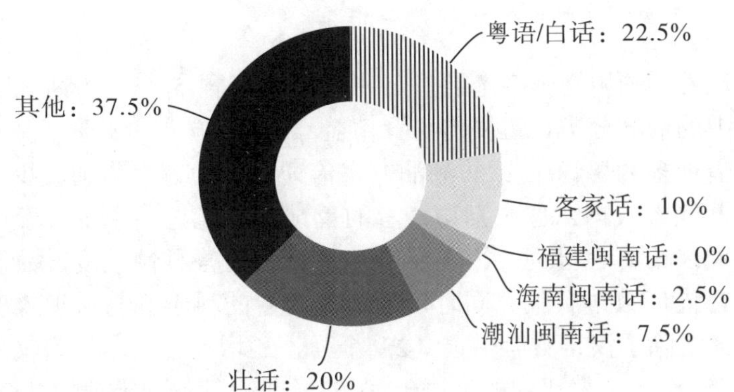

图 3　受调查者“家乡话/方言”选择占比

从图 2 可知，受调查的泰语学习者大半来自广西，但图 3 中仅有 20%家乡话/方言是壮话，这是因为广西地区的方言种类较多（包括粤语、客家话、官话、壮话等）。图 3 的数据还反映出，受调查的人员中没有操福建闽南话的泰语学习者，且操潮汕、海南闽南话的泰语学习者人数占比少。

对受调查者进行“除了您自己的方言，您还会听/说其他方言吗”调查时，选择“不会”的占 47.5%，选择“会”的占 52.5%。在此题基础上，笔者还设置了一道选做补充题目“除您自己的方言，您还会其他哪种方言”（多选题），其中“粤语/白话”“客家话”的选择占比最大，存在一人操多种方言的语言现象。

2.“泰语中汉语方言借词”的主观认知调查分析

在对“泰语中的汉语方言词汇数量占比”进行认知调查时，认为“多”和“较多”的占 30%，认为“一般”的占 42.5%，认为“较少”“少”的占 27.5%。由此可见，部分受调查者对泰语中汉语方言词汇的数量认知与客观实际不符。同时，在“泰语中的汉语方言借词对您学习泰语是否有帮助”这一题中，受调查者中有 30%认为很有帮助，27.5%认为比较有帮助，30%认为有一些帮助，12.4%认为有一点帮助，认为没有帮助的为 0%，调查结果显示受调查者们均持以积极态度。

此外，在“补充泰语中您还知道的汉语方言借词”这一非必做的填空题中，部分泰语学习者补充了一些词汇，如：数字 1～10、มาล่า 麻辣、ชา 茶等汉语方言借词，但也有将 แพนด้า 熊猫（英语借词）、กิน 吃（状泰同源词）等词误认为是泰语中的汉语方言借词。

3. 泰语中汉语方言借词辨析状况分析

以下题目设置选用矩阵多选题型，共 7 题，每题 5 个泰语词分别对应 5 个选项。问卷中的借词分类，主要借鉴罗精益①的分类方法。鉴于《基础泰语》中的汉语方言借词多为粤语/白话与潮汕方言借词，其他方言借词较少，为保证问卷的完整性，笔者根据六位中泰访谈者的反馈，补充选用了部分泰语日常用语中的其他三类汉语方言借词。因需照顾被调查者的答题愉悦度，故而所调查的泰语汉语方言借词数量有限。同时，为增加问卷的科学性与辨识难度，问卷中涉及的泰语词汇除了汉语方言借词（20 个），还增加了与泰语音义用法相同的壮话同源词（3 个）、泰语中的英语借词（5 个）、泰语非借词（7 个）。

---

① [泰]罗精益（Phanyuwat Sitthikote）：《泰语中的汉语借词研究》，山西大学硕士学位论文，2018 年。

（1）粤语/白话借词辨析。

笔者所收集的粤语/白话方言借词较多，该题五个泰语词汇中，前四个（สาม 三、โจ๊ก 粥、ติ่มซำ 点心、กังฟู 功夫）为粤语/白话方言借词，最后一个（ทีวี 电视）为英语借词。

从图 4 可知，粤语方言借词的正确辨识程度较高，其中“กังฟู 功夫”一词的正确辨识率最高，“ทีวี 电视”这一英语借词的正确辨识率也较高。

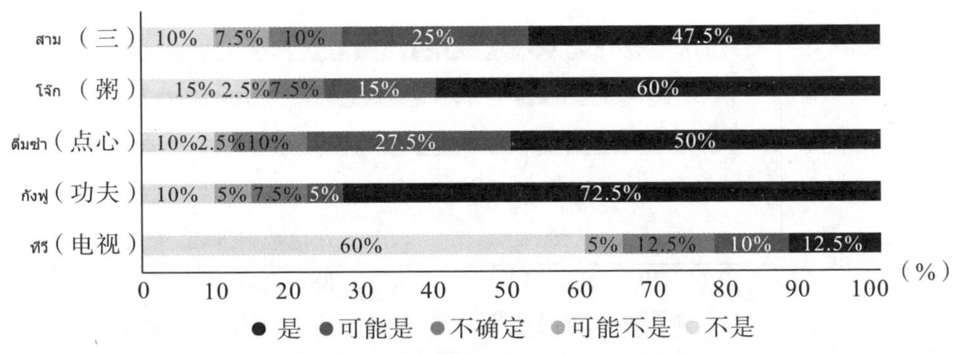

图 4 “粤语/白话借词”选择占比

（2）客家话借词辨析。

泰语中的客家话方言借词数量较少，该题中“ที่อ 钝”“สะใภ้ 媳妇/儿媳妇”为客家方言借词，“เล่น 玩”“ยา 药”“เกลือ 盐”均为非借词泰语词。

从图 5 可知，客家话方言借词的正确辨识程度低，但非借词泰语词的正确辨识程度较高。

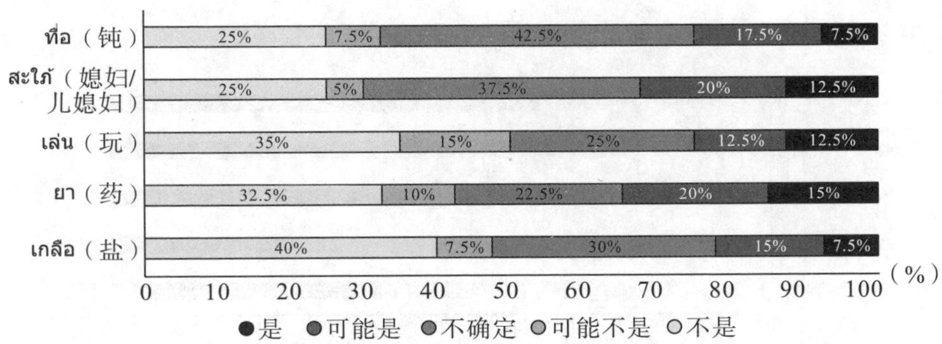

图 5 “客家话借词”选择占比

（3）福建闽南话借词辨析。

福建闽南话借词数量相对较多，该题五个泰语词汇中“เกี๊ยว 饺子”“กงเต๊ก 功德”“ขงจื๊อ 孔子”“ฮวยซุ้ย 风水”为福建闽南话方言借词，“แอปเปิล 苹果”为英语借词。

从图 6 可知，福建闽南话方言借词的正确辨识程度较高，尤其是“ขงจื๊อ 孔子”这个带有中国文化特征的词，“แอปเปิล 苹果”这一英语借词的正确辨识率也较高。

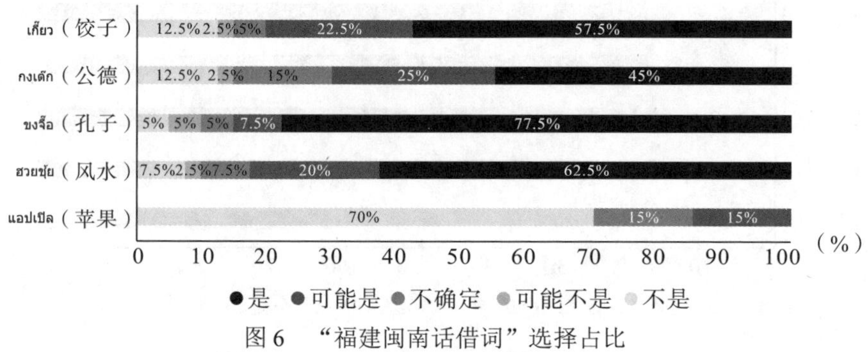

图 6　“福建闽南话借词”选择占比

（4）海南闽南话借词辨析。

泰语中的海南闽南话借词较少，该题五个泰语词汇中，前三个（คะน้า 芥兰、กะหล่ำ 甘蓝、ไหหนำ 海南）为海南闽南话方言借词，第四个（เว็บไซต์ 网站）为英语借词，第五个（นก 鸟）为非借词泰语词。

从图 7 可知，海南闽南话方言借词只有“ไหหนำ 海南”这一地点名称音译词的正确率较高，“คะน้า 芥兰”和“กะหล่ำ 甘蓝”的正确辨识率分别仅有 20% 和 30%。“เว็บไซต์ 网站”这一英语借词的正确辨识率较高。

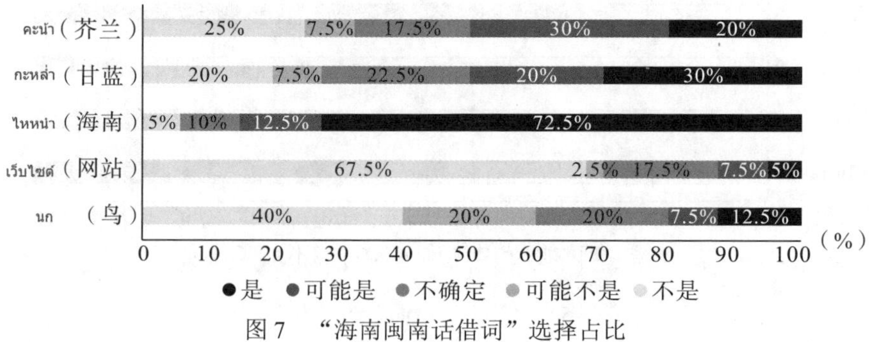

图 7　“海南闽南话借词”选择占比

（5）潮汕闽南话借词辨析。

泰语中的潮汕闽南话借词最多，该题五个泰语词汇中“เต้าหู้ 豆腐”“เชงเม้ง 清明节”“กี่เพ้า 旗袍”“อั่งเปา 红包”为潮汕闽南话方言借词，“เบียร์ 啤酒”为英语借词。

从图 8 可知，潮汕闽南话方言借词的正确辨识程度高，“啤酒”这一英语借词的正确辨识率也较高。

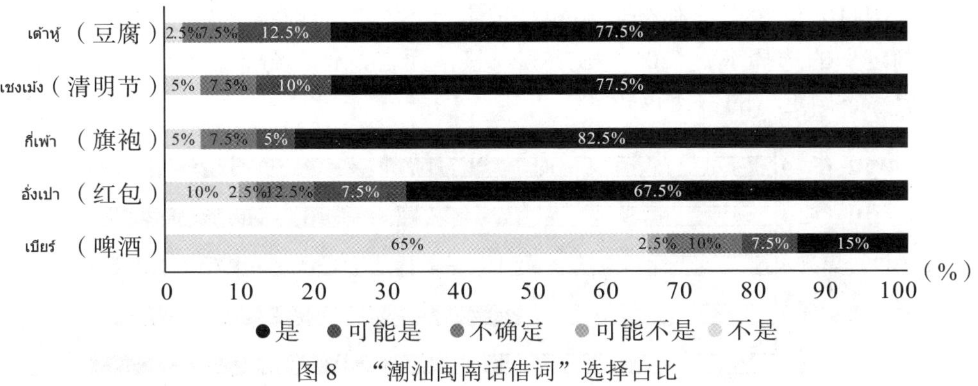

图 8 “潮汕闽南话借词”选择占比

（6）各词汇混合辨析。

该题中“โต๊ะ 桌子”“เหลา 老”为潮汕闽南语方言借词，“ลิ้นจี่ 荔枝”一词为粤语/白话方言借词，“สตรอเบอร์รี่ 草莓”为英语借词，“เสื้อผ้า 衣服”为非借词泰语词。

如图 9 可知，“ลิ้นจี่ 荔枝”“สตรอเบอร์รี่ 草莓”“เสื้อผ้า 衣服”的正确辨识率较高，而作为潮汕闽南语方言的“โต๊ะ 桌子”“เหลา 老”这两个借词的正确辨识率较低。

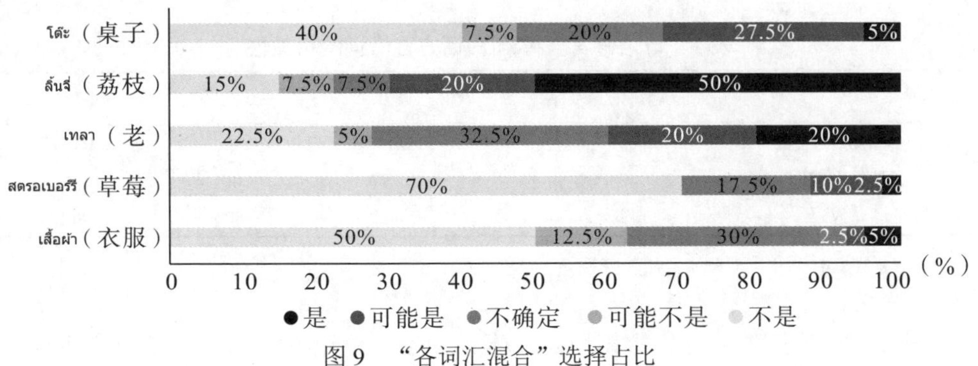

图 9 “各词汇混合”选择占比

（7）壮泰语音义用法相同的汉语同源词辨析。

壮话、泰语同属壮侗语族，互为亲属语言，壮泰语中有许多同源词且大部分音义用法相同。笔者在壮泰汉语同源词中挑选了部分日常词汇，与泰语中的非借词泰语词进行混合辨识，调查结果如图 10。其中，该题中“ห่าน 鹅”“กิน 吃”“ดำม่า 黑狗”的音义用法均与壮话中对应词汇相同，“คู่ 对、双、偶”“นี้ 这”为泰语普通词汇。

从图 10 可知，该部分词汇的辨识中“不是”的选择率为 32.5%～40%，“不确定”的选择率是 20%～37.5%。整体而言，该部分词汇的正确辨识率较高，但“不确定”的占比也较大。

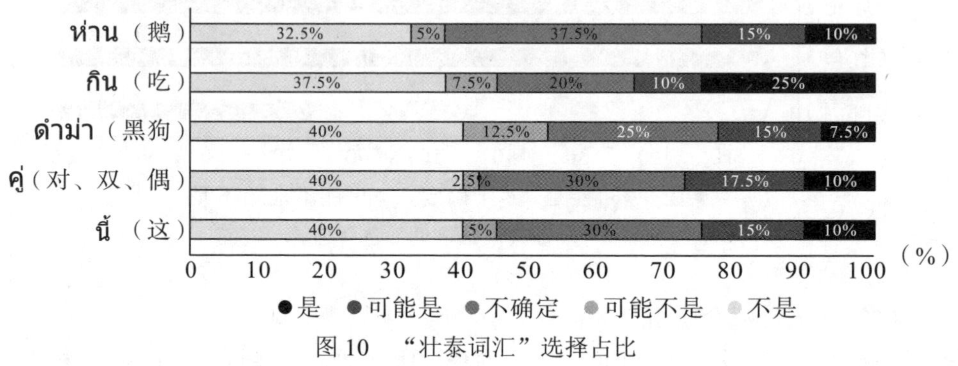

图 10　“壮泰词汇”选择占比

（三）问卷数据相关性分析

1. 泰语学习者母语方言与对应方言借词的相关性分析

（1）如表 1 的分析数据所示，泰语学习者母语方言与粤语/白话方言借词“ติ่มซำ 点心”的辨识相关性为“显著相关”。

表 1　母语方言与粤语/白话方言借词的相关性

	您讲的家乡话/方言	โจ 粥	ตม 点心	กง 功夫
Pearson 相关性	1	−0.152	−0.353**	−0.068
显著性（双侧）		0.177	0.001	0.547
N	80	80	80	80

注：** 表示在 0.01 水平（双侧）上显著相关。

（2）如下表 2 的分析数据所示，泰语学习者母语方言与客家话方言借词的辨识并不相关。

表 2　母语方言与客家话方言借词的相关性

	您讲的家乡话/方言	ทอ 钝	สะใภ 媳妇/儿媳妇
Pearson 相关性	1	0.210	−0.111
显著性（双侧）		0.061	0.329
N	80	80	80

（3）如表 3 的分析数据所示，泰语学习者母语方言与福建闽南话方言借词“กงเต๊ก 功德”“เกี้ยว 饺子”的辨识相关性为显著相关。

表 3　母语方言与福建闽南话方言借词的相关性

	您讲的家乡话/方言	เ 饺子	ก 公德	ข 孔子	ฮ 风水
Pearson 相关性	1	−0.037	−0.305**	−0.011	−0.232*
显著性（双侧）		0.746	0.006	0.920	0.039
N	80	80	80	80	80

注：**表示在 0.01 水平（双侧）上显著相关，*表示在 0.05 水平（双侧）上显著相关。

（4）如表 4 的分析数据所示，泰语学习者母语方言与海南闽南话方言借词辨识不相关。

表 4　母语方言与海南闽南话方言借词的相关性

	您讲的家乡话/方言	คะ 芥兰	กะ 甘蓝	ไห 海南
Pearson 相关性	1	0.183	0.007	−0.091
显著性（双侧）		0.105	0.954	0.423
N	80	80	80	80

（5）如表 5 的分析数据所示，泰语学习者母语方言与潮汕闽南话方言借词辨识相关性均为不相关。

表 5　母语方言与潮汕闽南话方言借词的相关性

	您讲的家乡话/方言	เต 豆腐	เช 清明节	กเ 旗袍	อง 红包
Pearson 相关性	1	0.103	−0.156	−0.210	−0.163
显著性（双侧）		0.004	0.006	0.001	0.008
N	80	80	80	80	80

（6）如表 6 的分析数据所示，在潮汕闽南话、粤语/白话的借词混合辨识题中，粤语/白话方言借词“ลิ้นจี่ 荔枝”的辨识相关性为显著相关。

表 6　母语方言与潮汕闽南话方言、粤语/白话借词的相关性

	您讲的家乡话/方言	โตะ 桌子	ลนจ 荔枝	เท 老
Pearson 相关性	1	0.091	−0.232*	−0.096
显著性（双侧）		0.423	0.038	0.398
N	80	80	80	80

注：**表示在 0.01 水平（双侧）上显著相关，*表示在 0.05 水平（双侧）上显著相关。

综上所述，粤语/白话的方言借词与被调查者的方言相关性较大，福建闽南话与被调查者的方言相关性显示为一般，而客家话、海南闽南话、潮汕闽南话的方言借词与被调查者的方言则不具备相关性。其中，福建、潮汕闽南话的方言借词辨识率都比较高，但是其辨识率和所操方言不具备相关性，这是因为福建、潮汕闽南话的方言借词中的“孔子”“旗袍”等词均是明显具备中国文化特征的词汇（跨文化交际领域称为“空缺词汇”），受调查者可根据借词的文化含义进行辨识。

2. 泰语学习者对泰语借词数量认知的相关性分析

从帕拉尼 • 盖阿仑素（1983）等前人研究得知，泰语中的汉语方言词数量较多，但在泰语词汇总数中占比较少。“泰语中的方言词汇量”在此次调查中是一个主观性的概念，下面将分析受调查者汉语方言借词数量认知与“家乡话/方言”“学习/接触泰语时长”“学历水平”这三者的相关性。

从表 7 可知，“家乡话/方言”“学历水平”这两个因素与汉语方言借词数量认知具有显著的相关性，也就说明这两个因素会影响“汉语方言借词数量多少”的主观判断。其中，“家乡话/方言”是正相关，“学历水平”则是负相关（随着学习者学历水平的提升，认为泰语中的汉语方言借词数量也更多）。

表 7　汉语方言借词数量主观认知相关性分析

家乡话/方言	Pearson 相关性	0.298**
	显著性（双侧）	0.007
学习/接触泰语的时长	Pearson 相关性	−0.207
	显著性（双侧）	0.065
学历水平	Pearson 相关性	−0.443**
	显著性（双侧）	0.000

注：**表示在 0.01 水平（双侧）上显著相关。

二、访谈调查

（一）访谈调查说明

调查对象：访谈对象共 6 名，其中 3 名为中国在泰工作人员，3 名为泰国中文学习者（HSK5 级以上），访谈调查对象均掌握中泰双语，且双语水平较高。

调查步骤：首先选定访谈对象，其次设置访谈内容及方式，最后记录并概述访谈信息。

（二）泰国访谈对象信息记录

1. 访谈介绍

该环节共有 3 个访谈对象，为保护其隐私，笔者在文中分别以泰 A（泰国汉语教师）、泰 B（泰国来华留学本科生）、泰 C（泰国来华留学研究生）代称。访谈前，笔者均解释了“汉语方言借词”的含义，并把罗精益（2018）研究中按不同方言源整理好的汉语方言借词表发给三位访谈者，将表中的汉语方言借词作为参照。其中，不同汉语方言借词数量的排序为：潮汕闽南话方言＞粤语/白话方言＞福建闽南话方言＞海南闽南话方言＞客家话方言。

2. 访谈问题

问题一：您认为泰语中的汉语方言借词数量多吗？占比大吗？

问题二：您或您身边的亲朋好友在日常交际中会经常使用表中的哪些词汇？

问题三：您如何看待泰语中的汉语方言借词？

问题四：您接触的在泰工作的中国人都是哪个地区的呢？

3. 访谈回答概述

问题一：3 位泰国受访者均认为泰语中的汉语方言借词数量不多，占比不大，英语借词数量占比更多。

问题二：在日常交际中粤语/白话方言汉语方言借词的使用次数最高，且 3 位受访者均表示，粤语/白话方言汉语方言借词中的数字“二、三、六、九”、食物“粥、鸡、荔枝、豆腐”等词汇使用频率最高；3 位泰国受访者均表示大部分汉语方言借词仅存在于比较传统或部分地区的泰语口语体系中，当前泰国人的日常交际中汉语方言借词的数量并不多。

问题三：3 位泰国受访者均表示泰语中出现的汉语方言借词是正常且客观的语言现象，就像泰语中的英语借词一样。不过，他们均认为泰语是一门具有泰国特色、深受泰国人民喜爱的语言。

问题四：泰 A 表示其接触的“在泰工作的中国人”更多的是广西的、云南的，泰 B 则表示也有广西、北京和广东的，泰 C 则表示都有，但长期在泰国工作的更多的是广西人。

（三）中国访谈对象信息记录

1. 访谈介绍

该环节共有 3 位访谈对象，为保护其隐私，笔者在文中分别以中 A、中 B、中 C 代称。其中，中 A 是母语为粤语/白话方言的泰语学习者；中 B 是母语为潮汕闽南话的泰语学习者，曾为赴泰汉办志愿者；中 C 是母语为壮话方言的泰语学习者。后续流程与对泰国访谈对象的访谈一致。

2. 访谈问题

问题一：您认为泰语中的汉语方言词多吗？

问题二：您认为刚刚发给您的表中，哪些词汇是泰语日常交际中使用频率较高的，哪些词汇使用率较低？/您认为壮话和泰语中读音相同、词义相同、用法相同的词汇多吗？都有哪些呢？

问题三：您认为泰语中的粤语方言借词对您的泰语学习有帮助吗？或者您有其他的感受吗？

问题四：您在泰期间接触的在泰工作的中国人都来自哪个地区呢？

3. 访谈回答概述

问题一：3 个受访者均认为泰语中的汉语方言词不多。

问题二：中 A 表示，二、三、六、九、旧、几、鸡、粥、广东，这些词使用频率较高；中 B 表示，酱油、清明、豆腐、姓、桌子和一些数字的使用率较高；中 C 表示，有一部分词的读音词义和用法都是相同的，比如“黑、狗、鹅、牛、吃”等，但（上述词汇）应该不属于泰语中的汉语借词。3 位中国受访者表示很多词汇他们都没有在日常交际中使用过。

问题三：中 A 表示，没有，但感觉学泰语很简单；中 B 表示，还好，感觉泰国华裔和潮汕人一样宗族观念重；中 C 表示，有一些帮助，感觉泰语和状话很像，给人感觉很亲切。

问题四：中 A 表示，广西的；中 B 表示，广西和云南的；中 C 表示，广西的。

三、辨识状况与调查信息总结

（一）问卷信息与数据分析总结

首先，粤语/白话、壮话受调查者人数最多，潮汕、海南闽南话受调查者数量少，没有调查到操福建闽南话的泰语学习者。其中，潮汕方言借词的正确辨识率高，粤语/白话方言、福建方言借词辨识率较高，海南方言借词的正确率低，客家话方言借词的正确辨识率最低。

其次，粤语/白话、福建、潮汕闽南话的方言借词正确辨识率都比较高，但影响辨识的因素却不同。仅有粤语/白话与调查者的母语方言有较高的相关性，这说明粤语/白话更多地以语音作为辨识依据，而福建、潮汕闽南话的方言借词则是多以词汇的文化意义进行辨识的。泰语学习者在对汉语方言借词进行辨识时，既有以借词的语音或文化意义作为辨识依据的，也有以借词的语音和文化意义一起作为辨识依据的。

最后，部分受调查者认为“泰语中的汉语方言借词数量是少的”，也就是泰语学习者对泰语中的汉语方言借词都有较准确的认知。但随着受调查者学历水平的提升，受调查者或出于对自己本国语言文化的自信，出现了“泰语中汉语方言借词数量更多”的误解。

（二）访谈信息总结

从访谈信息得知，中泰访谈者都认为泰语中的汉语方言借词数量不多、占比少。其中，泰国访谈者认为粤语/白话方言借词更常用在日常交际口语中；中国访谈者均感觉与中泰两国的语言文化相近相亲，粤语/白话方言者和潮州闽南话方言者认为自己本身方言在学习泰语上不具备优势，但壮话方言者则给出不同的意见。同时，壮话方言者明确表示，泰语中与壮话音义用法相同或相近的词汇并不属于壮话借词。

除上述情况外，泰语中仅有少部分的汉语方言借词仍为当代泰语日常生活中的基本词汇，很大一部分的汉语方言借词词汇已经萎缩，泰语中汉语方言借词在现代泰语中的具体使用情况还需要展开更为系统的调查。

四、因素探析

（一）语言接触与语言妥协

历史上中国福建、广东人口向泰国的大规模迁，使得泰语与汉语两种语言产生了语言接触，为汉语方言词的借用提供了可能。泰语要想借入汉语方言词，往往要修改汉语方言词的语音，以适合泰语的语音习惯，故而泰语在借用汉语方言词时会有语音上的妥协。此外，福建、广东地区的汉语方言本身语音就极具地域差异，且汉语方言也在不断发展变化，除粤语方言词的语音较为古老外，其他大多汉语方言词的语音在“古今”上也存在明显的差异。因此，并非所有泰语中的汉语方言借词都可以依据语音来辨识，方言词“古今中外”的语音差异越小，正确辨识率就越高。

（二）语言发展与语言淘汰

语言，像文化一样，很少是自给自足的，文化多元化既是社会现实也是社会需求。具备他国文化特性且“本国空缺”的文化词，在使用本国语言进行诠释时难免会变得繁杂。语言系统本着“经济原则”，适当采用“拿来主义”，直接借用保留了特征文化含义的他国外来借词，则更加符合语言的发展需要。同时，语言发展也反映了人类社会文明的进程。中泰两国人民的交际从“衣食住行、吃喝拉撒”到“经济发展、文化文明”更迭，语言作为交际工具“理所应当”地要换代，泰语中不能满足社会发展所需的汉语方言借词就会面临淘汰。

五、结语

本文通过对“泰语学习者对泰语中汉语方言借词的辨析状况”的调查，发现“受调查者对粤语/白话、福建闽南话、潮州闽南话方言借词正确辨识率较高”等状况，并探析了泰语学习者辨识汉语方言借词的语音或词义辨识依据与背后的影响因素。泰语中汉语方言借词的当代研究，是中泰人民在语言与文化上的交流，是“语言”到“文化”“文化”至“语言”的双重构建。探明泰语中汉语方言借词的发展，厘清中泰语言文化内在联系，有助于挖掘中泰语言中蕴含的更深层次的语言文化内涵，增强区域间精神文明的纽带力量。

参考文献

陈丽芳, 2021. 语言接触视角下泰语中汉语借词的变迁[D]. 大连: 大连外国语大学.

盖阿仑素, 1983. 现代汉语中的汉语借词[D]. 曼谷: 朱拉隆功大学.

李泰盛, 2004. 泰语中潮州话借词及其词义嬗变说略[J]. 汕头大学学报（人文社会科学版）（3）: 72-76, 92.

林小玉, 2014. 泰国人对泰语中汉语外来词的辨识状况与语言态度研究[D]. 上海: 华东师范大学.

罗常培, 2011. 语言与文化[M]. 北京: 北京出版社.

罗精益, 2018. 泰语中的汉语借词研究[D]. 太原: 山西大学.

罗艺, 2022. 汉语借词在泰汉语词汇教学中的迁移作用[J]. 云南师范大学学报（对外汉语教学与研究版）（3）: 79-85.

覃静, 2011. 从《泰汉词汇》里的汉借词看汉泰语言接触[J]. 大众文艺（9）: 284.

吴圣杨, 2006. 闽南方言与泰语中的汉语方言借词[J]. 解放军外国语学院学报（2）: 46-48.

游辉彩, 2017. 翻译文化观视域下泰语汉借词的翻译特性体现[J]. 东南亚纵横（4）: 33-38.

赵梓欣, 2022. 泰语中汉语借词的中国文化透视及对当代中国文化传播的启示[J]. 汉字文化（22）: 23-25.

An Analysis of the Recognition Status and Factors of Chinese Dialect Loanwords by Thai Language Learners

He Shuting　Rao Dongmei

Abstract: The loanwords of Chinese dialects in Thai language are mainly derived from Chinese dialects such as Cantonese, Hokkien and Hakka.Those loanwords of Chinese dialects are constantly developing and changing with the influence of population, language and culture.Through questionnaire and interview survey, this paper studies Thai language learners' recognition of loanwords from Chinese dialects in Thai, analyzes the basis of the identification of loanwords in different Chinese dialects, to explore the linguistic and cultural factors behind the identification.

Keywords: Thai loanwords; Chinese dialect words; Loanword recognition; Thai language learners

跨文化翻译视角下洪版《三国演义》中的归化和异化翻译策略研究

李雅雯[①]　唐旭阳[②]

摘要：泰文洪版《三国演义》是泰国文坛中有重要意义的经典译著，对泰国商界、政界和学术界都产生了深远影响。本文从跨文化翻译的视角，分析洪版《三国演义》的翻译策略，并探讨其中的文化差异问题。运用奈达的文化差异理论和韦努蒂的归化与异化翻译策略，剖析译者在面对两种不同文化背景时所采取的翻译方法，判断译文对原文的传达效果。研究发现，在跨文化翻译过程中，洪版《三国演义》较少采用异化翻译，传递原文文化特色而大量采用归化手法，提高了译著的可读性，但一定程度上也弱化了对原文文化的传播，个别地方存在文化缺失现象。本文分析洪版《三国演义》的跨文化翻译策略，旨在为中国经典文学作品"走出去"提供参考，提升中华优秀文学作品在海外的传播力和影响力。

关键词：洪版《三国演义》；跨文化翻译；归化；异化

一、前言

《三国演义》（以下简称《三国》）是中国四大名著之一，是中国智慧和文化的精髓，具有重要的文学地位。《三国》先后被翻译成 20 多种语言，在东南亚影响尤为深远。在泰国，第一个《三国》译本（简称洪版）是由拉玛一世时期的昭帕亚帕康（洪）及团队于 1802 年翻译完成的。自洪版《三国》出版以来，至今已有超过 20 个泰国出版社出版了这个版本，它对泰国商界、政界和学术界都影响深远，以至泰国文坛出现了"三国文体"。此后，泰国还出现创业版《三国》、卖艺乞丐版《三国》、阐发批评版《三国》、漫画版《三国》等。但从传播时间和影响力来看，洪版《三国》的影响是最深的，特别是"三

① 李雅雯（第一作者），云南民族大学 2023 级硕士研究生，主要研究方向为泰国语言文学。

② 唐旭阳（通讯作者），广东外语外贸大学东南亚学院泰语系讲师，主要研究方向为翻译研究、泰国社会与文化。

国文体”的出现，推动了泰国古代小说文类的生成，包括泰国著名诗人顺吞蒲的作品，都受到三国文体的影响。“三国文体”体现在文学语言的运用当中，既是描述性的，又是评价性的，体裁形散神聚、取材广泛、形式灵活、文采优美、通俗易懂，所以深受泰国读者欢迎。①金勇认为，翻译《三国》是一世王对当时在泰国影响力与日俱增的中国文化的一种正面回应。《三国》是随着华人移民进入泰国的，起初只在民间的华人社区流传。它之所以能够进入宫廷文学的视野，与中国文化影响力的扩大和华人阶层的“社会流动”（Social Mobility）有关。华人担任高级官员甚至获封爵位的情况屡见不鲜，这才使得《三国》有机会在泰国古典文学场域中实现“向上流动”。②

国内学者的研究方向大部分集中在洪版《三国》在泰国的传播与接受以及与文化的方面，国外学者的研究主要从翻译以及政治的角度出发。如裴晓睿、金勇、吴琼（泰）、徐武林（泰）、丁力（泰）、巴屏（泰）等。但对于洪版《三国》文本翻译方法研究甚少，该领域存在一定研究空间。本文旨在从跨文化翻译的角度探讨洪版《三国》译本中运用的归化手法以及泰译中存在的跨文化交流问题，分析译者如何处理中文语境中的文化元素和背景，使其成为经久不衰的经典作品，进而讨论作为翻译工作者应该如何在跨文化交流与传播中掌握相应的翻译策略，为传播好“中国声音”，讲好“中国故事”献计献策。正如习近平总书记提出的“新时代新的文化使命”，这也是翻译工作者的使命。

本文采用了尤金 • A. 奈达（Eugene A. Nida）关于文化差异问题的观点以及劳伦斯 • 韦努蒂（Lawrence Venuti）的归化和异化翻译策略分析洪版《三国》的跨文化翻译。每一种语言都蕴含着深厚的文化内涵，牵涉民族心理、习俗、价值观等复杂层面。因此，在翻译过程中，文化问题显得尤为重要，因为它们直接影响着信息的传递和理解。奈达将文化因素分为五大类别，包括生态文化、物质文化、社会文化、宗教文化和语言文化。③这一分类为跨文化翻译工作者提供了有益的思考框架，有助于他们更好地理解和应对翻译中的文化障碍，确保信息的有效翻译传达。归化与异化则是关于文化转化的两种翻译方法。归化的概念指的是将外语文本的特点、文化背景、风格等因素尽量融入目标语言文化，使翻译作品看起来更加习惯、自然，容易被接受。异化指的是保

① 丁力：《经典泰文版〈三国〉的文本传播研究》，载《三峡大学学报（人文社会科学版）》，2021 年第 43 期，第 8～13 页。

② 金勇：《泰文〈三国演义〉经典译本产生的原因分析》，载《解放军外国语学院学报》，2011 年第 2 期，第 84～88 页。

③ Eugene Nida：“Linguistics and Ethnology in Translation-Problems”，*WORD*，1945，1（2），pp. 194-208.

留外语文本的特点、文化元素，尽量不让其融入目标语文化，使翻译成品保持原汁原味的外语特色。①

二、洪版《三国》中的跨文化翻译策略

《三国》中出现的很多成语被吸收成泰国熟语，并被广泛使用，此类成语翻译大多运用直译的手法，言简意赅，并成为泰国的俗语。其实上，文化的相似性和差异性皆会对译者在翻译时造成障碍。词汇的文化翻译涉及思维过程、解释、比较、转换等多个环节，其中源语言文化和目标语言文化之间的语言传达过程尤为重要。本文以奈达的文化类型为基础，以《三国》中的文化词汇为例，分析跨文化翻译的方法，并结合韦努蒂的归化异化翻译理论进行探讨。

（一）跨生态文化翻译策略

从生态文化的视角来看，泰国与中国在地理环境、气候和植被等方面存在一定的相似性与差异性。在进行翻译工作之前，需要充分了解源语言和目标语言所属文化的社会背景，以确保翻译质量。笔者以洪版《三国》为例，研究其中涉及的生态文化词汇的翻译策略，并进行例句分析。

陶谦只得引兵出迎，远望操军如铺霜涌雪。②

ครั้นเวลาเช้าก็เปิดประตูเมืองออกไป เห็นทหารโจโฉตั้งอยู่เป็นอันมากดังคลื่นในท้องมหาสมุทร（海中波浪）③

“铺霜涌雪”原文用来比喻军队的庞大规模，但在泰国翻译中，由于中泰两国地理位置的不同，译者采用归化手法，将其翻译为“海中波浪”。正因为泰国是一个靠海国家，人们熟悉海浪的特点，翻译得恰到好处，能够更好地传达原文的意义，同时符合泰国文化。

卓先下拜曰：卓今得将军，如旱苗之得甘雨。④

（**ตั๋งโต๊ะ**）**เดินออกมารับลิโป้แล้วว่า ตัวเรานี้อุปมาเหมือนทำนาตกกล้าลง แล้ว**

① 许建平、张荣曦：《跨文化翻译中的异化与归化问题》，载《中国翻译》，2002 年第 5 期，第 38～41 页。

② 罗贯中：《三国演义》，人民文学出版社，2019 年，第 94 页。

③ เจ้าพระยาพระคลัง（หน），สามก๊ก. กรุงเทพมหานคร：สามก๊กวิทยา. 2564. หน้า 182.

④ 罗贯中：《三国演义》，人民文学出版社，2019 年，第 37 页。

ฝนแล้งกล้านั้นใบแดง ซึ่งท่านเมตตาเราบัดนี้เหมือนฝนตกห่าใหญ่น้ำท่วมเลี้ยงต้นกล้าชุ่มชื่นใบนั้นเขียวขึ้น[①]

"如旱苗之得甘雨"是一个中国成语，引申为"困难时刻得到了及时的援助"。虽然泰语中虽无此类成语，但是由于中国与泰国在古时均为农业国家，有着文化的共通性，译者在此运用了异化的翻译方法，并在原文的基础上增译补充道"我就像那久旱枯干的庄稼，幸得你甘雨般的相助，才得以恢复往日生机"。译者旨在让泰国读者更深入地理解原文所传达的情感和比喻含义，有助于在泰国文化背景下传达原文的情感，加深泰国读者理解。

近闻刘豫州三顾先生于草庐之中，幸得先生，以为如鱼得水。[②]

ข้าพเจ้าได้ยินเขาลือว่าเล่าปี่อุตส่าห์ทำความเพียรไปเชิญท่านถึงสามครั้ง จึงได้ตัวท่านมา เล่าปี่มีความยินดีดังปลาได้น้ำ[③]

"如鱼得水"比喻得到跟自己非常投合的人或对自己很适合的环境。虽然泰语中无类似的比喻，但泰国人对水和鱼的概念十分熟悉。译者在考虑文化共通性时，选择了异化策略。将成语直接翻译为"ดังปลาได้น้ำ"（如同鱼得到水），这样的翻译泰国读者容易理解原文的比喻含义，同时保留了源文化的元素。

（二）跨物质文化翻译策略

泰国和中国的物质文化（Material Culture）无论是工具、服装、食品还是建筑物都有相似之处和不同之处。在进行翻译工作之前，需要充分了解源语言和目标语言所属文化的社会背景，以确保翻译质量。笔者以洪版《三国》为例，介绍该译本涉及的生态文化词汇的翻译策略。

魏与吴、蜀已成鼎足之势。[④]

เมืองวุยก๊ก เมืองกังตั๋ง เมืองเสฉวน สามเมืองนี้ตั้งอยู่เหมือนก้อนเส้า[①]

---

① เจ้าพระยาพระคลัง（หน），สามก๊ก. กรุงเทพมหานคร：สามก๊กวิทยา. 2564. หน้า 62.

② 罗贯中：《三国演义》，人民文学出版社，2019 年，第 360 页。

③ เจ้าพระยาพระคลัง（หน），สามก๊ก. กรุงเทพมหานคร：สามก๊กวิทยา. 2564. หน้า 799.

④ 罗贯中：《三国演义》，人民文学出版社，2019 年，第 915 页。

“鼎”是中国古代的一种烹饪器具，在中国文化中具有重要地位。中泰两国的物质文化差异导致了“鼎”这一概念在泰国不为人熟知。在翻译成泰语时，译者在此采用了归化的翻译策略将其翻译为“ก้อนเส้า”。这样做的原因是泰国没有“鼎”，读者可能无法理解。而“ก้อนเส้า”被泰国人熟知，在泰国通常是指由三块石头构成的灶台。其外形特征类似于“鼎”，该翻译便于他们理解这个句子原文想表达的三足鼎立的状态。

（三）跨社会文化翻译策略

泰国和中国社会文化在价值观、传统习俗、信仰等方面存在相似性和差异性，这影响着洪版《三国》中的社会文化词汇翻译策略。洪版《三国》中涉及的社会文化词汇的翻译策略有以下例子。

兄弟如手足。②
พี่น้องเหมือนแขนซ้ายขวา③

中国文化中，手和脚作为人体器官，在比喻中常被用来表示亲情关系的亲密程度。然而，泰国社会文化中存在一种普遍认为脚是低贱器官的观念，因此在正式场合，人们往往避免提及脚。译者将“手和脚”改为“左膀右臂แขนซ้ายขวา”，体现了中国和泰国社会文化的价值观差异。在此运用归化的翻译策略，选择了使用“左膀右臂”这个词来表达兄弟姐妹之间关系密不可分。

天下人民，欲食十常侍之肉，陛下敬之如父母。④
ขุนนางผู้ใหญ่ ผู้น้อยทั้งอาณาประชาราษฎร์ในเมืองแลหัว เมืองได้รับความเดือดร้อนเป็นอันมาก มีใจชังจะใคร่กินเนื้อขันฑีทั้งสิบคนเสีย แลพระองค์มีพระทัยรักขันฑีทั้งสิบคน ดุจหนึ่งพระราชวงศ์ผู้ใหญ่⑤

“父母”一词指代父亲和母亲。在西汉时期，儒家正统得以确立。儒家思想强调了治国平天下的君子理念，并秉承着伦理道德原则，如仁爱、孝道以及

① เจ้าพระยาพระคลัง（หน），สามก๊ก. กรุงเทพมหานคร：สามก๊กวิทยา. 2564. หน้า 2002.
② 罗贯中：《三国演义》，人民文学出版社，2019 年，第 131 页。
③ เจ้าพระยาพระคลัง（หน），สามก๊ก. กรุงเทพมหานคร：สามก๊กวิทยา. 2564. หน้า 608.
④ 罗贯中：《三国演义》，人民文学出版社，2019 年，第 24 页。
⑤ เจ้าพระยาพระคลัง（หน），สามก๊ก. กรุงเทพมหานคร：สามก๊กวิทยา. 2564. หน้า 837.

忠诚，对中国社会产生了深刻且不可忽略的影响。早在战国时代的儒家经典著作《孟子》中就有如下论述："民为贵，社稷次之，君为轻。"[①]这一言论凸显了儒家思想中的民本理念，即将民众视为社会的核心和基石，甚至高于君主在社会层面的地位。这一观念随后得到进一步巩固并深入人心，从而有了皇帝尊重天下百姓如同尊敬父母的说法。然而，在翻译成泰语时，译者采用了一种归化的翻译策略，将"父母"一词转化为"王室贵族"。这是因为中国和泰国的社会文化存在显著差异。在泰国，国王因历史、文化、法律和政治等多层面的复杂因素交互影响，呈现出独特的象征性和政治性双重角色，在社会层面享有显著特殊地位和巨大政治声望。特别是在洪版三国翻译时，正值拉玛一世极力恢复和发展中央集权，树立国王神圣不可侵犯的权威时期。直到拉玛四世即位后"抹去王权的神圣灵光"[②]，泰国才开始逐渐淡化王权的神圣性。因此，在这一时代背景下，将国王对待人民如同尊敬父母一样的说法翻译为泰语中的"王室贵族"更符合当地社会文化的实际情况。

随令甘宁为先锋，韩当为左翼，蒋钦为右翼。[③]

ให้กำเหลงเป็นกองหน้า ฮันต๋งเป็นปีกขวา เจียวขิมเป็นปีกซ้าย[④]

在中国传统文化中，左右方位与官职等级紧密相关，三国时期"左为尊，右为卑"。因此，韩当作为左翼在原著中地位高于右翼蒋钦。而在泰译版中，韩当被译为右翼，蒋钦则被译为左翼。但在泰国，一般认为右为尊，左为卑。比如忌讳用左手接东西。因此如果译者在此不采取归化的翻译策略，将"左"和"右"调换，泰国读者可能会误解这两个人的地位高下，两国社会文化观念的差异导致产生了不同的翻译结果。

今幸张松、法正为内助，此天赐也。[⑤]

บัดนี้เตียวสงและหวดเจ้งทั้งสองก็มีใจภักดีต่อท่านจะช่วยทำนุบำรุง เหมือนเทวดามาชี้ขุมทองให้[⑥]

---

① 孟子：《孟子》，中华书局，2012 年，第 324 页。

② 贺圣达：《东南亚文化发展史》，云南人民出版社，2011 年，第 306 页。

③ 罗贯中：《三国演义》，人民文学出版社，2019 年，第 379 页。

④ เจ้าพระยาพระคลัง（หน），สามก๊ก. กรุงเทพมหานคร：สามก๊กวิทยา. 2564. หน้า 828.

⑤ 罗贯中：《三国演义》，人民文学出版社，2019 年，第 507 页。

⑥ เจ้าพระยาพระคลัง（หน），สามก๊ก. กรุงเทพมหานคร：สามก๊กวิทยา. 2564. หน้า 1081.

“此天赐也”的意思是说一切都像上天赐予我们一样。中国是一个农业大国，自然要依赖“天”。中国人对“天”的敬畏和信仰是原始的、根本的。在翻译成泰语时，译者在采用了归化的翻译策略，将其更改为“如得到神明指引，如获珍宝”。这是因为中国和泰国的宗教文化存在差异，泰国是一个佛教国家，对于神明的崇敬更加普遍，所以译文用“神明”代替“天”。

（四）跨宗教文化翻译策略

泰国和中国在宗教文化方面存在明显的差异。儒、释、道“三教”在中国古代文化中占据主要地位，而泰国是一个主要信仰佛教的国家。虽然两国存在佛教信仰，但中国的佛教徒主要信仰大乘佛教，而泰国则信仰小乘佛教。洪版《三国演义》中涉及的宗教文化词汇的翻译策略有如下例子。

操怒曰：“生死有命，何哭之有！”[①]

โจโฉได้ยินเสียงร้องไห้ก็โกรธ จึงว่าเหตุใดคนทั้งปวงจึงร้องไห้อื้ออึงดังนี้ อันเป็นแลตายนั้นก็สุดแต่บุญและกรรม[②]

原文“生死有命”这一成语，源自中国道家对生死规律的定性，反映出中国文化中的命定论思想。在汉语文化语境中，它意味着“生与死都是由天命或者宿命决定的”。而在泰语翻译版本中，译者将其改译为“อันเป็นแลตายนั้นก็สุดแต่บุญแลกรรม”，该表达符合泰国的上座部小乘佛教文化，意为“生死轮回皆由个人善恶业力所决定”。译者采取“归化”策略，将源语文化中的“命定论”转变为符合目的语接受文化的“业报观”。一方面考虑到泰国读者的阅读习惯与理解能力，另一方面也传播并维护了泰国佛教文化对该地区社会的影响。这体现了翻译过程中不可避免的文化选择与转化。

孔明密书十六字曰：“欲破曹公，宜用火攻；万事俱备，只欠东风。”写毕，递与周瑜曰：“此都督病源也。”[③]

ขงเบ้งเอาพู่กรรณ์มาเขียนอักษรสิบหกตัว เป็นใจความว่า ซึ่งจะคิดกำจัดโจโฉนั้นก็ได้จัดแจงการไว้ทุกสิ่งเสร็จแล้ว เพื่อหวังจะเอาเพลิงเผากองทัพโจโฉเสีย ยังขาดอยู่แต่ลมสลาตันซึ่งมิได้พัดมาสมความคิดท่านเท่านั้น ครั้นเขียนแล้วก็ส่งให้จิวยี่แล้วว่า

① 罗贯中：《三国演义》，人民文学出版社，2019 年，第 418 页。

② เจ้าพระยาพระคลัง（หน），สามก๊ก. กรุงเทพมหานคร: สามก๊กวิทยา. 2564. หน้า 903.

③ 罗贯中：《三国演义》，人民文学出版社，2019 年，第 407 页。

อันโรคซึ่งป่วยนี้อุปมาเหมือนธาตุทั้งสี่ในกายท่าน อันธาตุดินธาตุน้ำปรกติอยู่ แต่ธาตุลมกับเพลิงนั้นหย่อน ถ้าลมพัดมาต้องเพลิงกำเริบขึ้นกล้าแล้วโรคท่านก็จะหาย①

"此都督病源也"这一句话，是指导致周瑜生病的根本原因。此处泰国译者在翻译时采用了归化的翻译策略。据译者所信仰的印度教教义，世间万物皆由土、水、火、风四种元素组成，而疾病的根源在于对缺少风的恐惧，因为缺乏风力会使得火攻失效。因此，在翻译周瑜的病因时，译者在原文的基础上做了增译，即周瑜的病源在于其体内风和火元素的不足。这一翻译恰好与周瑜担心风不足，无法发动火攻的情景相吻合，并能增加读者的兴趣。

此外，洪版《三国》中还出现跨语言文化的翻译策略，泰语和汉语都同属汉藏语系，但分属不同语族。②在《三国》传入泰国的同时，也伴随着大量从潮汕等地区移民过去的客家中人，因此在人名称谓方面，往往会保留客家的发音，但在名字相近的时候，洪版往往将名改为其字号，避免混淆。如：

赵云曰："主公在虎口中逃出，今已近本界"。③

จูล่งจึงว่าแก่เล่าปี่ว่า เรามานี่พ้นเมืองฉสองกุ๋น จะเข้าเมืองเกงจิ๋วอยู่แล้ว เหมือนหนึ่งเสือหนีออกจากจั่นได้④

由于当时参与洪版翻译的中国人多数为客家人，因此客家话的读音习惯被保留下来。在客家语中，"赵云"的发音为"dio un"，泰语写作"เตียวหยุน"，"张飞"的发音为"tũũ hui"，泰语写作"เตียวหุย"。因此在洪版《三国》中，为了避免读者混淆两位蜀国武将——张飞和赵云，在文中出现赵云的地方译者都采用了归化的翻译手法用赵云的字"子龙"代替"云"，泰语写作"จูล่ง"。为使译文更符合目的语语言规范和阅读习惯，译者对于这类问题从微观层面进行必要的文化适应和调整，体现了翻译过程中源语与目的语转换时的文化选择机制。

以上通过对洪版《三国》的社会背景、时代背景和译文内容的对比，从跨文化翻译的角度分析认为：在中译泰的过程中，洪版《三国》主要采用传递意

① เจ้าพระยาพระคลัง（หน），สามก๊ก. กรุงเทพมหานคร：สามก๊กวิทยา. 2564. หน้า 883.

② 叶蜚声、徐通锵：《语言学纲要》，北京大学出版社，2010 年，第 203～205 页。

③ 罗贯中：《三国演义》，人民文学出版社，2019 年，第 457 页。

④ เจ้าพระยาพระคลัง（หน），สามก๊ก. กรุงเทพมหานคร：สามก๊กวิทยา. 2564. หน้า 984.

义和强调阅读者视角的归化翻译策略，以使泰国读者更容易理解《三国》故事。同时也使得《三国》具有了独特的泰国本土性，这也是《三国》在泰国流行和受欢迎的重要原因之一。

但是，归化翻译策略的过多运用也弱化了洪版三国对中国文化的传播功能。如：

今正欲仗将军保全国家，为泰山之靠。[①]

ก็ได้สั่งไว้แก่ท่านให้ช่วยทำนุบำรุงซุนกวนผู้น้อง หวังว่าจะให้เมืองกังตั๋งมั่นคงเหมือนได้อิงภูเขา[②]

此句话译者将“泰山”翻译成泰语时采用了归化的翻译策略，将其删译为“ภูเขา”（山），并没有指明具体的山名，这是因为在译者所处的年代，泰国读者并不熟悉泰山这个地名，一定程度也造成了翻译的缺失。

今在新野，助逆臣刘备，背叛朝廷，正犹美玉落于污泥之中，诚为可惜。[③]

แล้วโจโฉจึงปลอบโยนว่า บัดนี้เราแจ้งว่าบุตรของท่านคนหนึ่งดีมีสติปัญญาไปอยู่ด้วยเล่าปี่ อันเป็นขบถต่อแผ่นดินหาควรไม่ ประดุจหนึ่งเอาแก้วไปทิ้งไว้ในตม สำหรับแต่จะอับไป[④]

“美玉”是指美丽的玉石，此处用比喻来表达一种极为惋惜的心情，就像美丽的玉石掉在淤泥中一样。当翻译成泰语时，由于中泰文化在物质文化方面存在差异，因此译者采用了归化的翻译方法将“美玉”改为泰国人熟悉的“แก้ว”（玻璃）。因为在那个年代，泰国除王宫贵族外，大部分人并不知道美玉，因此将其改为那个年代还很昂贵且泰国读者大众熟悉的“玻璃”。译者在此采用归化的翻译策略，虽让泰国读者更容易领会这个比喻想要传达的含义，但从韵味和美感来说与原文相差甚远。

---

① 罗贯中：《三国演义》，人民文学出版社，2019 年，第 369 页。

② เจ้าพระยาพระคลัง（หน），สามก๊ก. กรุงเทพมหานคร：สามก๊กวิทยา. 2564. หน้า 812.

③ 罗贯中：《三国演义》，人民文学出版社，2019 年，第 307 页。

④ เจ้าพระยาพระคลัง（หน），สามก๊ก. กรุงเทพมหานคร：สามก๊กวิทยา. 2564. หน้า 685.

譬犹驽马并麒麟。[①]

อนึ่ง ม้าอาชามีกำลังน้อย หรือจะเปรียบกับพระราชสีห์ได้[②]

“麒麟”是中国古代神话中的一种神兽，是中国传统文化中的一个重要符号。在顺吞蒲的《帕拉阿帕玛尼》中将麒麟译为 ม้านิ่มังกร，也有专门的词译为กิเลน。而在古时该动物名称未进入泰语词汇，泰国读者可能不熟悉。因此译成了 พระราชสีห์（狮子），这个译法跟原文要表达的意思有偏差，也是文化意义的缺失。

三、结语

本文以泰国洪版《三国》为例，从跨文化翻译的视角分析了源语言与目标语言存在文化差异时译者所采取的翻译策略。通过分析可以看出，洪版《三国》大量采用了归化翻译策略，这确实提高了泰语译本的可读性和流畅性。但是部分过度归化手法的运用也同时削弱了原文中国文化信息的传递。笔者认为，理想的跨文化翻译应该在归化和异化之间寻找动态平衡。因此，译者需要审时度势，衡量目标语受众的接受能力，适当保留一定异化成分。

此外，洪版《三国》对于目标语文化中没有的源语文化元素进行了酌情增译，既保留了文化特色，又使意义容易被理解。由于文化的不同，某些概念或表达在目标文化中可能没有直接的对应，无法简单地将源语言的词汇逐一对应到目标语言。因此需要巧妙地选择合适的翻译策略，以保持语言和意义之间的平衡。正如奈达所强调的，理解词汇的含义必须始终考虑其上下文，这就要求译者不仅要精通两种语言，还需要深入了解两种文化，以便在不同语境中灵活运用最适合的翻译策略。

综上所述，洪版《三国》充分考虑到了中泰文化之间的相似性与差异性，包括生态文化、物质文化、社会文化、宗教文化和语言文化等方面，译者考量中泰两国的跨文化差异，运用“归化”为主、“异化”为辅的策略，以确保泰国读者对《三国》泰译版的接受度。因此，洪版《三国》取得了巨大的成功，该版本不仅语言通俗易懂，也保持了原著故事情节紧凑有趣的特点，促进了泰国文学的发展和创新。

---

① 罗贯中：《三国演义》，人民文学出版社，2019 年，第 310 页。

② เจ้าพระยาพระคลัง（หน），สามก๊ก. กรุงเทพมหานคร：สามก๊กวิทยา. 2564. หน้า 690.

参 考 文 献

丁力, 2021. 经典泰文版《三国》的文本传播研究[J]. 三峡大学学报（人文社会科学版）（1）: 8-13.

丁力, 2021. 论泰国文坛中的《三国演义》[J]. 菏泽学院学报（1）: 91-96.

贺圣达, 2011. 东南亚文化发展史[M]. 昆明: 云南人民出版社.

金勇, 2011. 泰文《三国演义》经典译本产生的原因分析[J]. 解放军外国语学院学报（2）: 84-88.

金勇, 2013. 试析《三国演义》在泰国的传播效果——从跨文化文学传播“反馈”的视角[J]. 东南亚研究（2）: 107-111.

罗贯中, 1998. 三国演义[M]. 北京: 人民文学出版社.

许建平, 张荣曦, 2002. 跨文化翻译中的异化与归化问题[J]. 中国翻译（5）: 38-41.

叶蜚声, 徐通锵, 2010. 语言学纲要[M]. 北京: 北京大学出版社.

NIDA E, 1945. Linguistics and Ethnology in Translation Problems[J]. WORD, 1（2）: 194-208.

จินตนา ธันวานิวัฒน์. “การศึกษาเปรียบเทียบความเปรียบในสามก๊กฉบับจีนกับฉบับไทย” วิทยานิพนธ์ปริญญามหาบัณฑิต ภาควิชาภาษาไทย บัณฑิตวิทยาลัย จุฬาลงกรณ์มหาวิทยาลัย, 2527.

นายยศไกร ส.ตันสกุล. “การผลิตสามก๊ก ในบริบทของสังคมไทย พ.ศ. 2480-2550.

วิทยานิพนธ์ปริญญามหาบัณฑิต ภาควิชาประวัติศาสตร์ คณะศิลปศาสตร์ มหาวิทยาลัยธรรมศาสตร, 2558.

ประพิณ มโนมัยวิบูลย์. “สามก๊ก: การศึกษาเปรียบเทียบ” วิทยานิพนธ์ปริญญามหาบัณฑิตแผนวิชาภาษาไทย บัณฑิตวิทยาลัย จุฬาลงกรณ์มหาวิทยาลัย, 2509.

พระคลัง（หน）, เจ้าพระยา. สามก๊ก กรุงเทพมหานคร: อักษรสยามการพิมพ์, 2521.

วิไล ลิ่มถาวรานันต. กลวิธีการแปลคำศัพท์ทางวัฒนธรรมจากภาษาจีนเป็นภาษาไทยในเรื่อง ร้านน้ำชาบทละครพูด 3 องก์ของเหลาเส่อ.วารสารวิชาการมนุษยศาสตร์และสังคมศาสตร์ มหาวิทยาลัยบูรพา）, 30（2）, 223-247.

วิศรุตา ปิดตานัง.（2563）.อิทธิพลของวรรณกรรมสามก๊กในบริบทการเมืองไทย.วารสารบริหารธุรกิจและสังคมศาสตร์ มหาวิทยาลัยรามคำแหง, 3（2）, 99-112.

ศศิ เอาทารยกุล. “การศึกษาการแปลข้ามวัฒนธรรมจากภาษาไทยเป็นอังกฤษในบทบรรยายใต้ภาพของภาพยนตร์ไทย”, วิทยานิพนธ์ปริญญามหาบัณฑิต ภาคภาษาและวัฒนธรรมเพื่อการสื่อสารและการพัฒนา บัณฑิตวิทยาลัย มหาวิทยาลัยมหิดล, 2557.

An Analysis of Domestication and Foreignization Translation Strategies in the Hong Edition of *the Romance of the Three Kingdoms*: A Cross-Cultural Translation Perspective

Li Yawen Tang Xuyang

Abstract: Hong's Thai rendition of *the Romance of the Three Kingdoms* is a significant and influential classic translation in the Thai literary scene, with a profound impact on Thailand's business community, political arena, and academic circles. This article analyzed the translation strategies utilized in Hong's Thai rendition of *the Romance of the Three Kingdoms*, scrutinizing the cultural differences from a cross-cultural translation perspective. Drawing upon Nida's cultural difference theory and Lawrence Venuti's domestication and foreignization translation strategies, it delineated the approaches adopted by the translator while navigating two distinct cultural landscapes, with the intention of assessing the efficacy of the translation in mirroring the essence of the original text. The research determined that throughout the cross-cultural translation process, Hong's rendition of *the Romance of the Three Kingdoms* contains some foreignizing translation, conveying linguistic and cultural characteristics of the source text. However, the overarching strategy was grounded in substantial domestication, elevating the readability of the translated work. This strategy, albeit enhancing accessibility, somewhat diluted the propagation of the original culture, manifesting in cultural omissions in certain instances. By evaluating the cross-cultural translation tactics in Hong's *Romance of the Three Kingdoms*, the endeavor sought to furnish insights for facilitating Chinese classic literary pieces in reaching a global audience, thereby fostering the enhanced proliferation and resonance of distinguished Chinese literary works internationally.

Keywords: Hong's Thai rendition of *the Romance of the Three Kingdoms*; cross-cultural translation; domestication; foreignization

影视广告如何以情取胜？

——对泰国影视广告情感叙事的幻想主题分析[①]

刘茜[②]　周颖[③]

摘要： 泰国影视广告以其独特的情感叙事策略创造出独树一帜的广告表现风格，深受市场认可与追捧。影视广告如何以情取胜？本研究围绕这一问题，基于符号聚合理论框架，使用幻想主题分析方法，以“幻想主题”“幻想类型”“修辞视野”三大分析层次为基础，构建起泰国影视广告情感叙事策略研究框架。对20部优秀泰国影视广告的人物、场景、情节等核心要素材料进行编码，提炼出“母爱”“父爱”“追寻梦想”“边缘人群”“行善积德”等十二类以泰国民众普遍信仰的佛教为核心的常用幻想主题，归纳出泰国影视广告常用的“家庭与亲情”“自我实现”“温暖助人”“聚焦边缘人群”和“生命与信仰”五类幻想类型和“道义性比拟”“社会性比拟”和“实用性比拟”三大修辞视野构建手法。最后，提出影视广告引发消费者价值认同和情感共鸣来提升品牌价值的情感叙事策略：一是创新幻想主题表现形式，搭建情感沟通桥梁；二是巧用本土文化与符号策略，积聚形成多元幻想类型；三是关注具有普适价值的现实问题，促进修辞视野的建立。

关键词： 符号聚合；泰国影视广告；情感叙事；幻想主题；修辞视野

在世界广告舞台上，泰国影视广告以“情”取胜，独树一帜。借助充满现实问题的人生故事，在渗透着爱、宽容和付出的情感态度中，泰国影视广告散发着一种深具感染力的“情志”。[④]泰国广告作品屡获克里奥国际广告奖、纽约广告奖、伦敦广告奖等国际广告大奖，并在YouTube、WeChat等全球视频和社交平台引发受众的广泛关注、传播和讨论。泰国影视广告是如何

① 本文系成都大学泰国研究中心资助项目“社交媒体使用对东盟来华留学生跨文化适应的影响研究：以社会资本为中介变量”（项目编号：SPRITS202208）研究成果。

② 刘茜，博士，成都大学教务处副处长，成都大学传媒研究院研究员，硕士生导师，研究方向为媒介运营管理。

③ 周颖，成都大学文学与新闻传播学院硕士研究生。

④ 牛鸿英：《情感叙事与身份认同——后世俗社会视域中泰国视频公益广告的文化建构》，载《中国电视》，2019年第4期，第63～70页。

以情取胜的？其独树一帜的情感叙事策略是如何展开的？本研究采用幻想主题分析法对 20 部优秀泰国影视广告进行研究，探析泰国影视广告的情感叙事策略。

一、文献回溯

美国明尼苏达大学的传播学者欧内斯特·博尔曼（Ernest Bormann）援引罗伯特·贝尔斯（Robert Bales）提出的团体幻想概念，提出了符号聚合理论与幻想主题分析方法。团体幻想是贝尔斯在小团体人际互动研究中提出的。他发现某些戏剧化的情节总能使团队成员变得情绪高昂，相互打断谈话，大笑，仿佛抛却了自我，让团体氛围变得活络。他认为这正如个人心中的压抑常寄予戏剧的幻想一样，具备共同经历的团体在遇到问题或困境时也会对某些戏剧性情节进行情绪性回应，来释放压力、表达自我，这种集体的情绪性回应正是基于团体幻想而生成的。团体幻想不仅有助于团体文化的塑造，也能够促进团体态度的改变。博尔曼将此研究延伸到公众演说、大众传播等领域，认为在这些领域中团体幻想也能够支撑成员的社群感，提供强大的行动力。博尔曼还指出，个体的经历是混乱的，但幻想的表达是有序的，幻想主题提供了一种评估群体生活的框架，反映出人们认知中共通的情感结构，唤醒群体的“共同体”意识①。因此，通过幻想内容的检视，能够发觉团体的文化、动机、凝聚力及世界观，“探索群体成员共享世界观”的幻想主题分析方法逐步形成。

在基于团体幻想的多人沟通过程中，通过含有戏剧情节的幻想共享，成员间彼此趋向于接近与重叠，这一过程被博尔曼称作符号的聚合。随着研究的不断深入，符号聚合理论逐步完善，该理论认为群体在现实生活中构建理想状态会受到许多故事模式的潜在影响，这些故事反映了群体内部多样的观点和思想，是在符号互动过程中创制出来的，并且能在群体符号互动中形成紧密相连的“故事链”②。博尔曼还进一步指出，群体成员间这种戏剧性互动，能延伸至更大的群体乃至整个社会，促成情感响应与经验诠释趋于同一。因此，个体获得共情交流的能力以及群体共识的产生，不仅与个体的想象有关，而且与社会性的叙事和想象有着紧密联系。理解符号聚合理论要把握两个关键词：一是符号，群体成员间通过符号共享相同的幻想，也就是对

① Bormann E G：“ Symbolic Convergence Theory：A communication formulation”，*Journal of Communication*，1985（4），pp.128-138.

② [美]斯蒂芬·李特约翰：《人类传播理论》，史安斌译，清华大学出版社，2004 年，第 128～129 页。

某一符号给予具有想象力的诠释，并在这种诠释中创造符号现实；二是聚合，群体对共享的幻想产生共同的态度和情感的响应，所创造的符号现实也就逐渐趋同。博尔曼将这种群体成员间复述幻想，进而重组成为复合戏剧的行为称为覆诵。持续地覆诵能够最大程度地推动情感响应和经验趋同，产生共通的符号世界，由此形成修辞社群。

幻想主题分析方法为研究不同群体的符号聚合过程、机制与路径提供了幻想主题、幻想类型和修辞视野三个层面的分析框架。其中，幻想主题主要由人物、场景、情节等要素构成。幻想类型是幻想主题的抽象化速记标签，它构建了由主要情节所形成的具有普遍认知的故事模型①。修辞视野的常见类型包括道义的比拟、社会性比拟以及实用性比拟。乔治·莱考夫指出，隐喻和框架是控制话语权的两大核心利器②。在幻想主题分析中，幻想主题的构建过程正是“故事链”框架确立的过程，而修辞视野则对应“故事链”中隐喻意义的传达。

国内学者对幻想主题分析的运用集中于文本研究，可归纳为两个方面：一是针对国内外特定对象的宣传效果研究，二是对中华民族经典文化作品或大众文化产品的深层解读。幻想主题分析能够较好地将具象的描述性信息与抽象的群体认知、共同愿景相互勾连，由表及里地剖析信息传播中所反映的深刻内涵，是叙事文本、话语表达研究的有力工具③。本文使用该方法分析泰国影视广告情感叙事如何通过幻想主题、幻想类型以及修辞视野的构建，逐步为受众营造独特情感空间的同时传递出品牌信息，无疑是恰切而适用的。

二、研究设计

（一）研究框架

情感叙事策略在泰国影视广告中的运用已经非常成熟，但少有学者对其展开系统性研究。本研究依照幻想主题分析法的幻想主题、幻想类型、修辞视野三层递进的研究路径构建起泰国影视广告情感叙事策略研究框架（图 1），在对泰国影视广告情感叙事的幻想主题、幻想类型与修辞视野系统分析的基础上，揭示泰国影视广告情感叙事效果的形成机理与生成路径。

① Bormann E G：“Fantasy and rhetorical vision：The rhetorical criticism of social reality”，*Quarterly Journal of Speech*，1972（4），pp. 396-407.

② [美]乔治·莱考夫：《别想那只大象》，闻佳译，浙江人民出版社，2020 年，第 56～58 页。

③ 吕宇翔、方格格：《全球竞争修辞中的中国叙事：对冬奥影像的幻想主题分析》，载《北京体育大学学报》，2022 年第 2 期，第 39～51 页。

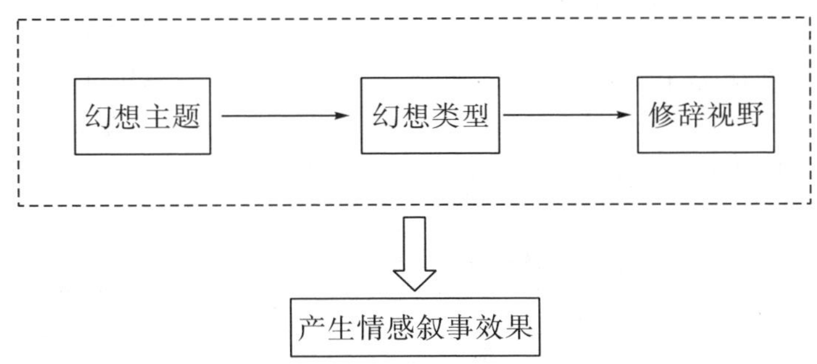

图 1　泰国影视广告情感叙事策略研究框架

（二）案例选择

本研究遵循以下原则选择案例：第一，案例广告的情感叙事结构应当具有典型性，以便对泰国影视广告情感叙事策略进行横向比较；第二，案例广告应当具有影响力，如在 YouTube、Facebook 等全球视频和社交平台点击量超千万或是荣获国际广告大奖；第三，案例广告的叙事主题应具有多样性，尽量避免单一主题的案例研究带来的片面性。基于以上原则，本文最终选取了 20 部优秀泰国影视广告作为研究样本。

（三）分析步骤

按照幻想主题分析的操作步骤，本研究可细化为五个环节：①从 20 部优秀泰国影视广告的多媒体素材中提取人物、场景、情节等核心要素材料，编码聚类提炼其幻想主题；②从常见的幻想主题中进一步归纳出泰国影视广告情感叙事的幻想类型；③比较 20 部优秀泰国影视广告幻想类型的异同，结合历史文化社会背景，分析幻想类型与修辞视野间关系，探析泰国影视广告情感叙事修辞视野的建构路径；④分析泰国影视广告情感叙事效果生成路径；⑤提出影视广告情感叙事策略。

三、泰国影视广告情感叙事的幻想主题分析

这一部分在对 20 部优秀泰国影视广告人物、场景、情节的要素的基础材料进行编码的基础上提炼出泰国影视广告常用的幻想主题，归纳形成主要幻想类型，探析修辞视野的建立以及泰国影视广告情感叙事效果的生成路径。

（一）泰国影视广告情感叙事的幻想主题

借鉴戏剧影视学作品分析中常用的“拉片”方式，对 20 部优秀泰国影视广告进行反复观看并记录下人物、场景与情节要素的主要信息，凝练出幻想主题，形成案例广告幻想主题分析编码表（见表 1）。

表 1　案例广告幻想主题分析编码表

广告名称	人物	场景	情节	幻想主题
《暴走妈妈》	母子	马路	母亲为将肾移植给重病的儿子，每日暴走 10 公里。	母爱
《Yon Can Shine》	女孩	演奏厅	怀揣着音乐梦想长大的聋哑女孩，勇敢无畏地追寻自己的梦想。	勇敢乐观、成就自我
《愿望橱窗》	小男孩	街道橱窗	拥有航天梦的小男孩每日为买上天文望远镜而努力存钱。	追寻梦想、坚持无畏
《你会理解别人吗》	男性	马路	因堵车而暴躁的男人发现，其实是有人在为病人让出绿色通道。	互帮互助
《怕狗的女孩》	女孩和狗	路边	怕狗的小女孩最终克服自己的恐惧成为优秀的兽医。	追寻梦想、坚持无畏
《生命的价值》	多人物	生活场景	通过各种人物的生活片段阐述生命的价值。	生命价值、人生意义
《乞丐的报恩》	乞丐与店老板	街道	乞丐为报答店老板的一饭之恩，一直默默守护着店老板的店，直至失去生命。	业报轮回
《无声的爱》	父女	医院	聋哑人父亲用自己的方式向女儿表达爱。	父爱
《悔》	母子	家中	儿子与母亲之间长期存在误会，在母亲去世后儿子才觉得后悔。	母爱
《打不倒的小女孩》	女孩	拳击训练场	小女孩忍受校园欺凌，练习拳击保护自己，成为拳击冠军。	勇敢乐观、成就自我
《无名英雄》	青年	路边街道	一个普通青年每日的施善行为。	行善积德
《轮回》	男子与小孩	医院	男子在危急时刻救下一个小孩，后来他的妻子被这个小孩救下了。	业报轮回、生命价值
《全能妈妈》	母女	生活场景	母亲在女儿的成长过程中扮演着不同的角色。	母爱
《碎米的老师》	师生	教室	一位老师用教育感化在非正规教育体系中的社会边缘人。	边缘人群
《成为真正的自己》	小男孩	学校和家中	一个变性人的成长经历。	边缘人群
《付出》	小男孩和男人	小吃摊	30 年前男主帮助了一个小男孩，30 年后小男孩给予男人帮助。	业报轮回、生命价值
《爸爸的鼓励》	父女	家中	帕金森父亲为鼓励创业失败的女儿站了起来。	父爱
《这个世界总有人在默默地爱着你》	父女	家中	漂泊在外的女孩受了很多委屈，父亲给予她温暖。	父爱
《我三十岁了》	女性	工作场景	30 岁女性打算辞职，去尼泊尔追寻自己梦想。	追寻梦想、成就自我
《生日》	孤儿和空巢老人	披萨店	帮助孤儿和空巢老人过一次难忘的生日。	边缘人群

由幻想主题分析编码表共聚焦出十二类幻想主题：母爱、父爱、勇敢乐观、坚持无畏、追寻梦想、成就自我、业报轮回、生命价值、人生意义、边缘人群、行善积德、互帮互助。这十二类幻想主题反映了泰国影视广告常用的情感叙事修辞框架。这些修辞框架以泰国民众所信仰的佛教为核心，并寻求多元文化背景下不同受众群体所接受的“共通情感”，通过对家庭、个人梦想、生命价值等主题的探讨折射出普适的佛学理念与人生哲理。对十二类幻想主题对比分析发现，它们都很巧妙地简化了佛教文化极其复杂的历史和面向，挖掘出了佛教文化的当代价值，还以泰国独特的宗教性文化立场，极大地消解了世俗社会中生活水平不均衡、社会阶层分裂分化等问题带来的困惑。这既能彰显泰国的独特文化身份，又能促进“他者”的品牌感知，构建更多群体对广告所传递的品牌形象与价值观念多维而深刻的认知。

（二）泰国影视广告情感叙事的幻想类型

在幻想主题分析法中，幻想类型是介于微观幻想主题和宏观修辞视野之间的一个中层概念，表示一系列具有相似叙事结构、情感表达与氛围的幻想主题的集合。对幻想类型的归纳能够承上启下深化研究，有助于进一步凸显修辞视野所对应的隐喻。本文将十二类幻想主题聚类为“家庭与亲情”“自我实现”“温暖助人”“聚焦边缘人群”和“生命与信仰”五类幻想类型。

1.“家庭与亲情”幻想类型

立足于泰国人重视亲属关系的社会文化背景，家庭与亲情成为泰国影视广告情感叙事的主要幻想类型。泰国的传统家庭制度是注重家庭伦理的一种象征，凸显的是泰国传统思想中重视亲属关系的文化价值观念。不论是《暴走妈妈》中表达的母爱，还是《无声的爱》中传达的父爱，都是将这种家庭观念融入艺术创作中，形成了平凡而又深刻的家庭与亲情幻想类型。家庭与亲情这一幻想类型是个体精神需求在群体心中的一种映射，在满足群体对美满家庭与温暖亲情的理想愿景的同时，也带来了一场关于“爱”的思考。

2.“自我实现”幻想类型

泰国民众大多信仰上座部佛教，在修心“度已”观念的影响下，通常选择某一弱势群体代表作为广告故事的主人公，以其在充满挑战与苦痛经历中拼搏坚持的情节来构建勇敢乐观、坚持无畏、追寻梦想等幻想主题，聚类形成“自我实现”的幻想类型。采用这类幻想类型的影视广告通常不做大篇幅的道理宣讲，也不做夸夸其谈的自我标榜，只用朴实的语言和镜头去鼓舞那些正面临生活苦难的人，激励他们深入内心，探寻自我能力的无限边界，通过自己的努力去寻找人生的出口。这一幻想类型在鼓励人们不断探索自我价值、超越自身局限的同时，也树立起积极向上、坚韧不拔的品牌形象。

3.“温暖助人”幻想类型

上座部佛教强调“拥有德行，求得善报是摆脱生死之苦的唯一出路”[①]。“德行”是泰国社会道德追求的首要目标，行善则是积累德行的主要行为，也是泰国民众日常行为的基本准则。在这样的文化背景下，“温暖助人”幻想类型的塑造便成为泰国影视广告情感叙事的重点，将日常生活中平凡而感人的小事聚合起来，以个人小爱唤醒社会大爱，传播佛教文化“互帮互助、行善积德”的行善观。在具体的情感叙事中，常常将貌似冰冷的伦理秩序与富于温度的“情感”遇合巧妙连接，通过“有情陌生人”的独特视域展现兼顾宗教性与世俗性的泰国文化，激发泰国民众对行善积德这一社会文化的情感共鸣。

4.“聚焦边缘人群”幻想类型

近年来，随着泰国社会文明程度逐年提升，在泰国文化传播领域出现了大量的倡导平权、关注弱者权益的内容。“聚焦边缘人群”这一幻想类型将主流秩序外未被关注与参照的群体放置在话语中心，聚焦于他们的生活境遇和精神诉求，以真实的力量激起情感共鸣，挖掘出具有社会性的现实价值。这一幻想类型关注如《碎米的老师》里的网瘾毒瘾男孩与失足少女、《成为真正的自己》中的变性人、《生日》中的孤儿和空巢老人等缺乏关注的特殊群体，通过戏剧性情节展现边缘群体需求，引起情感共鸣，实现心理同构，让更多社会群体理解边缘人的特殊心理，帮助边缘群体获取更多的社会关怀与支持。

5.“生命与信仰”幻想类型

在小乘佛教的教义与学说中，“业报轮回”的生命观对泰国民众的影响无疑是最为深远的，即人在今世所受的苦是源于前世所造的孽，而人在今世的行为会对来世产生影响。“业”便成为佛教自身和广大泰国民众小心呵护并苦苦追寻的生命哲学。因此佛教中倡导的生命轮回之意一直是泰国影视广告情感叙事中核心的内在叙事逻辑，也由此聚合形成了“生命与信仰”这一幻想类型。如广告《轮回》《付出》通过扎实饱满的影像叙事与细腻动人的情感表达，将这一博大精深的文化要素融入广告之中，成为广告的灵魂和精

① 段颖：《现代世界中的泰国佛教——一个人类学的视野》，载《东南亚研究》，2012 年第 5 期，第 99～105 页。

神内核，以此呼应泰国民众对“业报轮回”生命观的信仰。这一幻想类型的呈现，不是刻意的佛教文化的拼贴，而是将探讨生命价值、人生意义的幻想主题聚合起来，使其呈现出一种本土化的“泰国式”文化意蕴。泰国影视广告作为“业”这一观念的优质载体，将品牌传播融入泰国民众镂刻不停的“业”的生命哲学传播之中。

（三）泰国影视广告情感叙事修辞视野的构建路径

在聚类分析泰国影视广告作品的十二类幻想主题和五种个幻想类型，结合泰国当地社会文化背景与历史语境，在对其修辞视野展开反身性思考的基础上，本研究梳理出泰国影视广告情感叙事修辞视野的三条构建路径。

一是采用道义性比拟手法，即通过告诉受众如何以符合道德的方式生活，为受众提供价值取向的建构方向，以此形成修辞视野。对幻想主题与幻想类型进行深入分析不难发现，泰国影视广告情感叙事常常通过景观化和情感化的故事链，巧妙地将佛教文化中的认识论、伦理观和价值哲学等内容与世俗生活的具体问题、具体情境结合起来，以促进受众更好地形成现实认知并产生共识。如“自我实现”这一幻想类型便是利用关于“追寻梦想”“勇敢乐观”等主题内容与“自我超越”的价值信念，展开对个体存在价值的思考，塑造不断探索自我价值、超越自身局限、坚定善念德行的信念诉求。这种个人信念诉求与佛教文化“戒定慧”的自我修行路线高度一致，它强调完善道德品行、追求内心平静和培养智慧，超越了一般社会道德的外在限制，并创造出了一种内在自律与自我生发的文化向度。借此比拟手法，广告作品能直击用户内心，赋予其一种特殊的精神基调，创造性地从幻想类型中构建出一种富有极强道德价值的修辞视野，表达出品牌的某种价值观诉求，引发目标市场乃至整个社会公众对产品和服务的内心共鸣，并最终转化为个体现实生活中的道德价值准则。

二是采用社会性比拟手法，即通过告诉受众如何与他人进行联系，以促进幻想类型在更大的格局中转化为修辞视野。泰国影视广告情感叙事往往以个人与周围环境所形成的强关系或弱关系作为情节线索的基本框架，在细节的捕捉与影像的排比中，不断挖掘出能够超越现实重负的社会情感。通过幻想主题与幻想类型分析可以看出，“家庭与亲情”是泰国影视广告最常用的幻想类型，此类幻想类型往往以父亲、母亲作为主要人物，捕捉世俗中最富于牺牲和无私付出的“亲属关系”，既表达出亲属之间自有的内向性情感，又体现出社会人际关系的基本情感形态。“聚焦边缘人群”这一幻想类型则是将主流秩序外未被关注的群体放置在话语中心，在人与自我、人与他人、人与境遇的关系交互中不断呼应，生动地演绎了“众生平等”等人际关系伦理。这类广告把个人情感记忆与产品服务紧密相连，在不断展现质朴情感价值与温情人际关系的同时，提升消费者的品牌情感认同，强化基于人际关系互动的社会价值共识，以此建立社会性修辞视野。

三是采用实用性比拟手法，即为受众提供符合实际的、有效的解决办法，以促进修辞视野的建立与延伸。基于幻想主题与幻想类型的分析可以发现，泰国影视广告情感叙事借助积聚的幻想类型，能为受众提供一种更为具象的指导，受众在观看广告之后可以明白现实生活中种种问题应该如何有效解决，以此转换形成照亮个体生命历程的实践引导性修辞视野。如泰国影视广告情感叙事聚类形成的“温暖助人”与“生命与信仰”幻想类型，将个体小心呵护并苦苦追寻的哲学与信仰落实到个体与实际行为准则的关系当中。这种具有实用性的比拟手法，能将积聚的幻想类型转化为个体在日常生活中坚定的实践信仰，使受众在具体实践中获得支持与力量，以此形成实用性修饰视野。与此同时，品牌的价值意义链也在受众的一次次具体行动中得以延伸。

（四）泰国影视广告情感叙事效果生成路径

泰国影视广告以“情”取胜。基于对幻想主题、幻想类型与修辞视野的分析，本研究归纳出泰国影视广告情感叙事效果生成的三条主要路径——唤醒情感记忆、实现情感共振与形成情感认同。

1. 唤醒情感记忆

相较于传统广告的说服传播方式，泰国影视广告情感叙事的特质在于以故事化的情感符号唤醒受众情感记忆，构筑起叙述主体与客体间的情感空间。泰国影视广告情感叙事摆脱了程序化、抽象化的情感表意方式，将品牌价值诉求与受众情感记忆相结合，创新人物主题、场景主题、情节主题等一系列幻想主题的意义承载功能。这些幻想主题要素起到了丰富影视广告故事内容，为共通情感空间发挥作用建构情感叙事环境的功能，在编码与解码中实现与受众相通的想象思维的发生，以满足受众的感性需要，完成情感记忆的唤醒。

2. 实现情感共振

泰国影视广告将一系列具有类似故事线、情感、调性的幻想主题积聚起来，构建起具有“文化共通性”的幻想类型，与受众的情感记忆有效融合，以回应受众对现实事件过去、未来的共同幻想。以共同幻想为连接点，品牌价值形象深入消费者内心，进而产生覆诵效应。覆诵是符号聚合过程中加强群体情感凝聚力的关键所在，是一种对某一符号给予具有想象力的诠释重组成为复合戏剧的行为①。不断的覆诵能够最大程度、最持久地发挥泰国影视广告引发受众情感共鸣的积极作用，从社会心理与精神诉求层面向受众浸润情感价值，实现情感共振，深化品牌价值的植入。

3. 形成情感认同

符号聚合的过程也是群体之间讨论对话的过程，泰国影视广告情感叙事通过幻想类型建立与受众共享的修辞视野，进而可以驱使受众去实施该幻想，并形成情感认同②。通过道义性、社会性、实用性比拟手法建立起来的修辞视野不仅从生命内部向受众赋予了一种特殊的精神基调，还在日常生活的具体实践中给予受众以支持和力量，使其在社会交往中获得与其他个体可靠的内在联系，最终转变成为受众生命的实践信仰和群体身份的文化认同。同时也能向受众赋予公共性的伦理价值和集体性的精神结构，引发消费受众对产品和服务的内心共鸣，促使受众形成情感认同。

四、影视广告情感叙事策略分析

饱含人文主义精神的情感叙事已成为一种可供大众传媒“享用”的“人性资源”。影视广告应用好这一资源，通过有效的情感叙事引发消费者的价值认同和情感共鸣，使品牌牢牢占领目标顾客的心。基于幻想主题分析的泰国影视广告情感叙事成功实践为本研究探析影视广告的情感叙事策略提供了新的视角与思路。

（一）创新幻想主题表现形式，搭建情感沟通桥梁

幻想主题表现形式是影视广告情感叙事的基本要素，影视广告情感叙事应充分创新人物主题、场景主题、情节主题等一系列幻想主题要素，搭建起品牌与受众间情感沟通的桥梁。

首先，人物主题是影视广告情感叙事中的心理驱动，影视广告情感叙事中人物主题的塑造应具有“角色命运感”，即对人之命运的关怀。例如泰国影视广告中为儿子捐肾而努力减肥的超重母亲、遭受校园欺凌的小女孩、救下路边小孩但自己妻子却昏迷不醒的男人等，这些都是具有角色命运感的人物主题。

---

① Bormann E G：“Fantasy and rhetorical vision：The rhetorical criticism of social reality”，*Quarterly journal of speech*，1972（4），pp. 396-407.

② [美]埃姆·格里芬：《初识传播学》，展江译，北京联合出版公司，2016 年，第 34～37 页。

塑造这些具有命运感的人物形象能够在情感叙事流程中提升让受众情感与人物“结盟”的可能，最大限度地调动起受众的兴趣和感情投入，使受众将自身情感记忆与具有命运感的人物主题相互碰撞，在“再编码”过程中，自然地唤醒他们过往各种相关情感的记忆。

其次，影视广告情感叙事通常应将真实的生活场景作为故事场景，例如教室、街道、路边摊等，为广告内容增加真实性和可视性。以泰国广告《无名英雄》为例，男主每天上班所经过的街道，有小吃摊，有乞讨的母女，还有饥饿的流浪狗，这些都是我们在生活中经常会遇到的场景。广告中故事发生的场景虽然平凡，但男主细微善举所体现的人生价值却是不平凡的。正如前文分析所言，泰国影视广告情感叙事时刻关注大众的生活状况，多采用表现社会民众生活经历和富含大众情感记忆的生活化场景主题。这是因为当受众处于舒适亲近的场景中时，往往更能激发想象反应，唤醒观众对此场景中的相关情感记忆。这样即使有语言和文化上的差异，受众通过广告作品也同样能感受到其中所要传达的品牌价值诉求与情感内涵。

最后，在影视广告情感叙事中，还应多辅以悬念、冲突等戏剧化情节线索来充分调配观众的情绪反差，从而达到出其不意的效果，也是其内在情感推进与升级的重要手段。如泰国广告《暴走妈妈》，开头讲述一个女人每日暴走奋力减肥，旁白不断地向观众抛出“她是想变得更美吗”“她是为了去见某个人吗”等一系列问题引起观众好奇，直到片尾观众才明白她是为了给儿子捐肾才努力减肥。这种戏剧化情节产生、积蓄、爆发到最终解决，受众能够在巨大落差与再次聚焦中感受到情感的铺垫与升温，以刺激自身情感记忆的调动。

（二）巧用本土文化与符号策略，积聚形成多元幻想类型

幻想类型的独特表达方式或其中蕴含的显著意义，极易引起情感共鸣而被受众理解、接受并传播[①]。因此形成多元幻想类型，是影视广告情感叙事转型升级的重要任务。结合泰国影视广告情感叙事的成功经验，积聚形成多元幻想类型可以从以下两个方面入手。

一方面，打造共情化内容，将文化符号融入其中。当影视广告能够传递出一种真实、感性的情感信息时，受众会更加认可品牌并愿意与之建立深层次的情感联系。这种情感联系不仅可以帮助品牌巩固现有客户，还可以吸引更多的潜在消费者，从而扩大广告的影响范围。影视广告可以借助共情性内容，运用一些具有独特文化意义和情感内涵的本土文化符号来进行情感叙事，更好地贴

① 李亚玲：《符号融合视域下微博的文化认同范式——以伦敦奥运会刘翔摔倒事件为例》，载《当代传播》，2012年第6期，第26～30页。

合当地受众的情感需求和文化背景，快速引起受众的情感共鸣，提高品牌的认知度和影响力。

另一方面，多元化符号的借用与嫁接。在幻想主题分析中，类似的人物、场景等幻想主题被反复借用，能够对组织中群体的行动产生影响，深入受众的心智体验，从而进一步聚类形成幻想类型①。泰国影视广告的情感叙事就擅长于对多元文化符号的借用，多元文化符号能够从色彩、图示、结构等方面丰富广告情感表达的饱和度，不断打破、重新创造全新的情感叙事语境，聚类形成多元化的幻想类型。符号嫁接通过巧妙运用自身符号与外界系统的相关特性，将传播者的情感符号讯息与受众接受意义紧密关联，这种关联性能够有效传递情感符号意义，同时在将故事情节符号化的过程中创造相同的情感幻想场景。

（三）关注具有普遍价值的现实问题，促进修辞视野的建立

在符号聚合理论中，修辞视野在对众多幻想类型的一次次选择性覆诵的基础上，形成群体间的共同信仰与期望，最终实现文化价值的建构。因此，修辞视野与社会语境紧密相关，若影视广告所积聚的幻想主题未与受众社会生活构成紧密关联，受众参与不足，将直接影响覆诵效果，不利于修辞视野的建立。

影视广告情感叙事应聚焦现实，引发公众共鸣。受众能对泰国影视广告情节内容产生共情，很大部分原因在于其反映的诸如失业、失恋、家人健康等问题真实存在，能使受众自身情感记忆与故事情节产生碰撞交融。因此，影视广告情感叙事要以人们普遍关心的社会问题为基础，让受众在感同身受的情感共鸣中体悟品牌价值与情感内涵，更易推动修辞视野的顺利构建。除此之外，影视广告的情感叙事还应多关注亲情、友情、爱情等社会基本情感的表达。这种具有普适性价值取向的情感表达，能够削弱不同语境受众的理解障碍，受众更易被剧情吸引并引起情感共鸣，进而实现对品牌价值的覆诵与传播，促成修辞视野的建立。

五、结语

本研究基于符号聚合理论，利用幻想主题分析方法对 20 部优秀泰国影视广告的幻想主题、幻想类型以及修辞视野进行系统性研究，揭示了泰国影视广告情感叙事效果的主要生成路径，提出了搭建情感沟通桥梁、巧用本土文化符

① 何滋怡：《符号聚合理论视域下泰国影视广告的艺术表现研究》，河北师范大学硕士学位论文，2019 年。

号、关注具有普适价值的现实问题等影视广告情感叙事策略，以期为影视广告创作提供新的思路。

参 考 文 献

董天策, 杨龙梦珏, 2021. 健康风险认知中的“女孩疫苗”话语——基于对知乎 HPV 疫苗话题讨论的幻想主题分析[J]. 现代传播（中国传媒大学学报）（10）: 39-45, 52.

杜洁, 薄文泽, 2013. 泰国家族制度演变及其启示——基于庇护关系分析[J]. 人民论坛（29）: 20-23, 256.

樊丽, 赵一梅, 2022. 符号聚合视域下国家形象的民间话语表达路径探析[J]. 中国出版（18）: 65-69.

胡建斌, 2017. 叙事学视阈下的春节故事传播研究[D]. 武汉: 华中科技大学.

王亚军, 2022. 符号聚合理论视域下《鱿鱼游戏》价值取向建构路径研究[D]. 北京: 北京外国语大学.

吴玫, 梁韵, 2015. 中国-东盟博览会品牌形象研究: 基于符号融合的理论视角[J]. 文化与传播（2）: 31-36.

晏青, 2018. 论“后情感社会”真人秀节目的情感规则、偏误与调适[J]. 现代传播（中国传媒大学学报）（11）: 108-114.

How Does Film and Television Advertising Gain an Edge through Emotion? An Analysis of the Fantasy Theme in Emotional Narratives of Thai Film and Television Advertisements

Liu Xi　Zhou Ying

Abstract: Thai film and television advertising, with its unique emotional narrative strategy, has created a distinctive advertising style, gaining market recognition and popularity. How does film and television advertising win through emotion? This study explores this question by using the framework of symbolic convergence theory and applying the fantasy theme analysis method. Based on the three analytical levels of “fantasy theme” “fantasy type” and “rhetorical vision”, this research establishes a framework for studying emotional narrative strategies in Thai film and television advertising. The core elements, such as characters, settings, and plots, of 20 exemplary Thai film and television advertisements are encoded to extract 12 common fantasy themes, such as "motherly love" "fatherly love" "pursuit of dreams" "marginalized people" and "acts of kindness", all of which are rooted in the Buddhist culture widely embraced by Thai people. The study also identifies five frequently used fantasy types in Thai advertisements: "family and affection" "self-realization" "warmth and helping others" "focus on marginalized groups" and "life and faith". It further outlines three rhetorical vision construction techniques: "moral analogy" "social analogy" and "practical analogy". Finally, the study proposes emotional narrative strategies for film and television advertisements that trigger consumer value recognition and emotional resonance to enhance brand value: (1) innovate fantasy theme expression and build emotional communication bridges; (2) skillfully incorporate local culture and symbolic strategies to create diverse fantasy types; and (3) focus on real-world issues with universal value to promote the establishment of rhetorical vision. This research offers new perspectives and insights for the innovation and implementation of emotional narrative strategies in film and television advertising.

Keywords: symbol aggregation; Thai film and television advertising; emotional narrative; fantasy theme; rhetorical vision

教育与交流

在川泰国留学生培养的困境与机遇[①]

张叉[②]　许敏[③]　王雪茹[④]

摘要： 四川与泰国的跨境贸易在四川进出口贸易中占有举足轻重的地位，四川与泰国在地缘政治经济方面的合作推动了双方的高等教育合作。在川泰国留学生是四川高等教育国际化的重要而显性的指标，也是四川高等教育国际化的关键组成部分。然而，在川泰国留学生的培养在专业范围、学生学习满意度、招生工作等方面均面临不小的困境，主要有三个：一是四川-泰国高校的合作内容与范围较窄，形式单一；二是泰国留学生在线学习投入不高，总体满意度低；三是国际学生流动增速趋缓，泰国留学生招生困难。应对策略主要有三个：一是适时转变观念，积极构建以汉语为主、多学科协同发展的专业结构；二是提质增效，加快建设“趋同存异”的留学生教育管理工作模式；三是校地共建，完善泰国来川留学生的招生机制。

关键词： 四川；泰国留学生培养；困境；机遇

一、问题的提出

推动高等教育的国际化发展主要有两种力量：一种力量是民族国家因地缘政治、经济、人才和科技等领域的全球竞争，将高等教育作为提升自身竞争力和超越他国的重要手段，因而不遗余力地使用政策、资源供给等方式推动高等教育国际化；另一种力量是随着市场竞争机制的引入，高校根据自身发展需要，制定国际交流与合作发展战略，自发地开展各种教育国际合作[⑤]。东盟是

① 本文系 2023 年成都大学泰国研究中心课题“四川-东盟教育交流合作研究”（项目编号：SPRITS202303）阶段性研究成果。

② 张叉，四川大学文学与新闻学院比较文学与世界文学博士，四川师范大学文学院教授、比较文学与世界文学学位授权点建设负责人，国家社会科学基金项目评审专家，《外国语文论丛》《比较文学与世界文学研究》主编，主要从事英美文学、比较文学研究。

③ 许敏，西南科技大学外国语学院英语笔译硕士，四川建筑职业技术学院基础教学部副教授，主要从事大学英语教学与英汉翻译研究。

④ 王雪茹，四川师范大学外国语学院英语学科教学硕士，湖北省荆州市公安县第三中学教师，主要从事中学英语教学研究。

⑤ [德]乌利希·泰希勒：《欧洲化　国际化　全球化——高等学校何处去？》，陈洪捷译，载《北京大学教育评论》，2003 年第 1 期，第 45～46 页。

"一带一路"建设的重要经济体，在我国地缘战略格局中扮演着关键性角色，而泰国作为东盟创始成员国之一，既是东南亚地区的经济大国，也是深化我国与东盟国家经济合作的关键一环。泰国史研究专家段立生论述道：

> 泰国作为中国的近邻和全面战略合作伙伴，积极支持和参与"一带一路"倡议推进的建设，起到了模范和表率的作用。在 2014 年博鳌亚洲论坛年会开幕大会上，泰国前副总理素拉杰表示完全赞同和参与共建一带一路的发展战略。2014 年以来，泰国政府推出设立边境经济特区的重要经济发展战略，成立了以总理巴育为主席的经济特区政策委员会，将泰国重要经济发展战略与中国提出的"一带一路"发展计划相对接，显示了泰国积极参与"一带一路"建设的信心和行动。①

2012—2021 年，中泰双边进出口贸易额从 697.48 亿美元增长到 1311.74 亿美元，增幅为 88.07%②。2022 年是中泰建立全面战略合作伙伴关系十周年，2022 年 1—5 月，中泰两国贸易额较两国建立全面战略伙伴关系前的 2010 年同期增长了 1.7 倍③。同时，中泰铁路合作项目等基础建设项目的启动，为未来中、老、泰"东部经济走廊"和从西南直通欧洲的"陆海新通道"新格局奠定了基础。中泰双边贸易稳定增长，且在 2022 年释放了高速增长的信号，在此背景下，未来中泰两国将会有大量的跨境物流、跨境贸易、跨境电商等专业人才的需求，这也成为推动我国职业教育国际化创新发展的新契机。

从地理位置上看，中泰贸易的前端在中国西南地区，云南是中国与泰国连接的门户，而四川与云南接壤，地处中国西南地区，地缘上与东南亚相对较近，随着泛亚铁路的修建，四川地区与东盟各国经济文化交流将进一步深入。从经济上看，"2019 年，泰国对中国出口 290.2 亿美元，中国则是泰国第一大进口来源国"④。四川"是西南地区基础教育发展较为靠前的地区，与泰国的经贸合作也较为频繁，发展态势良好"⑤。目前，东盟是四川第二大贸易伙伴，是

① 李萍：《段立生教授答行研泰国问题》，载《外国语文论丛》，2023 年第 1 期，第 193 页。

② 万宁：《RCEP 下的中泰双边贸易》，载《中国外资》，2022 年第 7 期，第 6 页。

③ 胡慧茵：《中泰铁路进入全面建设阶段，泰国与区域经贸互通提速》，载《21 世纪经济报道》，2022 年 7 月 18 日第 9 版。

④ 李萍：《段立生教授答行研泰国问题》，载《外国语文论丛》，2023 年第 1 期，第 190 页。

⑤ 李庆莹、王雪茹、张叉：《区域全面经济伙伴关系协定背景下的四川-泰国基础教育合作》，载《外国语文论丛》，2024 年第 1 期，第 364 页。

四川最大的出口市场，也是第三大主要进口来源地[①]。作为东盟最主要的成员国之一，泰国与四川的跨境贸易在四川进出口贸易中占有举足轻重的地位。地缘政治与高度紧密的经济合作，促使西南地区的高等教育不遗余力地使用政策倾斜、资源供给等方式，推动了西南地区与泰国的高等教育国际化合作。目前，云南、广西、四川与贵州已成为泰国学生留学中国最热门的留学目的地，而如何适应市场对应用型人才的需求，培养一批具有国际视野、通晓国际规则、能参与中泰之间的经济合作的知华爱华的留学生人才队伍，是当前四川高校迫切需要研究的问题。

二、泰国留学生培养的困境

由于地缘政治因素和高度紧密的经济合作关系，四川和泰国的高等教育合作交流近年来取得了重要进展。但四川的泰国留学生培养工作面临着一些较为突出的新问题，主要表现在三方面。

（一）四川-泰国高校的合作内容与范围较窄，形式单一

高校自身合作诉求是高等教育国际合作的重要动力机制，但当前四川-泰国高校的合作伙伴关系主要依托于自上而下的设计，这在一定程度上限制了高等教育机构的主观能动性。对四川高校而言，与泰国高校建立合作关系服务于国家战略的功能远大于服务于学校自身的实际需要，这容易导致不同高校为争取合作带来的办学资源，只注重留学生的招生规模或中外合作办学项目的数量等外显指标，而不注重自身办学需求的特色化发展模式。从合作内容看，四川-泰国相关合作项目主要围绕汉语教学展开，通过政府力量在泰国成立孔子学院，为泰国学生和教师提供奖学金，为泰国学校提供汉语教材，派汉语教师到泰国教授汉语等。就合作形式而言，四川地区高校与东盟地区高校主要通过师生互访、语言学习、交换生项目等形式进行合作，疫情前泰国来华学历留学生在全体来华留学生中占比不足 50%[②]。根据文雯、崔亚楠对 25 所大学泰国学生留学中国的动因调查研究，入学门槛低、毕业容易、学校生活便利等成为吸引泰国学生选择留学中国的原因[③]。相比之下，中国高等教育现有的培养质量、要求和

① 李玲、杨茜：《“一带一路”视域下四川地区与东盟地区高校教育合作研究》，载《知识经济》，2019 年第 12 期，第 178 页。

② 崔亚楠、文雯：《中泰高等教育合作交流进展与挑战》，载《高校教育管理》，2022 年第 1 期，第 101 页。

③ 崔亚楠、文雯：《中泰高等教育合作交流进展与挑战》，载《高校教育管理》，2022 年第 1 期，第 104 页。

声誉等的吸引力则显得不足[①]。四川-泰国高校间的合作伙伴关系更易受到前端市场的影响，地方性高校在泰国留学生的人才培养方面如何形成和巩固自己的办学特色，这些问题亟待解决。

(二)泰国留学生在线学习投入不高，总体满意度低

2020 年新冠疫情在世界范围内大面积爆发以来，教育部鼓励各地利用互联网和信息化教育资源为学生提供学习支持，保证“停课不停教、停课不停学”，要求学校运用网络平台进行教学。疫情期间，大部分泰国留学生一直保持着在泰国线上学习的状态，尽管师生已经尽力克服重重困难，创设了能力范围内的最佳学习条件，但笔者通过对川北地区 5 所高校的泰国留学生的调查，从学习平台、学习环境、教师、学习者四个维度了解到，泰国留学生在线学习投入普遍不够，学习满意度不高。在线上学习平台方面，只有一部分的泰国留学生认为平台使用容易；另一部分则认为学习软件的功能不太能满足学习需求或操作不方便，视频的流畅度不够，声音不清晰。在线上学习环境满意度方面，近 1/3 的学生认为网速不好，不够稳定，在家学习的环境氛围不好，时差影响线上学习。对教师的满意度方面，超过半数的学生认为课堂上的师生互动有延迟，交流不畅；也有近一半留学生对教学要求持不满意的观点，认为老师布置的作业太多，在线学习情况下无法保质保量地完成。学习者本身方面，大多数留学生认为电子教材使用起来不方便，一部分留学生认为自己在课上不能集中注意力。此外，在家要干家务，很难兼顾学习。总体而言，泰国留学生对线上学习的课时安排、学习方式和学习效果都不太满意，表明没有亲临中国，不能深入地了解中国的社会和文化。因此，疫情过后大多数留学生表示不愿意再进行线上学习。

(三)国际学生流动增速趋缓，泰国留学生招生困难

根据联合国教育、科学及文化组织（United Nations Educational，Scientific and Cultural Organization，缩写 UNESCO，简称联合国教科文组织）数据统计，进入 21 世纪以来，全球国际学生流动人数由 2001 年的 227 万人增长到 2020 年的 636 万人，20 年间增长了近 2 倍。但在新冠疫情与“逆全球化”背景下，2020 年增长率下降了 2.5 个百分点，增速放缓，在连续 6 年年增长率超 5.5%后

① Wen Wen，“The Emergence of a Regional Education Hub：Rationales of International Students’ Choice of China as the Study Destination”，*Journal of Studies in International Education*，2018，23（3），pp. 303-325.

回落至 2014 年的增长水平①。受疫情影响，签证政策收紧、部分国家疫情管控不力等问题，导致留学生出入境困难，留学意愿降低。笔者通过对川内 5 所不同办学层次高校的国际交流与合作处（或国际学院）管理人员采访交流发现，2023 年在华留学生在籍在校人数比 2019 年减少了近 3/4，招生工作停滞不前。笔者在 2023 年上半年对 6 名在川泰国留学生和 20 名清迈高中生进行的来华留学意向的问卷调查中发现，近 60%的泰国学生对“家庭经济不能够负担出国留学的费用以及学费”这一选项表示非常赞同，这一比例远远大于其余因素。

三、在川泰国留学生培养的应对策略

从四川高校培养泰国留学生的工作现实出发，四川地区的高校可以根据自身条件，积极探索创新在川泰国留学生的培养工作路径，在构建多学科协同发展的专业结构、“趋同存异”的留学生教育教学管理和灵活高效的招生机制等方面创造性地开展工作。

（一）转变观念，积极构建以汉语为主、多学科协同发展的专业结构

“中泰两国互为毗邻，血脉相连，语言相通。在两千余年漫长的交往中，形成了我中有你，你中有我的格局，这正是文化交流的结果。”②近 20 年来，泰国来华留学生教育的规模经历了高速发展，其生源结构和教学质量却不尽理想。这类问题主要集中在留学生入学门槛低、培养质量不高、学历留学生比例偏少等。这些问题的根本，是我国高等教育自身的发展水平所决定的，不能把来华留学生教育从整个高等教育体系中剥离出来。提高留学生的教育质量，需要转变观念，实事求是地承认留学生教育所具有的市场属性。

首先，四川高校能够提供全英语授课的课程和专业还为数不多，能双语授课的师资力量严重匮乏，短时间内难以满足学习需求。在来华留学生整体规模大幅增加的情况下，其类型结构的失衡是必然存在的客观事实。

其次，四川地区目前高等教育的优质资源并不充足，教学科研水平还有待提高，其国际竞争力还不足以吸引大量泰国留学生自费来华攻读学位。就专业结构而言，汉语言、汉语教育、商务汉语、经济学等仍然是留学生最集中的专

① 任蕾：《疫情下国际学生流动与中国出国留学趋势观察》，载《教育国际交流》，2023 年第 1 期，第 74 页。

② 李萍：《段立生教授答行研泰国问题》，载《外国语文论丛》，2023 年第 1 期，第 189 页。

业，比例超过了 50%[①]。专业结构比较单一的现象在过去 40 年间没有发生过根本性的改变，在今后一段时间内也将保持这一趋势。

泰国学生选择留学四川的最主要原因是中国经济的高速发展和中泰跨境贸易合作的良好态势，如此说来，构建以汉语专业为主、多学科协同发展的专业结构也就十分必要了。四川-泰国高校间的合作应以市场需求为导向，以优质就业为目标，瞄准中泰“东部经济走廊”和“陆海新通道”的商贸新局面，在经济学、国际贸易、财务管理、物流管理、导游、航空、酒店管理等专业上及早谋划，重点着力，培养适应市场需求的应用型、技能型人才。

（二）提质增效，加快建设“趋同存异”的留学生教育教学管理工作模式

2018 年 10 月，教育部出台了《来华留学生高等教育质量规范（试行）》，提出“高等学校应当建立健全来华留学生教育管理体制和工作机制，保障来华留学生教育的健康发展和持续改进，推进中外学生管理和服务的趋同化”[②]。2020 年 6 月，教育部印发《关于加快和扩大新时代教育对外开放的意见》，重申了要实施好《来华留学生高等教育质量规范（试行）》，做强“留学中国”品牌。

《来华留学生高等教育质量规范（试行）》对来华留学教育的质量保障体系进行了详细的规范和界定，强化了留学生教育招生入学标准和教学过程的管理，对人才培养方案、课程建设、论文规范、考核评价等教学环节提出了更为严格的要求。加快中外学生在教学和管理方面的趋同化进程，是我国高等教育国际化工作的工作原则，而建立“趋同存异”的留学生教育教学管理工作模式，是实现趋同化管理的积极探索。“趋同”是指高校要将留学生作为学校在读学生的一个重要组成部分，将其与中国学生教育教学共通的部分纳入学校的日常教学运行中，采取与中国学生相同的管理模式，对泰国留学生进行常态化、正常化管理。然而，泰国留学生在文化背景、意识形态、教育性质以及培养要求等方面与中国学生存在客观差异，我们在践行管理趋同化政策时，需秉持“存异”的原则，客观对待留学生事务的涉外性质，“趋同化管理、适当照顾”，在趋同的管理流程上进行差异化设置。因此。未来四川高校应建立符合“趋同化”管理原则且具有校本特色的管理机制，成立由分管学校国际化工作

---

① 崔亚楠、文雯：《中泰高等教育合作交流进展与挑战》，载《高校教育管理》，2022 年第 1 期，第 105 页。

② 教育部：《教育部印发关于〈来华留学生高等教育质量规范（试行）〉的通知》（教外〔2018〕50 号），2018 年 9 月 3 日，附件《来华留学生高等教育质量规范（试行）》第 15 页。

的学校领导担任主任，由学校国际化主管部门、教学工作部门、学生工作部门、财务部门、后勤部门以及各二级学院国际化工作负责人等共同构成的“来华留学教育管理委员会”，统筹管理泰国留学生教学管理与服务工作，提升管理效能，提高人才培养质量。

（三）校地共建，完善泰国来华留学生的招生机制

四川高校应着力建立以市场为导向的专业结构，加快建设“趋同存异”的留学生教育教学管理工作模式，根据招生质量动态调整奖学金投放比例，完善留学生的招生机制，为四川-泰国的高等教育合作贡献四川力量。过去十余年，多数高校将留学生数量作为学校国际化办学水平的一个显性指标，配合国家和地方财政，纷纷出台各种留学生奖学金政策。2010 年以来，中国政府奖学金的投入年增幅保持在 11%以上，地方政府和高等院校自行设立的各种奖学金更是不断叠加，留学生获得奖学金的机会多，这在一定程度上加剧了各省市和高校之间对生源的竞争。高校在招生的过程中优先考虑完成指标任务，对留学生生源的质量难以严格把控，陷入重规模还是重质量的两难困境。生源质量不高，传递给教学和管理工作的压力也随之增大。2020 年 5 月 21 日，中共教育部党组发布《中共教育部党组关于学习贯彻习近平总书记给北京科技大学全体巴基斯坦留学生重要回信精神的通知》，强调来华留学生的管理要坚持提质增效原则，“不盲目追求国际化指标和来华留学生规模”，要“不断完善规章制度及管理办法，严格招生审核、过程管理和评审制度，建立规范的管理体系和工作流程”[①]。

趋同化管理成为高校留学生教育教学管理的主要原则，这一政策一定程度上扭转了前期重数量、轻质量的留学生招生工作局面。四川高校在顺应大政的情况下，可以从奖学金政策、招生宣传和招生选拔等方面完善泰国留学生的招生机制。在留学生奖学金的设置上，为优秀的泰国留学生设置丰厚的奖学金是吸引泰国学生留学中国的主要举措。中国政府奖学金、孔子学院奖学金、“一带一路”奖学金和四川高校根据自身情况设置的奖学金或资助项目，能吸引泰国留学生最终选择留学中国。办学层次不同的四川高校可在各个层面建立来华留学生奖学金体系，根据硕博、本科、专科等不同层次，设置不同金额。此外，可根据招生质量动态调整奖学金投放比例，弱化留学生对奖学金的依赖，使各高校掌握招生主动权，逐步提高招生质量[②]。在留学生招生宣传上，可多手

① 中共教育部党组：《中共教育部党组关于学习贯彻习近平总书记给北京科技大学全体巴基斯坦留学生重要回信精神的通知》（教党〔2020〕27 号）。

② 鲁婷婷：《“一带一路”倡议背景下高职院校面向南亚留学生招生策略研究》，载《广东职业技术教育与研究》，2022 年第 2 期，第 99 页。

段并用提升招生宣传实效，吸引优质的泰国留学生。一方面，政府和学校可增加用于海外招生宣传的拨款，多参加外事活动和交流项目，大力发挥孔子学院汉语教师和志愿者的宣传作用，促使各高校入驻“美丽中国、留学计划”平台，选择有资质、有声誉的留学中介服务机构合作等策略。另一方面，高校也可自行发力，充分利用线上和线下结合的方式，充分发挥优质校友的宣传作用，派遣招生教师团有针对性地前往泰国各层次生源校，进行有的放矢地参访、宣传和直接交流，精准选拔优质生源。在留学生招生选拔方面，设立准入门槛，择优录取，可通过考试选拔制、申请审核制、预科教育升学制等方式，从考试成绩、个人素质、课外活动、推荐信、面试表现、支付能力、教育和家庭背景等多维度综合考查生源素质①。

四、结语

在中国-东盟区域全面经济伙伴关系（Regional Comprehensive Economic Partnership）的背景下，四川因其地缘优势和丰富的教育资源，与泰国的高等教育国际合作方面蕴含巨大潜力，而留学生培养作为四川高等教育国际化发展的重要组成部分，既是衡量一所大学国际化办学水平的重要显性指标，留学生未来也是深化四川与泰国经济合作的直接承担者。四川高校需把握时局，转变观念，加快建设趋同化的泰国留学生教育教学管理工作模式，完善泰国来华留学生的奖学金机制和招生机制，提质增效，为促进中国与东盟国家民心相通、服务国家外交大局和“一带一路”建设发挥重要作用。

参考文献

崔亚楠, 文雯, 2022. 中泰高等教育合作交流进展与挑战[J]. 高校教育管理（1）: 101-105.

胡慧茵, 2022. 中泰铁路进入全面建设阶段, 泰国与区域经贸互通提速[N]. 21 世纪经济报道, 2022-7-18（9）.

郜正荣, 2020. 存异趋同, 优化管理, 精准提升来华留学生教育质量[J]. 中国高等教育（22）: 22-25.

李萍, 2023. 段立生教授答行研泰国问题[J]. 外国语文论丛（1）: 189-193.

① 万圆：《提质增效：高校来华留学生招生机制的完善》，载《中国考试》，2020 年第 9 期，第 79 页。

李玲，杨茜，2019. “一带一路”视域下四川地区与东盟地区高校教育合作研究[J]. 知识经济（12）：178-179.

鲁婷婷，2022. “一带一路”倡议背景下高职院校面向南亚留学生招生策略研究[J]. 广东职业技术教育与研究（2）: 99-100.

李庆莹，王雪茹，张叉，2024. 区域全面经济伙伴关系协定背景下的四川-泰国基础教育合作[J]. 外国语文论（1）: 364.

任蕾, 2023. 疫情下国际学生流动与中国出国留学趋势观察[J]. 教育国际交（1）: 74.

泰希勒，2003. 欧洲化，国际化，全球化——高等学校何处去[J]. 陈洪捷，译. 北京大学教育评论（1）: 45-46.

万宁, 2022. RCEP 下的中泰双边贸易[J]. 中国外资（7）: 6.

万圆, 2022. 提质增效：高校来华留学生招生机制的完善[J]. 中国考试（9）: 79.

WEN W, 2018. The Emergence of a Regional Education Hub: Rationales of International Students' Choice of China as the Study Destination[J]. Journal of Studies in International Education, 23（3）: 303-325.

Dilemmas and Opportunities for Cultivating Thai Students in Sichuan

Zhang Cha Xu Min Wang Xueru

Abstract: The cross-border trade between Sichuan and Thailand enjoys a pivotal position in the import and export trade of Sichuan, and the geopolitical and economic cooperation between Sichuan and Thailand has promoted the higher education cooperation. The Thai students studying in Sichuan function as an important and visible indicator and a key component of the educational internationalization of Sichuan. However, the cultivation of Thai students in Sichuan has encountered considerable difficulties in the diversity of majors, the satisfaction of cultivation, and the recruitment of students. There are three main dilemmas for the cultivation of Thai students in Sichuan: Firstly, the content and scope of cooperation between the universities of Sichuan and Thailand are narrow and the ways of cooperation are unitary. Secondly, the Thai students have not invested much in online learning and their overall satisfaction is low. Thirdly, the mobility of international student has slowed down, which makes it difficult to enroll enough Thai students. There are three main strategies for Sichuan to deal with the cultivation of Thai students: The first is to accordingly change ideas and actively build a professional structure with Chinese as the main language and with multidisciplinary synergistic development as the basis. The second is to improve the quality and efficiency, and accelerate the construction of the international education and management model of “Convergence with Divergence”. The third is to build a mechanism of school-local co-construction and to improve the recruitment of Thai students to Sichuan.

Keywords: Sichuan; cultivation of Thai students; dilemma; opportunity

泰国来华留学生跨文化心理适应情况与实证研究[①]

——以中国-东盟艺术学院为例

万群[②]　刘启东[③]　张晨曦[④]

摘要： 在全球化背景下，本研究通过自编量表对中国-东盟艺术学院的 83 名泰国留学生进行了跨文化心理适应调查，涉及语言、学业、社交等多个维度。调查结果显示，泰国留学生在华的社会心态整体积极，表现出良好的跨文化适应能力。然而，研究也发现，高校在国际学生管理方面，尤其是信息化管理方面，仍有改进空间。

关键词： 跨文化心理适应；泰国留学生；高校信息化管理；多元文化融合

在全球化的背景下，泰国来华留学生数量在 2022 年达到了 28608 人，仅次于韩国。这一显著增长不仅反映了泰国学生对中国高等教育日益增长的需求，而且凸显了他们在中国国际教育格局中的显著地位。与此同时，泰国学生在中国的跨文化心理适应问题日渐成为教育领域的一个重要议题。该议题探讨了学生在语言运用、行为模式、价值观和思维方式等多个维度上，如何与中国文化进行有效的交互与融合。深入理解泰国学生在华的跨文化心理适应状况，对于促进其更好地融入中国社会、增强中泰文化交流和理解具有重要意义。

泰国学生在中国的跨文化心理适应面临诸多挑战，包括语言障碍、文化差异和社交困难等。研究表明，有效的社会支持在促进国际学生适应中扮演着至关重要的角色，这包括来自母国的支持以及东道国社会的接纳。尽管存在这些挑战，目前有关泰国学生在华适应情况的研究仍然相对有限，需要更

① 本文系成都大学泰国研究中心项目“泰国来华留学生跨文化适应情况与实证研究”（项目编号：SPRITS20215）成果。

② 万群，硕士，讲师，成都大学中国-东盟艺术学院国际部副主任，研究方向为国际教育比较、教育心理。

③ 刘启东，硕士，助理讲师，成都大学中国-东盟艺术学院汉语教研室负责人，研究方向为汉语国际教育。

④ 张晨曦，硕士，成都大学中国-东盟艺术学院国际部交流综合办公室负责人，研究方向为跨文化适应。

加系统和深入的探索，以便更有效地促进他们的适应过程，为中泰文化交流贡献更多力量。

泰国学生在中国的跨文化心理适应是一个包含语言学习、心理适应、社交互动等多个层面的复杂过程。已有研究证实，高效的语言教育、多样化的文化交流活动以及强大的社会支持网络对于促进泰国学生在中国的成功适应至关重要。[①]

一、泰国来华留学生跨文化心理适应的理论基础

在跨文化心理适应领域，约翰·W. 贝理（John W. Berry）的理论构成了文化适应过程研究的核心框架。此理论深入探讨了个体在新文化环境中采取的多种适应策略，为理解文化适应过程提供了重要视角。贝理的理论将文化适应策略分类为四种主要类型：一体化、同化、分离和边缘化。

一体化策略涉及个体在保留原有文化身份的同时，积极吸纳和接受新文化元素。同化策略则描述了个体放弃自己原有的文化特征，全面投入并融入新的文化环境中。分离策略是指个体坚守原有文化特征，对新文化持拒绝或回避态度。边缘化则是一种既不保持原有文化特征也不接受新文化的状态，常伴随着文化归属感的缺失。贝理的理论强调，个体选择这些策略不仅受心理需求的影响，也与他们所处的社会环境紧密相关。该理论认为，文化适应是一个动态的过程，涉及个体与环境之间的互动，强调了个体选择策略时的主观能动性及环境对其适应过程的影响。[②]跨文化心理适应理论广泛应用于对国际学生、移民和少数民族群体的研究，旨在深入理解他们在不同文化环境中的适应方式和心理健康状况。

新西兰心理学家塞尔·沃德（Searle Ward）于 1990 年对跨文化心理适应进行了细致的理论划分，将其分为两大核心维度：社会文化适应和心理适应。在这一理论框架下，心理适应被进一步细化为生活满意度和心理健康两个子维度。生活满意度反映了个体对所处环境的整体评价和感知的幸福感，而心理健康则关注个体在跨文化环境中的情感状态和心理稳定性，被视为评估跨文化适应成功与否的关键指标。

社会文化适应的维度则更加聚焦于个体与新文化环境的实际互动和融合情况。这一维度探讨了旅居者如何适应当地的社会习俗、行为规范以及与当地人

---

① 卢竑、段宁贵：《地方院校东南亚国际学生跨文化心理适应情况调查研究》，载《教书育人（下旬刊）》，2021 年第 2 期，第 37～39 页。

② Berry J W，“Immigration，acculturation，and adaptation”，*Applied psychology*，1997，46（1），pp. 5-34.

的互动。此过程中，旅居者在新环境中遇到的困难程度被用作衡量其社会文化适应水平的基准。这包括了对当地语言的掌握、社交网络的建立以及对当地文化习俗的了解和适应程度。沃德的这一理论模型强调了跨文化心理适应的多维性和复杂性，提供了评估个体在新文化环境中适应情况的全面视角。①

韩国传播学专家金英允（Kim Young Yun）在 2001 年的研究中，深入探讨了跨文化心理适应作为一个动态且复杂的过程，其本质是个体在异质文化环境中所经历的一连串心理和行为上的调整。在这个过程中，压力、适应能力和个人成长被视为核心构成要素。具体而言，当个体或群体置身于一个非本土的文化环境时，他们将面临种种挑战和压力，如语言障碍、文化冲突、社交隔阂等。这些压力不仅是适应过程中的挑战，也是个体成长和学习的动力。

金英允将这一适应过程比喻为弹簧的拉伸，突显其非线性和波动性特点。这意味着适应并非单向或单步骤的过程，而是可能伴随着反复的探索、试错和调整。每个人对新环境的适应速度和方式各不相同，这取决于多种因素，包括个人特质、以往经验、社会支持系统等。因此，适应期的长短在不同个体之间存在显著差异。②在 2017 年的研究中，金英允深入分析了移民、难民、临时居留者以及内部流动人口在迁移到新的文化环境中所面临的普遍挑战。这些个体离开了他们熟悉的家园，转而在东道国寻求新的生活和工作机会。金英允指出，尽管每个人的经历具有独特性，但他们普遍面对的核心挑战是如何在新的社会环境中建立和维持稳定的工作和社会关系。

根据金英允的理论，跨文化心理适应的过程可以理解为一个涵盖压力、适应和成长的动态循环。该循环反映了个体在面对不利环境时，寻求心理和生理平衡的天然机制。此过程通常始于文化冲击，表现为一系列心理和生理反应，随着时间的推移，个体通过持续学习和适应新文化，逐渐提高在宿主环境中的功能性和心理效能。金英允进一步强调，跨文化适应不仅涉及对新文化的学习和适应，还涉及对原文化习惯的去文化过程。这一去文化与新文化适应的累积效应，引导个体向宿主文化的同化转变。此外，长期居留者和移民在适应过程中经常经历身份的转变，由单一文化取向向跨文化自我认同的转变，其中传统的基于身份的文化界限逐渐淡化，而个体特性和普遍人性在日常生活中变得更加显著。③

---

① Searle W，Ward C，“The prediction of psychological and sociocultural adjustment during cross-cultural transitions”，*International journal of intercultural relations*，1990，14（4），pp. 449-464.

② Kim Y Y，*Becoming intercultural：An integrative theory of communication and cross-cultural adaptation*，Sage，2001.

③ Kim Y Y，“Cross-cultural adaptation”，*Oxford research encyclopedia of communication*，2017，August 22. https://oxfordre.com/communication/view/10.1093/acrefore/9780190228613.001.0001/acrefore-9780190228613-e-21.

二、加强泰国来华留学生的跨文化心理适应的必要性

在成都高等教育机构中，泰国留学生群体主要由年龄在 17 至 21 岁间的青少年组成。这一年龄段的学生通常尚未达到完全的心理成熟，其人际交往和独立生活技能处于发展阶段。对于许多泰国学生而言，出国留学是他们首次离开家园，独立在异国他乡生活，缺乏在跨文化背景下独立生活的经验。这些学生在面对新的文化环境时，很可能经历紧张和不安的情感反应。

由于这些泰国学生大多是首次到中国，他们对于中国社会和文化的了解往往有限，且在跨文化适应的能力上尚未得到充分的培养和锻炼。他们通常处于文化适应过程中的初级阶段，与当地社会和文化的融合程度较为表面。此外，这些学生的中文水平多限于基本交流，尚未达到深层次理解和沟通的水平，这使他们在理解中国人的思维方式和社会行为模式上存在障碍。这种语言上的限制可能导致他们的社交圈子相对封闭，语言障碍也成为他们在跨文化心理适应上的一个主要难题。

此外，泰国学生在中国的社交网络往往相对有限，主要限于与同国籍的学生交往，这进一步限制了他们对中国社会的深入了解和跨文化适应能力的发展。因此，这些学生面临的跨文化适应挑战不仅包括语言和沟通障碍，还包括对新环境的心理和社交适应。

（一）泰国来华留学生跨文化心理适应中面临的语言障碍与沟通

在深入探讨泰国学生在华跨文化心理适应的过程中，语言能力及其对于沟通和文化适应的影响显得尤为关键。语言能力不仅是沟通的工具，更是理解和适应新文化环境的重要媒介。泰国学生学习中文的过程，不单是克服语言障碍的挑战，更是他们跨文化适应过程的核心环节。

首先，对于泰国学生而言，语言障碍可能成为影响其学术表现的显著因素。在中国高校中，绝大多数课程采用中文授课，对于中文水平有限的泰国学生来说，这意味着在理解课程内容、完成学术任务以及参与课堂互动方面的显著挑战。这种挑战不仅体现在书面语言的应用上，还包括口头表达和听力理解能力的提升。这些障碍可能导致学习效率的下降，进而影响他们的学业成绩及其对学术成就的感受。

其次，语言能力的不足还可能限制泰国学生的社交参与。语言作为社交互动的基础，语言水平较低可能导致学生在社交场合感到不自在，难以与中国学生及其他国际学生建立有效的沟通和联系。沟通上的障碍不仅可能导致

社交孤立，还可能增加文化适应的难度，并可能对留学生的心理健康产生负面影响。

总之，泰国学生的语言技能不仅影响其学术成就，也是他们社交融入和文化适应的关键。因此，加强泰国学生的中文教育和支持，不仅有助于提高他们的学术表现，也是促进其成功适应中国文化环境的重要途径。①

（二）泰国来华留学生跨文化心理适应的社会支持和社交网络

在探究泰国学生在中国的跨文化心理适应过程中，社会支持的作用不容忽视。众多心理学研究表明，健全的社交支持体系对于留学生的心理福祉具有显著的积极影响。具体来说，稳固的社交网络不仅能有效减轻留学生的焦虑和抑郁感，还能提升其整体的幸福感和生活满意度。在泰国学生适应中国文化的过程中，社交支持和社交网络的作用尤为关键。

跨文化心理适应理论强调，社会支持系统在缓解留学生所面临的文化冲击中发挥着重要作用。这些支持网络提供了必要的资源和社交互动机会，有助于留学生在新的文化环境中找到归属感，降低心理压力。通过社交互动，留学生能够更快地适应东道国的社会规范和文化特征，增强自我效能感，从而促进其心理健康和社会整合。

进一步地，社会支持的形式包括来自同国籍的留学生群体、东道国的本地学生、教师以及社区成员的支持。这些多元化的社交网络不仅提供情感支持，还为留学生提供了适应新环境的实用信息和资源。因此，强化泰国学生的社交网络和社会支持，特别是通过组织跨文化活动和交流，对于促进其在中国的成功适应具有重要意义。

（三）泰国来华留学生跨文化心理适应的心理适应和幸福感

研究表明，正面的心理健康状况与学术成就、社交满意度和个人福祉之间存在显著的关联。在中国，泰国学生面临着多重心理挑战，包括文化冲击、语言障碍、社交难题和学术压力，这些挑战对他们的心理适应产生了深远的影响。

首先，文化差异可能导致沟通障碍，从而增加社交孤立的风险。泰国学生可能难以理解或适应中国的社交规范和文化习俗，这可能导致他们在社交互动中感到不适或产生误解。其次，学术压力和语言障碍是另一个主要问题。在语

① Chen S X，Benet - Martínez V，Harris B M，“Bicultural Identity，bilingualism，and psychological adjustment in multicultural societies：immigration - based and globalization - based acculturation”，*Journal of personality*，2008，76（4），pp. 803-838.

言能力受限的情况下，理解课程内容和参与学术讨论成为一项挑战，这可能引发学习中的焦虑和挫败感。

此外，这些挑战可能引起一系列情绪问题，如焦虑、孤立感、抑郁和压力。这些情绪问题不仅会影响国际学生的日常生活质量，还可能对他们的学业成绩和社交参与产生负面影响。因此，为了提升国际学生的整体福祉和适应效果，有必要对他们在跨文化环境中的心理健康进行综合性的关注和支持。

三、泰国来华留学生跨文化心理适应研究对象及方法

2023 年，中国-东盟艺术学院共有泰国来华留学生共 83 人，其中本科生 66 人，研究生 17 人。所学专业涵盖产品设计、视觉传达设计、环境设计、绘画、动画、广播电视编导、音乐表演（声乐）、音乐表演（钢琴）、舞蹈表演、新媒体艺术与传播（硕士）、影视编导（硕士）、艺术设计（硕士）等专业。

本研究采用李丽娟设计的“东南亚国际学生心理适应量表”[①]作为基础，并结合泰国学生的特点，参考了沃德的社会文化适应问卷以及沃德·肯尼迪（Ward Kennedy）的社会文化适应量表，创建了适合泰国国际学生的“跨文化心理适应水平测量表（中英文版）”。该量表运用了李克特五点量表模式（1=非常不同意，2=不同意，3=一般，4=同意，5=非常同意），经过适当修改，得分范围从 1 至 5 分，得分越高表示心理适应水平越低，反之亦然。量表分为两部分：第一部分收集泰国国际学生的背景信息；第二部分为量表的主体，覆盖文化差异认同和心理适应的五个维度（语言障碍、学业压力、物质压力、社会生活压力、遭遇歧视），共包含 33 个问题。研究对象为该校所有在读泰国国际学生，通过问卷星在线平台进行调查，学生通过扫描二维码进行匿名填写。共回收了 83 份问卷，回收率达到 100%，并且所有问卷均有效。

四、泰国学生跨文化心理适应调查统计与分析

研究者将有效问卷全部输入统计软件 SPSS 7 进行分析，基本背景情况如下：问卷中，男生占 38%，女生占 72%；18 岁以下学生占 1%，18～22 岁占 86%，23～29 岁占 13%。全部为奖学金生。超过一半（51%）拥有宗教信仰。其中有 76%的学生在来中国之前从未出过国，对中国文化不了解的学生占

① 李丽娟：《东南亚留学生跨文化心理适应理论模型建构研究》，华南理工大学硕士学位论文，2016 年，第 48～58 页。

68%，58%的学生使用泰语进行学习和交流，有 49%的学生不能使用汉语交流，汉语基础为零。

（一）文化差异相关性分析

在中国儒家文化和西方文化的影响下，泰国发展出了一种独特的文化融合形态，这不仅包括丰富的宗教传统，还体现在多元化的社会文化特征中。这样的文化混合为泰国学生在家庭文化和个人身份认同方面带来了多样性，相较于其他文化背景的国际学生，他们在心理适应上面临着独有的挑战。本研究设计了 7 个问题，深入探究了泰国与中国在文化上的异同，相关发现详见表 1。调查结果表明，泰国学生在与中国文化的差异性方面并不突出，他们的平均反应和中位数显示出一种中性的趋势，这揭示了两国文化间长期交流与融合的成效。他们对中国的语言、风俗习惯和生活方式等方面持积极态度；然而，在节庆活动、饮食习惯、气候适应和社会参与等方面则较为谨慎。成都和泰国在地理位置上都位于北回归线以南，这一共同点在气候和农业方面减少了文化差异感。特别需要关注的是，语言方面的差异最为显著（均值为 4.18），泰国与中国虽在一些文化层面上有相似点，但汉字的表意特性与泰语的表音特性之间存在本质差异，这使语言成为泰国学生在中国学习时的主要挑战。

表 1　泰国与中国文化对比数据统计

统计（有效的 N=49）	中国的习俗跟我的家乡差异大	中国生活条件跟我的家乡差异大	中国的节日跟我的家乡差异大	中国的食物跟我的家乡差异大	中国的气候跟我的家乡差异大	汉语跟我的母语差异大	中国的社交活动跟我的家乡差异大
均值	3.22	3.13	2.96	2.89	2.57	4.18	2.88
中值	3.00	3.00	3.00	3.00	3.00	4.00	3.00
众数	3	3	3	3	3	4	3
标准差	0.803	0.834	0.976	0.897	0.968	1.022	0.984
和	161	155	143	144	132	218	141

（二）跨文化心理适应整体描述性统计

在此项研究中，我们采纳了主成分法来对第二部分包含的 33 个问题进行详尽的分析。这个过程的起始步骤包括对所有倒排问题实施反向打分。经过仔细的分析过程，我们识别出了五个关键维度，分别是语言障碍、学业上的压力、经济方面的压力、社交生活中的压力以及遭受的歧视。在初步筛选过程中，我们剔除了三道相关性不强的题目，最终固定下了 30 个问题，这些问题分布在语言障碍（6 题）、学业压力（7 题）、物质压力（5 题）、社会生活压力（7

题）和遭遇歧视（5 题）这五个分类中。这些分类共同解释了数据中超过 55.2%的变化量，并且每道题目在因子分析中的载荷值都超过了 0.78，显示出较强的相关性。此外，KMO 统计量达到了 0.73 的水平，这进一步证明了所选数据集对于进行因子分析的适宜性。

本研究所进行的因子分析揭示了国际学生在多维适应性问题上的统计数据，具体结果呈现在表 2 中。该分析发现，在社会生活压力和学业压力方面，国际学生的均值分别达到 3.332 和 3.19，明显高于其他三个维度，表明他们在社交和学术领域的适应仍面临挑战，即便已经克服了语言障碍。值得关注的是，国际学生更倾向于与本国学生建立紧密的社交网络，他们与中国学生的交往相对有限，这一点在来自东南亚其他国家如老挝的学生中尤为明显。他们虽与泰国学生在文化和语言上有所相似，但在社交融合上仍有所不足。专业学习方面，特别是艺术学科，其较强的专业性和对实践操作的需求给国际学生带来了重大学习压力，使他们必须付出额外努力。新入学的国际学生最初在语言适应方面存在明显问题，但这些问题通常在继续学习两到三年后会得到改善。在物质生活方面，由于学校提供的舒适住宿条件和成都的低生活成本及便利交通，国际学生在经济压力上得到了一定程度的缓解。此外，由于泰国人与中国人同为黄种人，在外貌上差别不明显，加之国际社群的扩展，他们较少经历外貌歧视等。

表 2　泰国学生跨文化心理适应情况表

因子	*N*	均值	标准差
语言障碍	49	2.854	0.6022
学业压力	49	3.19	0.6822
物质压力	49	2.946	0.5549
社会生活压力	49	3.332	0.6549
是否遭遇歧视	49	2.722	0.7602
有效的 N	49		

五、泰国学生跨文化心理适应管理应对措施

针对国际学生在社会适应方面的困难，特别是考虑到泰国学生的文化特点，本研究提出以下建议，以期协助学校改善相关政策和实践。

（一）加强师生交流，提升教师跨文化教学水平

考虑到泰国学生强调社交和家庭价值的文化背景，他们可能更倾向于直接且坦率的交流模式。相对而言，中国文化中较为委婉和隐晦的交流风格可能会为他们带来适应上的挑战。在这方面，教师的角色尤为关键，他们不仅需要发展跨文化交流的敏感度和技巧，还应致力于创建一个包容和理解泰国学生文化特性的学术环境。积极与泰国学生互动，不仅有助于消除学生在生活、心理和学业方面的适应障碍，也促进了学生对中国文化多样性的理解和适应。教师在这一过程中应展现对泰国文化的基本认知，尊重并接纳其独特的文化特征，并运用适宜的教学策略，引导泰国学生在理解和融入中国文化的过程中，实现更顺畅的跨文化适应。

（二）举办多元化活动，增强国际学生的归属感

在考虑泰国学生的社会化需求和文化特性时，高校应致力于策划和实施一系列多元化的国际文化交流项目，例如文化节庆活动和艺术交流项目，不仅为泰国学生提供了一个展示其民族文化特色的平台，而且促进了他们与中国学生之间的积极互动。这些活动可以有效地促进泰国学生与中国学生的文化融合，增强泰国学生在中国社会中的归属感和社交融入。

此外，这些文化交流活动也是理解和缩小中泰文化差异的重要途径。泰国学生通过参与这些活动，不仅有机会向中国学生展示其国家的独特文化，同时也能更深入地理解中国文化的多样性和复杂性。在相互理解和尊重的基础上，这些文化交流活动有助于减少文化差异感，促进中泰学生之间的文化认同和社会融合。

（三）建立专门针对国际学生的跨文化心理咨询服务

在国际教育领域，学生心理健康的维护已成为西方高等教育体系中的一个重要组成部分。相较之下，中国高等教育机构在为国际学生提供专业化的心理健康支持方面尚显不足。为了缩小这一差距，中国高校应当采纳并融合西方经验，成立专业的跨文化心理咨询服务中心。这一中心的主要职能应包括为国际学生提供个性化和文化敏感的心理支持服务，以及开展心理健康教育和宣传活动，协助国际学生在新环境中有效应对思乡情绪、社交障碍和文化适应挑战。

进一步来看，建立快速响应的心理咨询渠道，如基于微信或移动应用的即时咨询服务，对于提高国际学生的安全感和幸福感具有重要意义。此外，针对高校管理人员和教师开展的心理健康知识培训将有助于构建一个全方位支持国

际学生心理健康的环境。教师和管理人员应当具备识别和应对国际学生心理问题的能力，以便及时介入并提供适当的引导和支持。这些综合措施可以确保国际学生在异国他乡的学习生活中获得更全面的心理健康保障。

（四）加强泰国学生与其他国家学生的社群联系和团结

在目前的成都高等教育环境中，泰国学生倾向于仅与同胞进行交往，社交圈较为封闭。这种现象，在中国-东盟艺术学院的泰国学生群体中表现得尤为显著。鉴于此，教育机构中负责国际学生事务的教师应采取积极措施，建立和维护国际学生社群，如通过微信等社交媒体平台帮助新到的泰国学生快速融入更广泛的国际学生社区，从而减少其孤立感，并预防可能出现的心理健康问题。同时，通过在社群中指派学生代表负责与国际办公室的信息交流，可以确保所有学生及时获取重要通知和资讯。

国际学生的心理健康是其成功适应新文化环境的关键因素。如果心理问题未被及时识别和处理，可能引起一连串的负面后果。因此，教育机构应高度重视国际学生，特别是泰国学生的心理健康，并通过有效的干预和支持措施提高他们的心理适应水平，确保他们在异文化环境中过上幸福且安全的生活。

为了更有效地支持国际学生，尤其是泰国学生的文化适应，学校需要实施一系列积极的策略，包括调整教学方法和增加跨文化交流机会，以更好地满足这些学生的独特需求，帮助他们更迅速地适应新的学习和生活环境。

在国际教育的背景下，国际学生在海外的生活与学习经历中，面临着跨文化适应的显著挑战。全球化的深入发展和国际教育的广泛普及使得跨文化理解和适应成为一个日益重要的议题。孔子曰，“性相近也，习相远也”，此观点揭示了尽管人类本性存在共通性，但由于文化背景的多样性，习俗和行为模式呈现出显著差异。因此，理解和尊重不同文化的重要性与理解本土文化同等重要。此过程对于减小文化间的隔阂，增强跨文化的容忍度和接受度具有关键意义。

在此背景下，高等教育机构在促进国际学生跨文化适应方面扮演着至关重要的角色。这些机构不仅是学术知识的获取场所，还是文化交流与个人发展的关键平台。鉴于此，高校需特别关注国际学生在跨文化适应方面的特殊需求，提供必要的支持和资源，以促进他们更迅速地适应新的文化环境。具体措施包括但不限于组织多元文化交流活动、提供语言学习支持以及建立跨文化心理咨询服务，旨在强化国际学生的社会归属感和文化融入。通过这些措施，高校可以有效地促进国际学生在异国文化中的融合，进而发挥其在国际化教育环境中的潜力。

参 考 文 献

卢竑，段宁贵，2021. 地方院校东南亚国际学生跨文化心理适应情况调查研究[J]. 教书育人（下旬刊）（2）: 37-39.

李丽娟. 2016. 东南亚留学生跨文化心理适应理论模型建构研究[D]. 广州：华南理工大学.

BERRY J W, 1997. Immigration, acculturation, and adaptation[J]. Applied psychology, 46（1）: 5-34.

CHEN S X, BENET-MARTÍNEZ V, HARRIS B M, 2008. Bicultural Identity, bilingualism, and psychological adjustment in multicultural societies: immigration-based and globalization-based acculturation[J]. Journal of personality, 76（4）: 803-838.

KIM Y Y, 2001. Becoming intercultural: An integrative theory of communication and cross-cultural adaptation[M]. Thousand Oaks, CA: Sage.

KIM Y Y, 2017. Cross-cultural adaptation[J/OL]. Oxford research encyclopedia of communication, August 22. [2024-12-20]. https://oxfordre.com/communication/view/10.1093/acrefore/9780190228613.001.0001/acrefore-9780190228613-e-21.

SEARLE W, WARD C, 1990. The prediction of psychological and sociocultural adjustment during cross-cultural transitions[J]. International journal of intercultural relations, 14（4）: 449-464.

Cross-cultural Psychological Adaptation of Thai International Students in China and Empirical Research—College of Chinese & ASEAN Arts as an Example

Wan Qun　Liu Qidong　Zhang Chenxi

Abstract: In the context of globalization, this study conducted a cross-cultural psychological adaptation survey of 83 Thai students at the China-ASEAN Art Academy, encompassing dimensions such as language, academics, and social interaction. The results revealed that Thai students in China exhibit a predominantly positive social mindset, demonstrating commendable cross-cultural adaptability. However, the study also identified areas for improvement in higher education institutions, particularly in the realm of information management for international students. This research offers insights into the cross-cultural adaptation of Thai students, providing valuable guidance for the effective management of international student communities. It contributes to fostering campus internationalization and the integration of cultural diversity.

Keywords: cross-cuttural psychological adaption ; Thai students ; university information technology management; multicultural integration

社会文化视角下成都与泰国教育交流项目的挑战与可行性①

[泰]林青（Jiratchaya Namwong）② 吕京③

摘要： 本研究从社会文化视角，深入剖析了成都与泰国教育交流项目所面临的挑战及潜在可行性。通过对比分析两国教育体系，揭示了社会文化因素在教育交流中对项目实施所产生的影响。主要挑战包括语言障碍、文化差异、教育体系差异和行政管理问题等。然而，在可行性方面，两国教育资源具有互补性，文化交流渠道多样，合作空间广泛。为实现可持续发展，本研究提出了推动文化理解、强化语言培训、构建灵活合作机制等策略，以克服挑战，提升项目可行性。最后，强调了跨文化交流和教育互惠合作的重要性。

关键词： 社会文化视角；成都；泰国；教育交流项目；可行性分析

一、成都与泰国教育交流项目的背景与现状

全球化进程的推进使得国际教育交流日益常态化。在中国西部教育中心——成都，其教育体系正在持续扩张和完善。与此同时，泰国也在进行教育领域的革新。在这一背景下，尽管两国在文化、语言以及教学方式等方面存在差异，面临挑战，但这也为教育交流项目带来了丰富的机遇。成都与泰国的教育交流项目，旨在深化两国人民友谊，推动教育事业的发展，构筑友谊的桥梁。自 1975 年建立外交关系以来，中泰两国在政治、经济、文化等领域的合作日益紧密。作为中国西部教育的枢纽，成都具备丰富的教育资源，而泰国则在多个方面可以与成都展开交流与合作，共同提升教育品质。随着“一带一路”建设

---

① 本文系国家民委“一带一路”国别和区域研究中心四川师范大学东南亚研究中心项目“‘一带一路’倡议下成都与泰国的教育交流项目研究”（项目编号：2023DNYYB007）成果。

② [泰]林青，四川师范大学学科课程与教学论博士研究生，成都大学外国语学院泰语系外籍讲师，成都大学泰国研究中心兼职研究员，成都大学泰语教育与文化交流中心副主任，研究方向为泰国教育、泰国文化以及泰国热点话题。

③ 吕京，教授，博士，四川师范大学全球治理与区域国别研究院执行院长，博士生导师，研究方向为学科课程与教学、区域国别学。

的深入推进，成都与泰国经济、文化交流日益频繁。教育作为民心相通的关键，有助于增进两国人民的理解和信任。[①]促进教育事业的共同发展。通过教师互访、学生互换和教育资源共享，双边学习，提升教育质量，同时增进两国人民的友谊。教育交流有助于深化对彼此文化、历史和风俗习惯的了解，为两国友好关系奠定坚实的民意基础。此外，教育交流还能促进成都与泰国在其他领域的合作，实现共同深入合作发展。

社会文化视角下，教育交流项目在推动文化传播与繁荣方面发挥着关键作用。成都与泰国都拥有丰富文化资源，通过教育交流，双方得以互相学习、借鉴，共同促进文化繁荣，发展双边旅游项目。此外，教育交流有助于增进民族间的理解与尊重，促进民族融合。在全球化背景下，民族间的交流与互动愈发频繁，教育交流有助于消除误解、杜绝歧视，使双方人民更能理解和尊重彼此。同时，教育交流项目有助于培养具有国际视野的人才。在全球化时代，具备国际视野的人才对国家发展具有至关重要的意义。通过参与教育交流项目，学生能够拓展国际视野，了解其他国家的文化、教育和发展状况，为未来的国际交流与合作奠定基础。因此，教育交流项目在文化传播、民族融合和人才培养方面具有深远意义。

2022 年 5 月 11 日，由成都市人民政府外事办公室、泰国驻成都总领事馆、泰国驻华大使馆科技处主办的“2022 泰国高等教育（成都）推广会暨中泰国际教育交流会”在成都成功举办。[②]此次活动旨在促进中泰两国在教育领域的交流与合作，进一步推动双方在教育领域的共同发展。

从社会文化视角来看，成都与泰国教育交流项目具有重要意义。首先，这些交流项目有助于增进两国人民之间的友谊和相互了解，促进文化交流和互学互鉴。其次，通过教育交流，可以培养具有国际视野的人才，为两国的繁荣与进步做贡献。在教育领域，成都与泰国的高校之间已经建立了广泛的合作关系。朱拉隆功大学、玛希隆大学、泰国法政大学、泰国农业大学、孔敬大学、宋卡王子大学、曼谷北部大学、易三仓大学、兰实大学、清迈大学、西北大学、曼谷吞武里大学、华侨崇圣大学等高校与成都的高校建立了合作关系，开展了一系列的教育交流项目，如学生交换、教师培训、学术研究、文化交流活动、夏令营等。

学生交换项目是推动教育国际化的重要方式。通过参与此类项目，学生能够亲身感受异国文化，了解不同的教育体制，从而拓宽国际视野，提高跨文化

① 陈建荣、何娣琼、邹冠炀：《“一带一路”视域下中泰中医药贸易合作的机遇与挑战》，载《亚太传统医药》，2024 年第 2 期，第 1～6 页。

② 李卉嫔：《“希望更多地参与中国西部的发展”——专访泰国驻成都总领事张淑贞》，载《一带一路报道（中英文）》，2020 年第 6 期，第 78～81 页。

交流能力。这不仅有助于提升个人综合素质，还为培养具备全球竞争力的人才奠定了基础。加强教师培训领域的合作对于提升教学质量和推动教育创新具有重要意义。通过教师培训项目，教师可以获得先进的教育理念和教学方法，促进教育教学的国际交流与合作。这有助于提高教师的专业素养和教学能力，为培养更多优秀人才提供更好的教育资源。除了学生交换和教师培训，学术研究合作也是双方教育交流的重要组成部分。通过学术研究合作，双方可以在科研领域进行深入合作，共同开展研究项目，推动科技创新和学术发展。这有助于促进学术成果的共享和转化，为两国的科技进步和社会发展做出贡献。

此外，成都与泰国的高校还可以在课程开发、联合办学、为学生创造实习和就业机会等方面展开更广泛的合作。这些合作项目的开展有助于为学生提供更多元化的学习和发展机会，同时也为双方教育机构在多个领域实现互利共赢创造有利条件。通过这些深入而广泛的合作，成都与泰国的高校将共同探索教育领域的新模式和新机制，促进教育质量和国际化水平的提升。这将为成都与泰国的教育发展和人才培养注入新的活力，进一步推动双方在教育领域的交流与合作。

综上所述，成都与泰国在教育领域的合作项目丰富多样（表 1），涉及教育教学、科研创新、文化交流等多个层面。这些项目的实施有助于促进双方在教育领域的共同进步，加深两国人民之间的友谊，培养具有国际视野的人才，为两国的繁荣与进步贡献力量。展望未来，双方可进一步拓宽合作领域，加强教育资源共享和教育经验交流，为中泰友谊及两国发展注入更多正能量。

表 1　成都与泰国合作的情况

项目名称	合作领域	合作高校/机构	合作内容
成都-泰国汉语助教实习项目	汉语教育	成都多所高校与泰国高校	派遣汉语教师到泰国学校教授汉语，推广中国文化
成都-泰国职业教育合作项目	职业教育	成都职业院校与泰国相关机构	共同开展职业培训、技能提升等项目，培养符合市场需求的高素质人才
成都-泰国学术交流项目	学术交流	成都与泰国的高校	开展学术会议、讲座、研讨会等，促进教育理念的交流和学术成果的分享
成都-泰国人才培养和技能培训项目	人才培养/技能培训	成都与泰国的高校	联合培养研究生、本科生、交换生等，教师互访、学生实习等活动
成都-泰国科技研究合作项目	科技研究	成都与泰国高校/科研机构	共同开展科研项目、实验室建设等，促进科技创新和成果转化
成都-泰国友好学校关系建设项目	基础教育交流	成都中小学与泰国学校	缔结友好学校关系，开展师生互访、文化交流等活动

成都与泰国高校之间在教育领域的合作相当重要。这种合作跨越国界，促进了两国教育系统之间的交流与合作，并为学生和教师提供了丰富的学习和研究机会。在合作中，成都与泰国的高校通常建立起紧密的伙伴关系。这种伙伴关系不仅仅限于表面上的合作协议，而是在多个层面上展开，包括学生交换计划、教师互访、联合研究项目以及共同举办学术会议和讲座等。学生交换计划是这种合作的重要组成部分。成都的学生有机会前往泰国高校学习，体验不同的教学风格和文化氛围，这对于他们的学术和个人成长都具有重要意义。同样，泰国学生也有机会前来成都学习，促进两国青年学子之间的交流与友谊。教师互访也是成都与泰国高校合作的重要环节。①教师们可以互相访问对方的学校，参与教学、研究或者学术交流活动。

这种交流有助于促进教学方法和经验的分享，丰富教学内容，提高教学水平。除此之外，成都与泰国高校也会合作开展一些联合研究项目（表 2）。这些项目可能涉及各种领域，包括科学、技术、人文和社会科学等，通过共同的研究合作，为解决重大问题提供新的思路和解决方案。成都与泰国高校合作举办的学术会议和讲座也为两国学者和学生提供了交流的平台。例如，成都大学四川省泰国研究中心凭借其特殊地位，始终致力于深化中泰两国之间的教育交流与合作，中心积极推动教师互访、学生交流、课程共建及学分互认等多个领域的合作项目，旨在促进两国教育资源的共享，提升教育质量。②这些合作通常涵盖各种主题，为学生提供了分享研究成果和见解的机会，推动了双方在学术上的交流与合作。成都与泰国高校之间的合作是一种互惠互利的关系，通过交流与合作，促进了两国教育领域的发展，丰富了教学与研究内容，也促进了两国之间的友好关系和文化交流，以下是本研究的典型案例，一共涉及 9 所成都高校与泰国高校合作。

表 2　成都高校与泰国高校合作案例

成都单位	泰国单位	合作具体内容
四川大学	泰国易三仓大学	1+2+1 本硕连读项目
电子科技大学	格乐大学	1+3 本科联合项目
成都大学	吉拉达科技研究院	在科研、留学生培养和师生交流等领域的合作与交流
成都大学	清迈大学	本科双学位，本升硕联合培养项目

① 周小骥、张艳：《以校际合作与交流搭建成都与世界的桥梁——访成都学院院长周激流》，载《世界教育信息》，2013 年第 21 期，第 62～64 页。

② 《四川省泰国研究中心——四川省教育厅第一批“区域和国别重点研究基地”》，载《成都大学学报（社会科学版）》，2013 年第 6 期，第 129 页。

续表

成都单位	泰国单位	合作具体内容
成都大学	清迈大学	“1+3”培养模式的软件工程专业
成都大学	兰实大学	“3+2”或“3+2.5”专升本联合培养项目
成都大学	清迈大学	3+1+2 本升硕
成都大学	国家发展管理研究生院	3+1+2 本升硕
成都大学	西北大学	成都大学泰国西北校区的建立实现了学校境外办学项目
成都大学	清迈府教育厅、南奔府教育厅、佛统府教育厅	合作备忘录签约仪式
成都大学	艺术大学	本科 2+2 海外联合培养项目
成都大学	泰国亚洲理工学院	博士联合培养，采用 1+X 模式及国内国外双导师制度进行培养
成都大学	国家行政管理学院	联合培养博士项目
成都职业技术学院	乌隆他尼皇家大学	中泰联合培养 2+2 专升本项目
成都医学院	易三仓大学	联合培养博士项目首期招生，专业为食品生物技术和信息技术管理
西华大学	易三仓大学	共建“西华大学泰国曼谷易三仓校区”
成都工业职业技术学院	易三仓大学	机械制造及自动化专业专科教育项目
成都航空职业技术学院	泰国北部部分高校	学生交流交换、教师互派、校际合作等方面有进一步进展
银杏酒店管理学院	国家发展管理研究生院	合作协议“云”签约，合作交流、学历提升和师资培养、联合科研
银杏酒店管理学院	国家发展管理研究生院	硕/博学历提升项目
银杏酒店管理学院	泰国宋卡王子大学	联合培养酒店与旅游管理 MBA 硕士研究生项目
银杏酒店管理学院	清迈大学	合作“云”签约仪式，在清迈大学参加语言学院线上国际课程

现阶段，成都与泰国高校之间的合作丰富多元、层次分明，涵盖本硕连读项目、本科联合项目、科研协作、留学生培育、师生互动等。众多成都高校与泰国各大院校建立了广泛的合作关系，涵盖了各个领域和专业。这些合作项目的主要目标是提升学生的学术素养、促进文化交融、推进科研协作，同时为成都与泰国之间搭建友谊桥梁，增进双边友好合作关系。此外，这些项目还凸显了成都高校在国际交流与合作方面的积极主动精神，以及为学生提供更广阔发展机遇和国际视野的愿景。综合来看，成都与泰国高校的合作态势良好，且不断壮大，为两地教育事业的提升和人才培养做出了积极贡献。

二、社会文化视角下分析成都与泰国教育交流项目的挑战

（一）语言障碍

语言障碍始终是横亘在教育国际交流中的一座难以逾越的高山。在成都与泰国教育交流项目中，最大的挑战之一就是语言障碍。①中泰两国的语言体系大相径庭，成都地区的教育机构主要使用中文进行教学，而泰国则主要使用泰语。这种语言的差异在很大程度上影响了双方在教育交流项目中的沟通。例如，教师和学生在进行学术交流、教学观摩等活动时，可能由于语言理解能力的限制，导致信息传递不畅，从而影响了交流的效果。

针对解决此问题，成都与泰国教育交流项目务必着重提升参与者的语言能力。一方面，组织语言培训班、举办讲座等，助力教师和学生提升对方国家语言的水平。另一方面，倡导双方参与者善用现代科技手段，如在线翻译工具、语言学习软件等，自发学习对方国家的语言。此外，在教育交流活动过程中，安排精通中泰两国语言的翻译人员，以协助双方沟通，减轻语言障碍所产生的影响。语言障碍实为成都与泰国教育交流项目中需克服之关键挑战。提升参与者语言能力、运用现代科技手段及安排翻译人员等，可有效降低语言障碍对教育交流项目的影响，进而促进双方在教育领域的深度合作。

（二）文化差异

在社会文化视角下，成都与泰国教育交流项目面临着诸多挑战。在此，将逐一分析这些挑战并提出相应的解决策略。成都与泰国在社会文化上的差异不容忽视。成都地处四川盆地，被誉为“天府之国”，作为中国西部地区的重要城市，拥有悠久的历史和丰富的文化。②泰国则以其独特的文化特色闻名，这种特色深受印度、柬埔寨、老挝等周边国家的影响。从地理角度来看，成都位于四川盆地，拥有美丽的自然风光和闲适的生活方式，而泰国则以热带气候和海滨风光为特色。从社会习俗角度来看，成都人民热情好客，重视家庭观念，尊敬长辈；泰国人民则将谦逊、微笑和尊重他人视为重要的社会价值观。这些文化差异在很大程度上影响了成都与泰国教育交流项目的顺利进行。

首先，由于文化差异，双方在教育观念、教育方法、课程设置等方面存在很大的差异，可能导致在教育交流过程中出现理解困难。其次，文化差异也影

① 杨春娇：《“一带一路”背景下高校非专业泰语教学中存在的问题及改进策略》，载《新课程研究》，2023 年第 30 期，第 108～110 页。

② 李霖：《成都城市外交研究》，华侨大学硕士学位论文，2019 年，第 34 页。

响了双方在教育交流项目中的沟通，可能出现信息传递不畅、沟通效率低下等问题。如何增进相互了解，促进文化交流？为克服文化差异带来的挑战，成都与泰国教育交流项目可以从开展文化交流活动，组织各类文化活动，如文化讲座、展览、演出等，增进双方人民对彼此文化的了解和友谊。[①]教师与学生互访，旨在让双方亲身体验不同国家的教育环境，深入探索彼此的文化特质，以增进相互理解。共同开展研究项目，双方在教育研究、课程设置等层面展开合作，共同探讨适宜双方教育发展的策略，以促进双方在教育领域的互相借鉴和共同进步。语言学习方面，鼓励参与者运用现代科技手段，如在线翻译工具、语言学习软件等，自主学习对方国家的语言，以提高沟通效率。这些策略有助于成都与泰国在教育交流项目中更好地适应文化差异，促进项目的顺利进行，为两国教育事业的发展创造更多机遇。

（三）教育体制差异

成都与泰国均高度重视学生的全面发展，并致力提供优质教育资源。但在具体实施过程中，双方的教育体制呈现出不同侧重：成都偏向于课堂教学、考试评估及知识传授，强调学生纪律与规范；而泰国教育体制则以学生实践能力、创新精神及团队合作为核心，注重培养学生的自主学习与创新精神。这种教育体制的差异对双方的教育交流产生了一定影响。

首先，在教学理念与方法方面，差异可能导致教师在合作项目中产生困惑或摩擦。例如，成都地区教育机构侧重于课堂教学、考试评估及知识传授，强调学生纪律与规范；而泰国教育体制则关注学生实践能力、创新精神及团队合作，重视培养学生的自主学习与创新精神。这种差异可能导致双方在教育交流过程中出现理解困难，甚至产生误解。如在合作教学过程中，成都教师可能认为泰国教师对学生纪律要求过于宽松，而泰国的教师则可能认为成都教师过于强调考试成绩和课堂纪律。此类观念分歧可能影响双方在教学过程中的合作与沟通。

其次，学生学术要求与评估标准的差异可能导致学习成果和学术水平产生差异，进而影响学生流动与交流。此外，课程设置和教学资源的差异也可能制约双方在课程共建和学分互认等方面的深入合作。

总之，尽管教育体制存在差异，但成都与泰国仍可相互借鉴优质教育经验，实现教育资源共享。促进教师互访与交流，增进对彼此教育体制及教学理念的了解。通过观摩教学活动、参加研讨会和工作坊等，教师可互相学习，借

---

① 邓丽娜：《文化交流促进城市国际化功能的发展——成都文化与泰国文化差异性、互补性研究》，载《湖北广播电视大学学报》，2012 年第 10 期，第 61～62 页。

鉴优秀教学方法和实践经验。推动学生交流与流动，增进学生对不同教育体制的理解和体验。通过学生交换项目、短期留学或夏令营等活动，学生可拓宽国际视野，学习对方国家的语言和文化，培养全球胜任力。

加强课程共建与学分互认方面的合作，促进成都与泰国高校间的学术交流与合作。通过共同设计课程、共享教学资源和开展合作项目等，双方相互补充并丰富教育内容，提高教育质量。倡导科研合作与知识共享，促进成都和泰国在教育领域的研究与发展。通过合作开展科研项目、举办学术会议和分享研究成果等，双方共同推动教育创新和学术交流，为教育发展提供新思路和方法。

（四）政策与法规

成都与泰国之间的教育交流项目受到两国政策法规的影响。在中国，相关政策法规鼓励和支持教育国际交流与合作，以促进教育改革与发展，提升教育的国际影响力。泰国政府也积极推动教育国际化，吸引外国学生来泰学习，促进泰国教育与世界接轨。在国际教育交流与合作中，政策与法规的制定与执行对于项目的顺利进行具有重要意义。中国及泰国关于教育交流的政策法规主要涉及双方政府对教育交流的支持与鼓励，中国政府和泰国政府都积极推动国际教育交流与合作，认为这有助于提高教育质量、促进教育国际化以及增进国际友谊。为此，两国政府都出台了一系列政策法规，为教育交流项目提供支持。在学生交流与合作方面，中泰两国政府签订了《中华人民共和国政府和泰王国政府关于相互承认高等教育学历和学位的协定》，为双方学生的学历互认提供了法律依据。[①]此外，双方还就留学生奖学金、学术交流项目等方面达成合作协议。在教师交流与合作方面，中泰两国政府支持教师在教育领域的交流与合作，通过访问学者计划、短期培训项目等形式，促进双方教师在教育理念、教育方法等方面的交流与学习。在学校及教育机构间的合作方面，中泰两国政府鼓励学校及教育机构之间开展合作，共同设立合作办学项目、开展教育研究等。

政策法规对成都与泰国教育交流项目产生了积极的影响，同时也带来了一定的限制。一方面，政策法规为成都与泰国教育交流项目提供了良好的政策环境，有利于双方开展教育合作与交流。例如，中泰两国政府对教育交流的支持与鼓励，为双方学校及教育机构的合作提供了政策保障。此外，政策法规还为双方学生的学历互认、教师交流等提供了便利。另一方面，虽然政策法规为教

① Zhou F-Y，“Research Method of Political Environment Assessment in One Belt One Road: Based on the Case Study of Thailand and Indonesia”，*Journal of Beijing University of Technology*（Social Sciences Edition），2016（5），pp. 66-77.

育交流项目提供了支持，但是一些具体的规定和要求可能会对项目产生一定的限制。[①]例如，在学生交流方面，签证政策、奖学金政策等因素可能影响学生的参与意愿及实际参与人数。在教师交流方面，教师出国手续、工作许可等环节的限制可能影响教师参与交流的积极性。

为克服政策法规所限，成都与泰国教育交流项目可采取以下措施：加强政策法规的宣传与解读，通过举办政策法规讲座、研讨会等形式，使参与教育交流项目的教师、学生及教育机构充分了解政策法规的内容与要求，提高项目执行的合规性；构建政策法规咨询与服务平台，为参与教育交流项目的各方提供政策法规咨询服务，协助解决项目执行过程中遇到的政策法规问题；强化政府部门间的沟通与合作，通过政府间的交流与合作，推动政策法规的修订和完善，为教育交流项目营造更有利的政策环境。

总之，政策法规对成都与泰国教育交流项目具有促进作用，同时也存在限制。通过采取相应措施，有助于应对政策法规带来的挑战，为项目的顺利进行创造良好条件。

三、成都与泰国教育交流项目的可行性分析

（一）地理优势

成都位于中国西南地区，是四川省的省会，拥有便捷的陆、空交通网络。泰国位于东南亚地区，首都曼谷是东南亚地区的航空枢纽，两地之间的交通十分便利。中泰之间已有直飞航班，飞行时间约为 3 小时。便捷的交通为教育交流项目的师生互访提供了便利条件。地理位置和交通便利程度为成都与泰国教育交流项目提供了良好的基础。双方可以充分利用地理优势，开展教师互访、学生交流等多元化的教育合作项目。此外，地理位置相近也使得双方在气候、饮食、生活习惯等方面有更多的共同点，有助于双方人民更好地适应对方的生活环境。

（二）经济合作基础

成都与泰国之间的经济联系紧密，双方在贸易、投资、旅游等领域合作广泛。泰国是成都的重要投资伙伴和旅游市场，而成都也已成为泰国在中国的关键贸易伙伴和投资目的地。这种稳固的经济合作基础为双方教育交流项目提供了有力支撑。经济往来的增进促使两国人民友谊日益深厚，为教育交流项目的

① 陈泽宪、柳华文：《人权领域的国际合作与中国视角》，中国政法大学出版社，2017年，第 315 页。

推进营造了良好的社会环境。同时，经济合作也推动了双方在技术、管理等方面的交流，为教育交流项目的深化发展提供了丰富资源。

（三）社会文化认同

成都与泰国在社会文化方面诸多共通之处，诸如高度重视家庭观念、尊敬长辈以及待人热情等。这些共同点在双方相互了解与沟通的过程中，有助于减少文化摩擦，增强彼此认同。基于社会文化认同，成都与泰国的教育交流项目得以顺利推进。双方依托共同的价值观，更容易开展教育交流与合作。通过教育交流项目，双方可以互相借鉴教育经验，共同提升教育质量，进而推动教育事业不断进步。

（四）已有合作基础

成都与泰国在教育领域合作基础深厚。双方学校之间的交流与合作丰富多样，包括教师互访、学生交流以及联合研究等项目。这些合作经验为双方深化教育交流打下了坚实基础。在现有的合作基础上，成都与泰国可以进一步拓宽合作领域，开发更多合作项目，提高合作水平。双方共同努力，为推动中泰教育交流事业的持续发展做出积极贡献。双方可以在教学资源、科研设施等方面进行共享，以提升各自的教学和科研能力。可以考虑建立教学资源共享平台，方便双方教师和学生获取教学资源。

（五）教育发展需求

成都与泰国在教育领域均面临若干挑战。例如，成都存在教育资源分布不均和教育质量有待提升等问题，而泰国则需提升教育普及程度和改善教育质量。这些挑战为双方开展教育交流与合作提供了契机。通过共享教育经验和教育资源，共同应对教育发展中的挑战，成都与泰国教育发展需求的共同点为推动双方深化交流提供了动力。

针对教育发展的瓶颈问题，双方可以开展联合研究、短期培训、课程合作等项目，共同提升教育质量。同时，通过教育交流项目，增进对彼此教育制度的了解，互相借鉴优秀教育经验，促进教育改革与发展。总体而言，成都与泰国教育交流项目在地理优势、经济合作基础、社会文化认同、既有合作基础和教育发展需求等方面具备较高可行性。

为实现项目更好发展，双方应加强沟通与协作，不断优化项目设计，拓宽合作领域，提升合作水平，为中泰教育交流事业的繁荣发展做出贡献。

四、成都与泰国教育交流项目的建议与展望

（一）加强语言培训以及教师队伍建设

为进一步推动成都与泰国教育交流项目的深入开展，双方应强化语言培训与文化交流。考虑设立专业化语言培训机构，提供汉语及泰语培训服务，助力参与者提升语言技能。同时，通过举办各类文化交流活动，如讲座、夏令营、短期访问等，增进双方人民对彼此文化的理解和认同。在成都与泰国教育交流项目中，教师团队建设尤为重要。通过教师培训、教学研讨、教育考察等措施，提升教师跨文化沟通能力及教育教学水平。此外，可探讨教师交换项目，让教师在对方国家进行短期教学，亲身体验不同教育环境下的教学实践，进而促进教育教学经验的分享与交流。

（二）推动教育体制改革与创新

为进一步促进成都与泰国教育交流项目的推进，双方应高度重视学生的参与程度与满意度。积极倡导学生主动参与交流项目，并提升学生在项目中的主导地位。同时，关注学生需求与反馈，适时调整项目内容，确保项目契合学生需求，提升学生满意度。成都与泰国教育交流项目应致力推动教育体制改革与创新。双方可共享教育改革经验，互相学习借鉴，共同提升教育质量。此外，还可在教育技术、教育管理、课程设置等领域加强合作与交流，推进教育创新，为双方教育水平提升提供有力支持。

（三）完善政策法规支持体系

为了推动成都与泰国教育交流项目的深度发展，构建更加完善的政策法规支持体系至关重要。首先，双方应对现行政策法规进行全面梳理和适时修订，以便为项目的顺利推进创造更加有利的政策环境。其次，加强政策法规的宣传和解读力度，提升相关主体对政策法规的认知度和遵循度，确保教育交流项目的合规性和可持续发展。[①]在此基础上，成都与泰国还应积极争取政策支持，为教育交流项目提供更多资源保障。例如，双方可以通过举办研讨会、培训班等活动，向政府争取更多政策支持和资金投入，为项目的实施提供有力保障。同时，加强政策法规培训，提高教育工作者对政策法规的理解和运用能力，降低

① Liu Y，Xue B，“Research and Prediction on China-Thailand Economic and Trade Relations under the Background of ‘One Belt One Road’”，*International Conference on Modern Education and Information Management*，Dalian，China，2020，pp. 488-491.

项目实施过程中的风险。

（四）拓展合作领域与层次

为了提高成都与泰国教育交流项目的知名度和影响力，双方应加大宣传推广力度，通过各类媒体平台宣传项目的成果和优势。同时，建立完善的评估体系，对项目的实施效果进行定期评估，为项目的持续改进提供依据。成都与泰国教育交流项目应不断拓展合作领域与层次。[①]除了学校间的合作，还可以鼓励教育机构、企业、民间团体等参与教育交流项目，形成多元化的合作格局。此外，双方还可以在学位互认、联合培养、科研合作等方面加强合作，提高教育交流项目的层次和水平。

（五）促进教育交流项目可持续发展

为进一步确保成都与泰国教育交流项目的长期稳定发展，双方应采取一系列措施推动项目的可持续发展。首先，建立项目评估与反馈机制，定期对项目实施情况进行评估，并根据评估结果进行优化调整。其次，加强项目管理，确保项目按照既定计划稳步推进。此外，积极争取政府及社会各方资源，为项目提供持续的资金支持。

在双方共同努力下，成都与泰国教育交流项目有望实现可持续发展，并推动产学研一体化。在此基础上，双方可以深化课程设置、实习实训、就业指导等方面的合作，与企业建立紧密合作关系，为学生提供实践和就业机会。同时，开展联合研究和技术创新，促进教育链与产业链的有机衔接，为双方的教育事业发展创造更多机遇。携手努力，共同推动教育交流项目的繁荣发展，为中泰友谊做出更为积极的贡献。

成都与泰国教育交流项目具备较高的可行性，同时拥有广阔的发展潜力。双方应通力合作，持续扩大合作领域，加深合作层次，为中泰教育交流事业的繁荣发展做出积极贡献。通过双方的共同努力，成都与泰国教育交流项目将持续取得丰硕成果，为中泰友谊注入新的活力。为进一步拓宽合作领域及深化合作层次，双方可在职业教育、教师培训、远程教育等方面加强合作。例如，共同开发职业教育课程，共享职业培训资源，推动双方在职业教育领域的协同发展。同时，利用远程教育技术，实现教学资源互通共享，开展在线合作教学，克服地理障碍，使教育交流与合作更为广泛深入。

---

① 刘川、刘云云：《四川和泰国会有更多合作机会》，载《四川日报》，2011 年 8 月 30 日第 2 版。

五、结论

从社会文化视角来看，成都与泰国教育交流项目所面临的主要挑战包括语言障碍、文化差异、教育体制差异以及资源分配不均等。语言障碍可能影响双方在教育交流过程中的沟通与理解，文化差异和教育体制差异则可能导致教育理念和方式的冲突与不适。此外，资源分配不均等问题也可能影响教育交流项目的实施效果。然而，从社会文化视角来看，成都与泰国教育交流项目具有较高的可行性。地理优势、经济合作基础、社会文化认同、已有合作基础和教育发展需求等因素，均为项目的实施提供了有力支持。只要双方充分认识挑战，并采取有效应对措施，项目的实施就将取得良好效果。

展望未来，成都与泰国教育交流项目有望在以下方面实现突破：一是加强语言培训和文化交流，提升双方人民的跨文化沟通能力；二是推动教育体制改革与创新，提高教育质量；三是完善政策法规支持体系，为项目实施提供有力保障；四是拓展合作领域与层次，提升项目的影响力。通过双方的共同努力，成都与泰国教育交流项目将为中泰友谊发展做出更大贡献，也为两国教育事业的发展带来更多机遇。

此外，项目还计划加强教师队伍建设，提高教育教学水平。通过开展教师培训、教学研讨等活动，提升教师的跨文化沟通能力和教育教学水平。同时，实施教师交换项目，增进双方对彼此教育环境的了解，促进教育教学经验的分享与交流。关注学生需求，提高学生参与度和满意度，确保项目满足学生的需求，提高学生的满意度。深化产学研合作，促进教育链与产业链的有机衔接，为学生提供实践和就业机会，同时开展联合研究和技术创新，推动教育链与产业链的融合发展。

加强宣传推广与评估，提高项目知名度和影响力，通过各类媒体平台宣传项目的成果和优势，建立完善的评估体系，对项目的实施效果进行定期评估，为项目的持续改进提供依据。促进中泰人文交流，丰富中泰友谊内涵，通过教育交流项目，增进双方人民对彼此历史、文化、社会的了解，促进民心相通。同时，组织各类文化活动，如艺术表演、展览、讲座等，丰富中泰人文交流的形式和内容。

综上所述，成都与泰国教育交流项目在多个方面具有较高的可行性，并具有广阔的发展前景。双方应共同努力，不断拓宽合作领域，深化合作层次，为推动中泰教育交流事业的繁荣发展贡献力量。通过双方的携手努力，成都与泰国教育交流项目将不断取得新的成果，为中泰友谊做出积极贡献。

参考文献

陈建荣, 何娣琼, 邹冠炀, 2023. “一带一路”视域下中泰中医药贸易合作的机遇与挑战[J]. 亚太传统医药（2）: 1-6.

陈泽宪, 柳华文, 2017. 人权领域的国际合作与中国视角[M]. 北京: 中国政法大学出版社.

邓丽娜, 2012. 文化交流促进城市国际化功能的发展——成都文化与泰国文化差异性、互补性研究[J]. 湖北广播电视大学学报（10）: 61-62.

李卉嫔, 2020. “希望更多地参与中国西部的发展”——专访泰国驻成都总领事张淑贞[J]. 一带一路报道（中英文）（6）: 78-81.

李霖, 2019. 成都城市外交研究[D]. 福州: 华侨大学.

刘川, 刘云云, 2011. 四川和泰国会有更多合作机会[N]. 四川日报, 2011-08-30（2）.

文博昕, 王祎, Adi Wirawan Tjahjono, 等, 2023. “一带一路”倡议下中医药院校国际化发展研究与实践——以成都中医药大学与泰国法政大学项目为例[J]. 中医药管理杂志（10）: 1-3.

杨春娇, 2023. “一带一路”背景下高校非专业泰语教学中存在的问题及改进策略[J]. 新课程研究（30）: 108-110.

佚名, 2013. 四川省泰国研究中心——四川省教育厅第一批“区域和国别重点研究基地”[J]. 成都大学学报（6）: 2, 129.

周小骥, 张艳, 2013. 以校际合作与交流搭建成都与世界的桥梁——访成都学院院长周激流[J]. 世界教育信息（21）: 62-64.

LIU Y, XUE B, 2020. Research and Prediction on China-Thailand Economic and Trade Relations under the Background of “One Belt One Road” [C]. International Conference on Modern Education and Information Management, 488-491.

ZHOU F-Y, 2016. Research Method of Political Environment Assessment in One Belt One Road: Based on the Case Study of Thailand and Indonesia[J]. Journal of Beijing University of Technology（Social Sciences Edition）（5）: 66-77.

An Analysis of the Challenges and Feasibility of Educational Exchange Projects Between Chengdu and Thailand, Focusing on Socio-cultural Aspects

Jiratchaya Namwong　Lü Jing

Abstract: This article delves into the challenges and feasibility of educational exchange initiatives between Chengdu and Thailand from a socio-cultural perspective. By conducting a comparative analysis of both countries' education systems, it sheds light on how socio-cultural factors impact the implementation of such projects. Challenges encompass language barriers, cultural disparities, differences in educational systems, and administrative complexities. However, feasibility emerges from the complementarity of educational resources in both nations, diverse cultural exchange avenues, and extensive prospects for collaboration. Overcoming challenges and enhancing feasibility can be achieved through strategies like fostering cultural comprehension, bolstering language proficiency, and establishing adaptable cooperation frameworks within educational exchange programs. Ultimately, this article underscores the significance of cross-cultural understanding and mutually beneficial collaboration in education to foster sustainable development within educational exchange endeavors linking Chengdu and Thailand.

Keywords: social and cultural perspective；Chengdu；Thailand；educational exchange project；feasibility analysis

赴泰中国教育学专业博士生的在线学习行为倾向分析①

向朝楚②

摘要： 当下，众多中国高校在职教师赴泰攻读教育学博士学位，该群体在新冠疫情期间经历了在线学习阶段，而且目前他们在国内高校工作期间也将继续通过在线学习完成学业，而行为倾向（BI）则是判断学生对于在线学习有效参与的核心指标之一。本实证研究在技术接受模型（TAM）和技术整合接受理论（UTAUT）的框架基础上建构了研究概念框架，并对 498 名教育学在职博士生关于在线学习行为倾向进行了定量研究。数据统计分析结果证明全部假设成立，其中学习态度（ATU）对行为倾向产生了最强直接影响，而努力预期（EE）则对行为倾向产生了最弱直接影响。

关键词： 在线学习；行为倾向；TAM；UTAUT

一、引言

2017 年中国教育部提出实行“双一流”高校建设、“双一流”专业建设，由此带来中国教育界的整体大环境的改变，以及各大高校自身的战略发展，因此对于相应教职员工高层次发展，对于他们的博士学历的要求也日渐提高。对于中国高校而言，获得博士学位既是高校师资质量的基本保障，又是学术职业的人才储备机制，更是学术职业后备人才建设的关键。

同时，2005—2015 年入职中国高校的在编教师大多是硕士研究生学历，在当前高校普遍强调教师学历博士化提升的当下，大量中国高校教师存在提升学在的环境压力。而中国国内高校博士研究生的招生比例相对较低，就算经历重重关卡进入最后的复试环节，淘汰比例也高达 50%～75%。③并且中国大学对于

① 本文系成都大学泰国研究中心项目“疫情下赴泰教育学博士的在线留学之满意度于行为倾向分析”（项目编号：SPRITS202214）研究成果。

② 向朝楚，博士，成都大学美术与设计学院副教授，主要研究方向为教育学、艺术学。

③ 希赛网：《这些博士院校报录比、复录比「太炸了」！》，2023 年 10 月 24 日，https://baijiahao.baidu.com/s?id=1780605872126786522&wfr=spider&for=pc。

博士申请人的职称与前期科研成果要求很高，没有适当数量的诸如 CSSCI 来源期刊论文、科研项目与出版专著，很难获得入学资格。同时中国博士研究生教育延迟毕业率也在逐年提升：从 2003 年的 46.5%逐年提升到 2019 年的 63.8%[①]，平均就读时间为 5.5 年[②]，部分 985 院校的博士研究生毕业甚至要长达 8 年。[③]

由于存在国内读博入学率低、毕业困难等客观条件限制，很多硕士研究生学历的中国高校教师将目光转向了海外留学。近年来中国赴海外留学生数量呈现稳定增长的态势：从 2020 年的 45.1 万人稳步增长到 66.2 万人。其中，泰国由于留学经济成本适中、文化包容、与中国地缘关系较近，成为近年来的热门留学国家：2015—2020 年，在泰中国留学生人数从 6157 人增长到 14423 人，同比增长 134.25%。[④]泰国高等教育体系较为完备，课程体系与学术资源与西方发达国家接轨程度较高，且教育学是泰国各大高校重点博士专业方向，同时教育学也是中国高校不同专业在职教师的最容易选择的学科，因此大量中国高校教师留学泰国就读该专业。因此本研究的目标人群为在泰国就读教育学博士专业的中国高校在职教师。

由于 2020—2022 年的新冠疫情导致留学生难以入境泰国，而在线留学带来了巨大的便利，使泰国教育学在读博士的数量得到了进一步的增加。同时，在线留学也带来了诸多问题。笔者自 2022 年开始担任泰国易三仓大学（Assumption University of Thailand）技术教育与管理专业（Technology Education and Management）、教育管理与领导力专业（Educational Administration and Leadership）博士生导师以来，通过相应的实际在线教学工作，发现大致存在以下问题：首先，由于网络安全监管因素的原因，对于谷歌学术、ERIC 等中国境外学术数据库的访问存在一定困难，同时诸如 Zoom、Webex 等境外在线会议软件的功能、稳定性也存在一定的问题；其次，泰国院校所提供的在线学习管理系统在中国境内使用的稳定性也存在相应问题；最后，由于缺乏现场教学的临场性，存在无法现场面对面解决学生问题的情况，因此教学效果不佳。

同时大部分目标博士生由于没有教育学专业背景，仅凭自身的教学经验，

① 搜狐网：《985 高校调整，博士 8 年毕不了业，博士研究生迎重大改革！》，2022 年 9 月 8 日，https://www.sohu.com/a/583445261_120070933。

② 西宁晚报：《为什么博士生难以按期毕业？》，2023 年 11 月 30 日，http://www.xnwbw.com/html/2023-11/30/content_290812.htm。

③ 搜狐网：《985 高校调整，博士 8 年毕不了业，博士研究生迎重大改革！》，2022 年 9 月 8 日；https://www.sohu.com/a/583445261_120070933。

④ 王辉耀、苗绿：《国际人才蓝皮书　中国留学发展报告（2020～2021）No.7》，社会科学文献出版社，2020 年。

在并不了解教育学专业特点的情况下就盲目报名入学，因此存在明显的认知偏差。大部分目标博士生并不清楚教育学强调的定量研究方法，很多仅完成过定性研究的训练，因此只能从头开始全新学习。再者本次研究的目标博士生在中国高校都有在职工作，他们除了要完成博士学业，在中国高校的本职工作、家庭的责任与压力同样无法忽视。这就导致了目标博士生的学习模式存在较强的独特性，需要在较短时间克服以上困难，并完成高强度的博士课程学习与毕业论文撰写。在 2022 年放宽疫情防控政策后，由于客观条件限制，目标博士生大多部分时间停留在中国完成本职工作，部分时间前往泰国完成博士学业，他们在中国境内时，依然只能通过在线学习的方式接受博士生导师的科研指导与论文审核。因此，仍将持续的在线学习拥有较高的分析价值。

萨利·巴尔达克彻（Salih Bardakci）认为，行为倾向（Behavioral Intention）是心理学层面针对学生是否有效接受特定教学模式的一个极重要的衡量指标。[①]基于以上多重因素，本文将技术接受理论（TAM）与整合技术接受理论（UTAUT）进行有机整合，建构了研究概念框架，并对影响目标学生针对在线学习行为倾向的因素与作用机制进行了验证分析，以期为相应研究领域与实践教学调整提供新的理论支持。

二、理论基础

（一）相关理论模型基础

本文的理论基础包括技术接受理论中的两项重要理论：技术接受模型（Technology Acceptance Model，TAM）和技术接受整合理论（Unified Theory of Acceptance and Use Technology，UTAUT）。

弗雷德·戴维（Fred Davis）于 1989 年基于认知心理学的理论成果提出了 TAM 模型，用以评估受众对于接受特定技术的心理反应的主导理论框架。[②]维斯瓦纳特·文卡特什（Viswanath Venkatesh）认为，TAM 是分析用于接受与使用特定技术的实证研究中最为广泛应用的模型之一。[③]TAM 的模型核心架构由自变量感知易用性（Perceived Ease of Use，PEOU），中介变量感知有用性

① Bardakcı S，“Exploring High School Students' Educational Use of YouTube”，*International Review of Research in Open and Distributed Learning*，2019，20（2），pp. 260-278.

② Davis F，“Perceived Usefulness，Perceived Ease of Use，And User Acceptance of Information Technology”，*MIS Quarterly*，1989，13（3），pp. 319-340.

③ Venkatesh V，“Determinants of Perceived Ease of Use：Integrating Control，Intrinsic Motivation，and Emotion into the Technology Acceptance Model”，*Information Systems Research*，2000，11（4），pp. 342-365.

（Perceived Usefulness，PU）、学习态度（Attitude，ATU），以及因变量行为倾向（Behavioral Intention，BI）共同组成。TAM 是目前教育技术学中重要且主流的信息系统理论。

UTAUT 是文卡特什等研究者于 2003 年在 TAM 理论基础上提出了的一种迭代的技术接受整合理论模型。[①]UTAUT 的模型核心架构由自变量绩效预期（Performance Expectancy，PE）、努力预期（Effort Expectancy，EE）、社会影响（Social Influence，SI）、促进条件（Facilitating Conditions，FC），因变量行为倾向（Behavioral Intention，BI）、使用行为（Use Behavior）所构成。相较于感知易用性、感知有用性仅强调样本针对特定技术系统的难易、有用程度的单纯判断，努力预期与绩效预期更强调样本对于使用特定系统，在未来能够付出的努力与达到的成绩的心理预期。经过近 20 年检验，UTAUT 对受访者针对特定技术系统使用意图的解释力度高达 70%，因此被广泛用于解释学生针对教育技术的接受行为与意图分析。[②]

（二）研究模型与假设建构

基于相应理论架构，本次研究建构了泰国易三仓大学、兰实大学（Rangsit University）、正大管理学院（Panyapiwat Institute of Management）教育学专业博士生对于在线学习的行为倾向模型（下文简称“行为倾向模型”），如图 1 所示。该研究模型的 8 个潜在变量由 5 个自变量、2 个中介变量以及 1 个因变量构成。研究者基于行为倾向模型，提出了本次研究的 8 个假设：其中 H1 至 H4 基于 TAM 架构，H5 至 H6 基于 UTAUT 架构。

1. 基于 TAM 架构

在本次研究的概念框架中，基于 TAM 理论的对应变量包含自变量感知易用性，中介变量感知有用性、学习态度及因变量行为倾向。Rui-Hsin 认为，感知易用性是确定学生针对在线教育并判断其难易程度的潜在变量。[③]伊曼纽尔·福基德斯（Emmanuel Fokides）认为，感知有用性反映了大学生对于接受特定学

① Venkatesh V，Morris M G，Hall M，et al.，“User Acceptance of Information Technology: Toward A Unified View”，*MIS Quarterly*，2003，27（3），pp. 425-478.

② 周炫余、唐丽蓉、卢笑、刘林、陈圆圆：《中小学教师对智慧教育装备的接受度及其影响因素》，载《现代教育技术》，2021 年第 3 期，第 97～103 页。

③ Rui-Hsin K，Lin C，“The Usage Intention of E-Learning for Police Education and Training”，*Policing An International Journal of Police Strategies and Management*，2018，41（1），pp. 98-112.

习模式，评估其自身能否进行有效学习的程度预期。①巴贾特·塔克尼（Bahjat Al-Takhyneh）认为，学习态度是一种反映在教学过程中，评估学生产生积极学习动机的心理学指标。②哈伦·西格德姆（Harun Cigdem）等认为，行为倾向是预测学生在未来认可并继续坚持使用特定学习系统的重要变量。③

根据相应文献支持,研究者得到如下假设：感知易用性对目标学生针对在线学习的感知有用性存在显著重大影响（H1），感知易用性、感知有用性分别对目标学生针对在线学习的学习态度存在显著重大影响（H2、H3），学习态度对目标学生针对在线学习的行为倾向存在显著重大影响（H4）。

2. 基于 UTAUT 架构

基于 UTAUT 理论的对应变量包含自变量绩效预期、努力预期、社会影响、促进条件，以及因变量行为倾向。乔尔·姆特贝（Joel Mtebe）等认为，绩效预期是用以评估学生判断其通过特定教学模式在未来可获得何种学习成果的潜在变量。④Teo 等认为，努力预期是指学生运用特定教育技术所需要付出的努力程度。⑤S. 马兹曼（S. Mazman）等认为，社会影响是指个体受外界环境影响而对技术系统的接纳程度。⑥文卡特什等研究者认为，促进条件是指学生使用相关技术系统的外界支持程度。⑦

根据相应文献支持研究者得到如下假设：绩效预期、努力预期、社会影响、促进条件分别对目标学生针对在线学习的行为倾向存在显著重大影响（H5、H6、H7、H8）。

---

① Fokides E，“Greek Pre-service Teachers' Intentions to Use Computers as In-service Teachers”，*Contemporary Educational Technology*，2017，8（1），pp. 56-75.

② Bahjat A，“Attitudes Towards Using Mobile Applications in Teaching Mathematics in Open Learning Systems”，*International Journal of E-Learning & Distance Education*，2018，33（1），pp. 2-16.

③ Cigdem H，Ozturk M，“Factors Affecting Students' Behavioral Intention to Use LMS at a Turkish Post-Secondary Vocational School”，*International Review of Research in Open and Distributed Learning*，2016，17（3），pp. 276-295.

④ Mtebe J，Raisamo R，“Challenges and Instructors' Intention to Adopt and Use Open Educational Resources in Higher Education in Tanzania”，*International Review of Research in Open and Distance Learning*，2014，15（1），pp. 249-271.

⑤ Teo T，Noyes J，“Explaining the Intention to Use Technology among Pre-Service Teachers: A Multi-Group Analysis of the Unified Theory of Acceptance and Use of Technology”，*Interactive Learning Environments*，2014，22（1），pp. 51-66.

⑥ Mazman S，Usluel Y，Çevik V，“Social Influence in The Adoption Process and Usage of Innovation：Gender Differences”，International Journal of Behavioral，Cognitive，*Educational and Psychological Sciences*，2009，3（1），pp. 229-232.

⑦ Venkatesh V，Morris M G，Hall M，et al.，“User Acceptance of Information Technology: Toward a Unified View”，*MIS Quarterly*，2003，27（3），pp. 425-478.

本次定量研究的概念框架如图 1 所示。其中，自变量为绩效预期、努力预期、感知易用性、社会影响、促进条件；中介变量为感知有用性与学习态度，因变量为行为倾向。

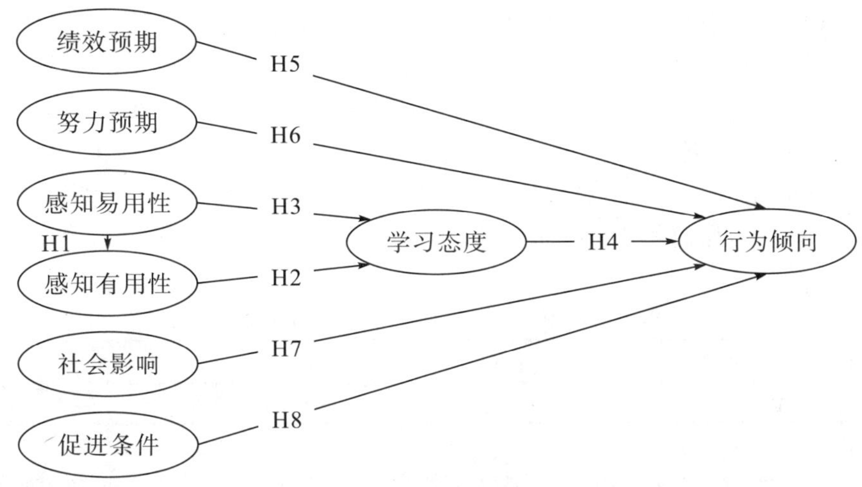

图 1 研究概念框架

三、研究设计

（一）研究对象

为保证研究的客观性与严谨性，本次研究的对象为三所目标泰国高校全部 531 名教育学在读博士生，且皆为中国高校的在职员工。

（二）研究工具设计、信效度检验、发放与回收

本次研究的"教育学专业博士生对在线学习的行为倾向的调查问卷"是基于 Sangjo 等①，Fokides②，Mtebe 等③和 Bashir 等①研究者的前期成果发展而来

① Sangjo O，Joongho A，Beomsoo K，"Adoption of Broadband Internet in Korea：The Role of Experience in Building Attitudes"，*Journal of Information Technology*，2015，18（4），pp. 267-280.

② Fokides E，"Greek Pre-service Teachers' Intentions to Use Computers as In-service Teachers"，*Contemporary Educational Technology*，2017，8（1），pp. 56-75.

③ Mtebe J，Raisamo R，"Challenges and Instructors' Intention to Adopt and Use Open Educational Resources in Higher Education in Tanzania"，*International Review of Research in Open and Distance Learning*，2014，15（1），pp. 249-271.

的。问卷基于行为倾向模型中 8 项潜在变量所对应的 39 项观测变量，并通过五级李克特量表进行相应测评。

针对量表的信度与效度检验，研究者首先邀请了 3 位具备博士研究生学历、职称在副教授及以上并且针对本次研究拥有至少 8 年以上研究经验的专家，对 39 项观测变量进行了 IOC 谐度测试（Item-Objective Congruence），测试结果中仅 7 项观测变量得分为 0.667，其余皆为 1.000，全部高于 0.500，代表观测量表拥有良好的内容效度。继而本次研究在 531 名最终样本中，选取了 60 名学生（每所大学各 20 名）进行过了预测试，通过分析其测试结果：8 个潜在变量的 Cronbach's Alpha（CA）的分值范围为 0.865 至 0.951（具体数值如表 1 所示），以上结果证明问卷具有良好的内部一致性信度。

表 1　预测试的 Cronbach's Alpha 分析结果

潜在变量	PEOU	PU	ATU	BI	PE	EE	SI	FC
CA	0.935	0.949	0.865	0.951	0.938	0.914	0.904	0.870

本次研究的问卷通过电子问卷形式发放，在 531 份问卷中，最终获取有效问卷 498 份，有效率为 93.7%。全部 498 份有效数据的 KMO 值为 0.791，Bartlett 球形检验结果为 0.000（$P<0.001$），达到了显著水平，表明本次研究的定量数据适合开展进一步的因子分析。

四、数据统计分析

（一）描述性统计

本次研究通过统计分析软件 Jamovi 2.0 对 498 份有效问卷数据进行了描述性信息统计，统计结果如下：

最大均值为绩效预期（M=3.35，SD=0.874）、行为倾向（M=3.35，SD=0.830）、社会影响（M=3.35，SD=0.786），其余依次是努力预期（M=3.33，SD=0.877）、促进条件（M=3.31，SD=0.685）、学习态度（M=3.28，SD=0.672）、感知有用性（M=3.23，SD=0.867），最低的是感知易用性（M=3.20，SD=0.806）。所有潜在变量的均值与标准差都较为接近，如表 2 所示。参照 Norman 的理论成果，定量研究中若潜在变量的完整数据均值

① Bashir I，Madhavaiah C，"Consumer Attitude and Behavioral Intention Towards Internet Banking Adoption in India"，*Journal of Indian Business Research*，2015，7（1），pp. 67-102.

在 2.51～3.50 范围内，其整体感知程度为一般水平以上。[①]本次研究所有潜在变量的完整数据均值皆匹配于该层级。

表 2 行为倾向模型的核心内容描述性分析结果

潜在变量	PEOU	PU	ATU	BI	PE	EE	SI	FC
均值	3.20	3.23	3.28	3.35	3.35	3.33	3.35	3.31
标准差	0.806	0.867	0.672	0.830	0.874	0.877	0.786	0.685

（二）验证性因子分析（CFA）

1. 拟合优度

在通过描述性分析之后，本次研究采用统计分析软件 AMOS 23.0 进行了验证性因子分析（Confirmatory Factor Analysis，CFA），以评估测量因子与观测变量之间的一致性。为确保相应分析准确性，研究者首先确定了绝对拟合、增量拟合、俭省拟合三大类共 9 项拟合优度参数。依据 Hair 等[②]、Schermelleh-Engal 等[③]和 Mulaik 等[④]研究者针对拟合优度提出的评价标准，本次研究的全部拟合优度参数都处于理想适配状态，具体数值如表 3 所示。

表 3 CFA 模型的拟合优度类别、判断标准、及拟合结果

拟合类别	绝对拟合				增量拟合			俭省拟合	
拟合指标	CMIN/DF	GFI	AGFI	RMESA	CFI	NFI	TLI	PGFI	PNFI
临界标准	＜3.00	⩾0.90	⩾0.80	＜0.05	⩾0.90	⩾0.90	⩾0.90	⩾0.50	⩾0.50
拟合结果	1.246	0.923	0.911	0.022	0.989	0.948	0.988	0.797	0.862

2. 收敛效度

收敛效度（Convergent Validity）与区分效度（Discriminant Validity）是 CFA 的两大核心评判指标。收敛效度则需要通过因子载荷（Factor Loading，

① Norman G，“Likert Scales，Levels of Measurement，and the ‘Laws’ of Statistics”，*Advances in Health Sciences Education*，2010，15（5），pp. 625-632.

② Hair J F，Anderson R E，Tatham R L，et al.，2019，*Multivariate Data Analysis*，Prentice Hall.

③ Schermelleh-Engelm K，Moosbrugger H，“Evaluating the Fit of Structural Equation Models：Tests of Significance and Descriptive Goodness-of-Fit Measures”，*Methods of Psychological Research Online*，2003，8（2），pp. 23-74.

④ Mulaik S A，James L R，Alstine J，et al.，“Evaluation of Goodness-of-Fit Indices for Structural Equation Models”，*Psychological Bulletin*，1989，105（3），pp. 430-445.

FL）、组合信度（Composite Reliability，CR）、平均变异提取量（Average Variance Extracted，AVE）三者共同决定。根据本次 CFA 检验结果，在所有观测变量的因子载荷的数值中，最低为 0.720，全部超过 0.500；最低的组合信度数值为 0.865，全部超过 0.700；最低的平均变异提取量为 0.576，全部超过 0.500，证明相应测试的数据符合收敛效度的要求，数据与研究模型之间存在良好的收敛性。具体数值如表 4 所示。

表 4　因子载荷、组合信度、平均变异提取量分析结果

潜在变量	PEOU	PU	ATU	BI	PE	EE	SI	FC
最低因子载荷	0.785	0.835	0.720	0.856	0.879	0.809	0.742	0.762
最高因子载荷	0.880	0.915	0.828	0.910	0.912	0.893	0.910	0.812
CR	0.931	0.936	0.890	0.868	0.939	0.916	0.895	0.865
AVE	0.692	0.709	0.576	0.622	0.793	0.733	0.682	0.617

3. 区分效度

依据表 5 所统计的数据，各潜在变量之间的相关参数最高仅为 0.584，低于 0.800，并且低于相对应的潜在变量的 AVE 的平方根，充分说明本次研究的最终数据符合检验要求，相应数据与研究模型之间具备理想的区分效度。本次研究的收敛效度与区分效度都符合相应统计分析要求，因此本次研究的定量数据与研究模型存在较好的匹配度，相应数据具有较强的可信度，符合进入结构方程模型的分析标准。

表 5　区分效度分析结果

	PE	EE	SI	FC	PEOU	PU	ATU	BI
PE	0.890							
EE	0.345	0.856						
SI	0.281	0.286	0.826					
FC	0.329	0.239	0.206	0.785				
PEOU	0.125	0.166	0.222	0.147	0.832			
PU	0.156	0.192	0.091	0.093	0.350	0.842		
ATU	0.263	0.346	0.251	0.153	0.490	0.500	0.759	
BI	0.488	0.483	0.438	0.494	0.329	0.252	0.584	0.789

（三）结构方程模型（SEM）

1. 拟合优度

CFA 检验通过后，本次研究将通过结构方程模型（Structural Equation

Model，SEM）进行假设检验，并且同样使用 AMOS 23.0 进行相应数据分析。SEM 同样需要拟合优度检验，本次研究针对 SEM 所选用的拟合优度标准与 CFA 相同，经过模型的调整与修正，9 项拟合优度参数皆处于理想适配状态，具体数值如表 6 所示。

表 6 SEM 模型之拟合优度类别、判断标准、及拟合结果

拟合类别	绝对拟合				增量拟合			俭省拟合	
拟合指标	CMIN/DF	GFI	AGFI	RMESA	CFI	NFI	TLI	PGFI	PNFI
临界标准	＜3.00	≥0.90	≥0.80	＜0.05	≥0.90	≥0.90	≥0.90	≥0.50	≥0.50
原始数值	1.635	0.889	0.876	0.036	0.971	0.929	0.969	0.791	0.870
修正结果	1.477	0.900	0.885	0.031	0.979	0.937	0.977	0.787	0.863

2. 假设检验与路径分析

依据本次研究中的结构方程模型的路径系数与假设检验指标：本次研究所有假设的 *P* 值全部低于 0.001，具有最佳的统计显著性，所以本次研究中的八项假设全部被判断为成立，具体数值如表 7 所示。

表 7 行为倾向模型的路径分析与假设检验

假设	模型路径			标准化路径系数（β）	S.E.	T 值	假设判断
H1	PEOU	→	PU	0.306	0.048	6.563***	成立
H2	PEOU	→	ATU	0.512	0.034	9.044***	成立
H3	PU	→	ATU	0.409	0.032	9.676***	成立
H4	ATU	→	BI	0.501	0.042	12.274***	成立
H5	PE	→	BI	0.232	0.029	6.454***	成立
H6	EE	→	BI	0.218	0.029	6.003***	成立
H7	SI	→	BI	0.232	0.032	6.356***	成立
H8	FC	→	BI	0.387	0.042	9.641***	成立

注：***代表 *P* 值低于 0.001。

基于表 7 的统计数据：在本次研究的假设 H4 至 H8 的对因变量行为倾向（BI）产生直接影响五个潜在变量中，产生最大显著影响效能的是 H4 中的学习态度（ATU），其对因变量产生的标准化路径系数（β 值）为 0.501，T 值为 12.274。其次是 H8 中的促进条件（FC），其产生的 β 值为 0.387，T 值为 9.641。H5 中的绩效预期（PE）与 H7 中的社会影响（SI）共同位居第三，其产

生 β 值同为 0.232，绩效预期（PE）产生的 T 值为 6.454；社会影响（SI）产生的 T 值为 6.356。对于因变量存在最弱直接显著影响的是努力预期（EE），其产生的 β 值为 0.218，T 值为 0.229。

基于 TAM 框架下的感知易用性（PEOU）、感知有用性（PU）、学习态度（ATU），这三个潜在变量所形成的相互作用机制下：H2 中的感知易用性（PEOU）对学习态度（ATU）产生了最大的显著积极影响，其产生的 β 值为 0.512，T 值为 9.044，这同时也是本次研究全部假设中所产生的最大影响效能。其次是 H3 中的感知有用性（PU）对于学习态度（ATU）的显著影响，其 β 值为 0.409，T 值为 9.676。最后是 H1 中的感知易用性（PEOU）对感知有用性（PU）的显著影响，其 β 值为 0.306，T 值为 6.563。

关于本次研究的潜在变量之间直接影响、间接影响与总体影响，基于图 2 模型路径分析图，本次研究得出以下结果。

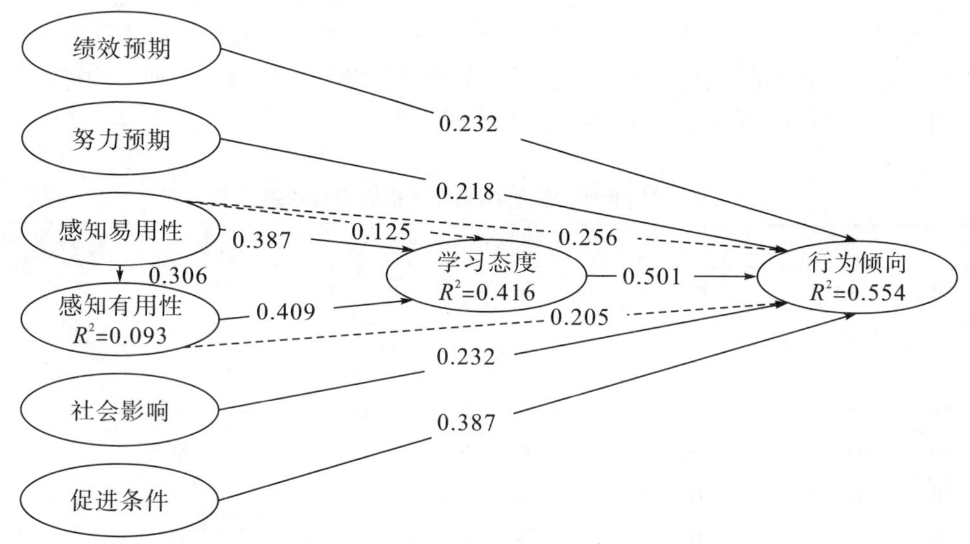

注：实线代表直接影响、虚线代表间接影响。

图 2　行为倾向模型路径分析图

中介变量感知有用性（PU）的 R^2 为 0.093，代表其 9.3%的方差受到了感知易用性的影响而产生，其直接显著影响效应为 0.306。

中介变量学习态度（ATU）的 R^2 为 0.416，代表其 41.6%的方差是受到了感知易用性（PEOU）与感知有用性（PU）的共同作用而产生，其中感知易用性（PEOU）对学习态度（ATU）存在效果为 0.387 的直接显著影响，以及 0.125

的间接显著影响，感知有用性（PU）影响则对学习态度（ATU）产生了效果为0.409 的直接显著影响。

最终因变量行为倾向（BI）的 R^2 为 0.554，代表其 55.4%的方差是受到了研究模型中全部自变量、中介变量的共同显著影响。其中学习态度（ATU）、促进条件（FC）、绩效预期（PE）、社会影响（SI）、努力预期（EE）分别对行为倾向产生了效果为 0.501、0.387、0.232、0.232、0.218 的直接显著影响。感知易用性（PEOU）与感知有用性分（PU）别对行为倾向（BI）产生了效应为 0.256 与 0.205 的间接显著影响。

五、结论与建议

（一）研究结论

本次研究的相应统计数据表面，目标博士生针对在线学习的行为倾向受到其主体意识的显著影响，具体研究结论如下。

（1）学习态度（ATU）对教育学专业博士生在线学习的行为倾向（BI）产生最为重要的直接显著影响。Nadlifatin 等研究者认为：学习态度是评估行为倾向的一个重要指标，学生针对在线教育的学习态度会决定性的影响其相对应的行为倾向。①

（2）促进条件（FC）对目标学生在线学习的行为倾向（BI）存在仅次于学习态度的重要性的直接显著影响。对此，Yahaya 等研究者的前期研究成果证明了当学生在实际操作特定学习系统出现困难时，学校或技术支持若能在促进条件层面提供有效辅助，将会促使学生产生积极的学习行为倾向。②

（3）绩效预期（PE）是对目标学生在线学习的行为倾向（BI）产生积极显著影响的重要潜在变量。Nguyen 等研究者确定了无论是自愿还是非自愿，学生对于特定学习系统的绩效预期，都可以作为分析其行为倾向的重要指标，获取

① Nadlifation R，Ardiansyahmiraja B，Persada S F，et al.，“The Measurement of University Students’ Intention to Use Blended Learning System through Technology Acceptance Model (TAM) and Theory of Planned Behavior (TPB) at Developed and Developing Regions：Lessons Learned from Taiwan and Indonesia”，*International Journal of Emerging Technologies in Learning*，2020，15（9），pp. 219-230.

② Yahaya R，Ramdan M R，Ahmad N L，et al.，“Educators’ Motivation and Intention within the UTAUT Model to Adopt the Flipped Classroom：A Scoping Review”，*International Journal of Learning，Teaching and Educational Research*，2022，21（2），pp. 285-302.

良好成绩的积极心态会对其学习行为倾向产生显著的正面影响。①

（4）社会影响（SI）对目标学生在线学习产生了积极显著的行为倾向（BI）影响。Almaiah 等研究者认为：社会影响是针对行为倾向的决定性因素，因为学生较大程度上会受到学习环境中的其他相关者的观念的影响，即使他们原本对特定学习模式不太感兴趣，但也会因所处环境的推动，产生不可忽视的正向行为倾向。②

（5）努力预期（EE）同样是对目标学生的主观学习行为倾向（BI）的一项重要的判断指标。Attuquayefio 等认为：学生如果存在较高程度的努力预期，则同样会对相应学习模式同步产生较为积极正面的行为倾向。③

（6）本次实证研究中感知易用性（PEOU）对目标学生针对在线学习系统的学习态度（ATU）产生了最强的积极显著影响，同时也对行为倾向（BI）产生了不可忽视的显著间接影响。Rui-Hsin 研究发现：当学生判断在线学习模式较为容易时，会以相对积极的学习心态投入学习，并且显著提升其学习活动的行为倾向。④

（7）感知有用性（PU）同样是影响目标学生学习态度（ATU）的关键变量，同时也是间接影响其行为倾向（BI）的重要判断因子。文卡特什的研究认为：当学生判断在线学习模式具有较强的有效性时，将同步产生针对该学习模式的积极使用心态与行为倾向。⑤

（8）最后，感知易用性（PEOU）对感知有用性（PU）同样产生了显著性影响。Vululleh 认为：当学生面对特定学习模式时，较高的感知易用性将同步提

① Nguyen T H，Chu P Q，“Estimating University Students’ Acceptance of Technological Tools for Studying English through the UTAUT Model”，*International Journal of TESOL & Education*，2021，1（3），pp. 209-234.

② Almaiah M A，Alamri M M，Al-Rahmi W，“Applying the UTAUT Model to Explain the Students’ Acceptance of Mobile Learning System in Higher Education”，*IEEE Access*，2019（7），pp. 174673-174686.

③ Attuquayefio S N，Addo H，“Using the UTAUT Model to Analysis Students’ ICT Adoption”，*International Journal of Education and Development using Information and Communication Technology*，2014，10（3），pp. 75-86.

④ Rui-Hsin K，Lin C，“The Usage Intention of E-Learning for Police Education and Training”，*Policing An International Journal of Police Strategies and Management*，2018，41（1），pp. 98-112.

⑤ Venkatesh V，Morris M G，Hall M，et al.，“User Acceptance of Information Technology：Toward A Unified View”，*MIS Quarterly*，2003，27（3），pp. 425-478.

升学生对该学习系统的有用性判断。[①]

（二）实践应用建议

根据 TAM 理论框架下的感知易用性（PEOU）、感知有用性（PU）、学习态度（ATU）、行为倾向（BI）4 个潜在变量的相互作用机制：感知易用性影响感知有用性，并通过感知有用性共同影响学习态度，继而由学习态度进一步影响行为倾向。在此视角下，本次研究的样本普遍对于在线学习模式持积极认可心态。基于教育学的学科性质，传统课堂教育缺乏丰富在线资源支撑，特别针对 Jamvi、AMOS、SPSS 等学习难度较大的专业统计分析软件，自然就需要大量的视频学习教程作为相应该专业课程的重要的在线学习保障。因此教育学专业课程的结构若经过针对在线学习的精心思考与设计，针对其课程内容、难度设计、以及在线学习管理系统的操作控制，将直接影响学生对该教育模式是否易用、是否有用的两种心理预判，也将同步影响学生是否积极投入学习的主观能动态度，从而进一步显著催生学生主动学习的行为倾向。

基于 UTAUT 理论模型下绩效预期（PE）、努力预期（EE）、社会影响（SI）、促进条件（FC）以及行为倾向（BI）五重潜在变量的相关影响关系，本次研究的样本对于促进条件的认可较高，说明当学生掌握在线学习系统的平台使用技能后，会存在强烈的继续使用该系统的心理倾向，因此需要泰国学校与相应教师尽可能优化在线教学的管理制度与技术辅助，打消学生对于在线学习部分的陌生感与抵触情绪，从而进一步促使学生产生主观能动的学习倾向。其次是绩效预期。这说明在线学习模式不仅能有效提高学生的学习效率、降低传统教学中单纯机械工作的消耗；对于超过本体课时知识容量的在线学习资源，直观便捷地在课前予以引导，课后进行强化，能有效提升学生对良好学习成绩的预期倾向。再者是社会影响，本次研究不少样本反映对于在线学习的接纳，较大程度上受到环境潮流影响。因此教学单位有必要营造针对在线学习的积极氛围，促使学生在其中获取积极反馈，从而进一步接受并认可相应在线学习模式。最后是努力预期。这一潜在变量需要教师为目标学生制定合理的学习计划，使其了解教育学专业课程体系的专业特征与技术难点，从而做出对于努力方向、努力方式的清晰预期。

行为倾向是教育界公认的影响有效学习的最为重要因素之一：良性的学习行为倾向不仅可以提升学生自身的学习效果，同时也会促使学生对其认可的学

① Vululleh P，“Determinants of Students’ E-Learning Acceptance in Developing Countries：An Approach Based on Structural Equation Modeling (SEM)”，*International Journal of Education and Development Using Information and Communication Technology*，2018，14（1），pp. 141-151.

习模式进行推广，从而在整体上形成更加良性有效的学习氛围。

因此，本文的研究结论可作为支撑情报，供相关泰国高校研究生院与一线教师参考，在教学计划制定、教学执行时，可充分基于相应专业特点，在在线教育模式的语境下，对感知易用性、感知有用性、学习态度、成绩预期、努力预期、社会影响、促进条件、行为倾向等方面进行相应思考，从而促使学生获得更为理想的学习效果。

（三）局限性与未来研究方向

因本次研究的客观限制，本次研究范围仅局限于曼谷地区三所高校研究生院的教育学博士专业。如果将研究视野拓展到泰国更多区域与院校，其教育学专业在人才培养定位、课程设计、在线教育技术平台方面可能存在一定的差异。

进一步的拓展性研究课分为两个层次：一方面是逐步将研究范围拓展与扩大；另一方面是在研究中进一步增加信息质量、系统质量、服务质量、课程结构、学习动机、满意度等潜在变量，进一步拓展研究概念框架模型，从而进一步探寻促使学生有效学习的研究范畴。

参考文献

百纳硕博, 2022. 985 高校调整，博士 8 年毕不了业，博士研究生迎重大改革！[EB/OL].（2022-09-08）[2024-09-05]. 搜狐网, https: //www.sohu.com/a/583445261_120070933.

王辉耀, 苗绿, 2020. 国际人才蓝皮书 中国留学发展报告（2020～2021）No. 7[M]. 北京: 社会科学文献出版社.

希赛网, 2023. 这些博士院校报录比、复录比「太炸了」！武汉体育学院高达 15∶1[EB/OL].（2023-10-24）[2024-09-05]. https: //baijiahao.baidu.com/s?id=1780605872126786522&wfr=spider&for=pc.

新华社, 2023. 为什么博士生难以按期毕业？[N/OL]. 西宁晚报, 2023-11-30（A07）[2024-09-05]. http: //www.xnwbw.com/html/2023-11/30/content_290812.htm.

徐宁, 2020. “双一流”背景下高校高层次人才队伍建设研究——以 H 大学为例[D]. 郑州: 郑州大学.

周炫余, 唐丽蓉, 卢笑, 等, 2021. 中小学教师对智慧教育装备的接受度及其影响因素[J]. 现代教育技术（3）: 97-103.

ALMAIAH M A, ALAMRI M M, AL-RAHMI W, 2019. Applying the UTAUT Model to Explain the Students' Acceptance of Mobile Learning System in Higher Education[J]. IEEE Access （7）: 174673-174686.

ATTUQUAYEFIO S N, ADDO H, 2014. Using the UTAUT Model to Analysis Students' ICT Adoption[J]. International Journal of Education and Development using Information and Communication Technology, 10（3）: 75-86.

BAHJAT A, 2018. Attitudes Towards Using Mobile Applications in Teaching Mathematics in Open Learning Systems[J]. International Journal of E-Learning & Distance Education, 33（1）: 2-16.

BARDAKCI S, 2019. Exploring High School Students' Educational Use of YouTube[J]. International Review of Research in Open and Distributed Learning, 20（2）: 260-278.

BASHIR I, MADHAVAIAH C, 2015. Consumer Attitude and Behavioral Intention Towards Internet Banking Adoption in India[J]. Journal of Indian Business Research, 7（1）: 67-102.

CIGDEM H, OZTURK M, 2016. Factors Affecting Students' Behavioral Intention to Use LMS at a Turkish Post-Secondary Vocational School[J]. International Review of Research in Open and Distributed Learning, 17（3）: 276-295.

DAVIS F, 1989. Perceived Usefulness, Perceived Ease of Use, And User Acceptance of Information Technology[J]. MIS Quarterly, 13（3）: 319-340.

FOKIDES, E, 2017. Greek Pre-service Teachers' Intentions to Use Computers as In-service Teachers[J]. Contemporary Educational Technology, 8（1）: 56-75.

HAIR J F, ANDERSON R E, TATHAM R L, et al., 2019, Multivariate Data Analysis[M]. Upper Saddle River, NJ: Prentice Hall.

MAZMAN S, USLUEL Y, ÇEVIK V, 2009. Social Influence in The Adoption Process and Usage of Innovation: Gender Differences[J]. International Journal of Behavioral, Cognitive, Educational and Psychological Sciences, 3（1）: 229-232.

MTEBE J, RAISAMO R, 2014. Challenges and Instructors' Intention to Adopt and Use Open Educational Resources in Higher Education in Tanzania[J]. International Review of Research in Open and Distance Learning, 15（1）: 249-271.

MULAIK S A, JAMES L R, ALSTINE J, et al., 1989. Evaluation of Goodness-of-Fit Indices for Structural Equation Models[J]. Psychological Bulletin, 105（3）: 430-445.

NADLIFATION R, ARDIANSYAHMIRAJA B, PERSADA S F, et al., 2020. The Measurement of University Students' Intention to Use Blended Learning System through Technology Acceptance Model （TAM） and Theory of Planned Behavior （TPB） at Developed and Developing Regions: Lessons Learned from Taiwan and Indonesia[J]. International Journal of Emerging Technologies in Learning, 15（9）: 219-230.

NGUYEN T H, CHU P Q, 2021. Estimating University Students' Acceptance of Technological Tools for Studying English through the UTAUT Model[J]. International Journal of TESOL & Education, 1（3）: 209-234.

NORMAN, G, 2010. Likert Scales, Levels of Measurement, and the "Laws" of Statistics[J]. Advances in Health Sciences Education, 15（5）: 625-632.

RUI-HSIN K, LIN C, 2018. The Usage Intention of E-Learning for Police Education and Training[J]. Policing An International Journal of Police Strategies and Management, 41（1）: 98-112.

SANGJO O, JOONGHO A, BEOMSOO K, 2015. Adoption of Broadband Internet in Korea: The Role of Experience in Building Attitudes[J]. Journal of Information Technology, 18（4）: 267-280.

SCHERMELLEH-ENGELM K, MOOSBRUGGER, H, 2003. Evaluating the Fit of Structural Equation Models: Tests of Significance and Descriptive Goodness-of-Fit Measures[J]. Methods of Psychological Research Online, 8（2）: 23-74.

TEO T, NOYES J, 2014. Explaining the Intention to Use Technology among Pre-Service Teachers: A Multi-Group Analysis of the Unified Theory of Acceptance and Use of Technology[J]. Interactive Learning Environments, 22（1）: 51-66.

VENKATESH V, 2000. Determinants of Perceived Ease of Use: Integrating Control, Intrinsic Motivation, and Emotion into the Technology Acceptance Model[J]. Information Systems Research, 11（4）: 342-365.

VENKATESH V, MORRIS M G, HALL M, et al., 2003. User Acceptance of Information Technology: Toward A Unified View[J]. MIS Quarterly, 27（3）: 425-478.

VULULLEH, P, 2018. Determinants of Students' E-Learning Acceptance in Developing Countries: An Approach Based on Structural Equation Modeling （SEM）[J]. International Journal of Education and Development Using Information and Communication Technology, 14（1）: 141-151.

YAHAYA R, RAMDAN M R, AHMAD N L, et al., 2022. Educators' Motivation and Intention within the UTAUT Model to Adopt the Flipped Classroom: A Scoping Review[J]. International Journal of Learning, Teaching and Educational Research, 21（2）: 285-302.

Behavioral Intention of Online Learning for Chinese Doctoral Candidates of Educational Subjects in Thailand

Xiang Chaochu

Abstract: Currently, a large number of serving teachers who from Chinese universities went to Thailand to study for the doctorate in education subject. This group have conducted the online learning phase during the COVID-19 pandemic and will continue to complete their academic studies through online learning while they are working in their universities in China. Behavioral Intention（BI）is one of the core indicators to estimate the effective participation of students in online learning. This empirical research constructed the conceptual framework based on the Technology Acceptance Model（TAM） and technology integration acceptance theory（UTAUT） and conducted a quantitative study on the behavioral intention for online learning of 498 in on-the-job doctoral students in education subject. According to the statistical analysis the entire hypotheses were supported, attitude generated the greatest impact on behavioral intention, while effort expectancy generated the weakest influence on behavioral intention. The findings of this quantitative research could be utilized by associated education authorities, graduate schools and doctoral advisors in Thailand to consider the interconnected dimensions that affect students' learning behavior tendency, so as to improve or enhance the learning effect of corresponding doctoral candidates.

Keywords: online learning；behavioral intention；TAM；UTAUT

文化传播与比较

文化交流视域下的泰国青铜艺术研究[①]

任杏媛[②]

摘要： 泰国是东南亚较为重要的青铜文化中心，随着泰国遗址的不断发掘，许多泰国青铜器资料呈现在世人面前。本文对现有的资料进行分析，梳理泰国青铜艺术特点，将泰国青铜艺术放到东南亚青铜文化圈进行具体的分析，了解泰国青铜艺术在造型、纹饰等方面形成的原因，展现不同遗址中具体青铜器与其他地区文化交流的样态。同时，在文化交流的基础上，梳理在本土文化影响下，泰国青铜艺术创造出的具有地域特征的艺术细节。泰国青铜艺术所展现的艺术特征体现了泰国青铜文化在文化交流中的复杂性和丰富性，也展现了其文化的独立性。

关键词： 青铜器；泰国；艺术；文化交流

在关于泰国青铜艺术的研究中，以往学者更关注泰国青铜遗址、泰国青铜文化起源等问题，或者将泰国青铜器作为东南亚整体的一部分进行分析。较少将泰国青铜器作为一个独立的艺术主体进行研究。实际上，泰国作为东南亚重要的青铜艺术中心，对早期青铜文化的交流和传播起到了非常重要的作用。因此有必要对泰国青铜器进行更为深入的探究，为整个东南亚文化交流提供更清晰的例证。本文旨在在泰国青铜器艺术特征、制作工艺等基础上进一步挖掘其文化内涵，探索文化交流背景下泰国青铜艺术的发展变迁。

一、泰国青铜艺术的起源和发展

泰国是古代东南亚地区重要的青铜器中心之一。目前，泰国已发现诸多青铜遗址，包括班农瓦遗址、暖农活遗址、班清遗址、班东塔碧遗址、翁巴洞穴遗址等。班农瓦遗址有青铜时代墓葬 240 座，出土铜器的墓葬 28 座，出土青铜制品 100 件左右[③]。暖农活遗址发现大型坩埚、铜鼓残片、铜勺、铜钟、铜俑、

---

① 本文系 2022 年成都大学泰国研究中心项目“南方丝绸之路视域下中泰青铜艺术交流研究”（项目编号：SPRITS202206）阶段性研究成果。

② 任杏媛，博士，成都纺专建环学院讲师，主要研究方向为文物学与艺术史、现当代设计理论。

③ 梁婷婷：《泰国史前考古学史》，武汉大学硕士学位论文，2023 年，第 94 页。

铜饰等[①]。班清遗址出土的青铜器有斧、靴型钺、矛、镞、戈、臂甲等兵器和工具，铜鼓、小铃等乐器，戒指、手镯、项圈、脚镯等装饰品，人像、牛、象、骑象者等铜俑和铜鼓形杖头饰、长柄勺等其他类青铜器。[②]班东塔碧遗址多为随葬品，包括 163 件青铜容器、38 件青铜镯、7 件青铜脚链、16 枚青铜戒指、1 件青铜勺、3 件青铜鸟尾、3 件青铜铃[③]。

关于泰国青铜时代的断代问题有诸多讨论，学者 Solheim 从能诺他遗址中的銎斧判定，泰国青铜器的年代在前 3500 年[④]。戈尔曼发掘了班清遗址后，从木炭样品测年数据看，认为青铜时代开始于前 4000 年[⑤]。这两种说法被一些学者特别是泰国学者采纳。但是怀特根据研究发现班清遗址 M76 出土的最早青铜器应该属于其下层早期（公元前 2100—前 1700）[⑥]，此结论得到了大多数学者的认可，但同时代的其他相邻遗址并未发现青铜器，让此结论受到质疑。有学者认为公元前 2000 年这个年代还是过早了，他们认为泰国发现的部分青铜器遗存最早不超过前 1500 年[⑦]。但随着新技术的发展，通过新的技术对过去的测年进行了修正，遗址分布在泰国不同的地区，但遗址的测年结果基本上处于同一时间段。由此，通过综合观察，学者赵春光将泰国青铜文化分为三个区域进行论述，他认为“泰国东北部以班农瓦遗址为代表的青铜时代为公元前 1050 年—公元前 420 年……中部考王帕占峡谷的矿冶遗址测年结果为公元前 1100—公元前 500 年；毗邻泰国湾的农诺遗址青铜时代为公元前 1100 年—公元前 700 年”[⑧]。越南与泰国相邻，其北部最早出土的青铜器来源于冯原文化，越南学者黄春征认为冯原文化的晚期遗存为青铜时代的初期[⑨]，大约距今 3400 年。越南南部丘村文化属于青铜时代部分的年代为距今 3500～3000 年。中国青铜时代大约从公元前 21 世纪开始，并在公元前

---

① [泰]素甘雅·包娜：《暖农活：泰国铜鼓铸造遗址》，梁燕理译，载《民博论丛》，2019 年，第 15 页。

② 王大道：《云南青铜文化及其与越南东山文化、泰国班清文化的关系》，载《考古》，1990 年第 6 期，第 543 页。

③ 梁婷婷：《泰国史前考古学史》，武汉大学硕士学位论文，2023 年，第 67 页。

④ Solheim W G，“An Earlier Agricultural Revolution”，*Scientific American CCVI*，1972，Vol. 4，p. 34.

⑤ Gonman C F，Charoenwongsa P，“Ban Ching：A Mosaic of Impressions From the First Two Years”，*Expedition*，1976，Vol. 8，p. 14.

⑥ White J，Hamilton E，“The Transmission of Early Bronze Technology to Thailand：New Perspective”，*Journal of World Prehistory*，2009，Vol. 22，p. 357.

⑦ 傅宪国：《泰国早期青铜文化的发现与研究》，载《华夏考古》，1996 年第 4 期，第 77 页。

⑧ 赵春光：《泰国青铜时代的年代问题和青铜技术起源》，载《南方文物》，2020 年第 5 期，第 106 页。

⑨ [越]黄春征、阮玉碧：《冯原考古遗址》，河内社会科学出版社，1978 年，第 56 页。

5 世纪结束①，这个时间段为中国华中地区的青铜时代。中国巴蜀地区青铜文化开始于殷商时期②，而云南地区目前出土最早的云南青铜器遗址为海门口遗址，其中第二期为铜器时代的早期，大约确定年代为距今 3800～3200 年③。可见，几个地区的青铜时代时间有重合的部分，但与这些地区的青铜时代相比，泰国青铜时代的起始时间略晚，泰国青铜技术由其他地区传入的可能性很大。泰国青铜器的制作工艺多采用陶范铸造技术，多为小型合范和单范。从遗址出土的青铜制品和制造工艺来看，泰国青铜技术还是较为成熟的。从出土的青铜器类型来看，以小型青铜器为主，与云南早期的传统更为相似，缺乏成体系的大型容器、乐器等礼器。这些礼器在泰国遗址中都只是零星出现。泰国的大型青铜礼器文化没有同时期的越南、中国西南繁荣。

二、泰国青铜艺术的艺术特征

泰国已发现的青铜制品依据功能可分为乐器、饰品、容器、工具和兵器。乐器包括铜鼓、羊角钮钟等，饰品包括镯、耳环、颈圈、足环、戒指、杖首、铃等，器皿包括铜勺、豆、碗等，工具和武器包括钺、箭镞、矛、刀、斧、锥、凿、鱼钩等。

（一）泰国青铜艺术的造型特征

从器型大小来看，泰国青铜艺术有大型青铜器——铜鼓，也有数量颇多的小型青铜器。泰国发现了许多的青铜遗址，但是这些遗址的出土物基本是小型的青铜器。在泰国所有的青铜遗址中，只有暖农活遗址出土了大型的坩埚④，具有生产大型青铜器的可能，其他遗址出土的都是小型坩埚，只能用于浇铸斧、镯等小型工具、饰品。

从造型风格来看，许多小型的青铜器造型较为简单、古朴，体现了实用性的特点。在武器与工具类型中，农诺塔遗址出土的青铜斧造型为对称型，有束腰圆弧刃斧、平直刃斧以及双肩斧。班农瓦遗址出土的青铜斧还有荷包形、扇形和蘑菇形。班清遗址出土的器物较为特别，有不对称型铜钺，半圆形刃偏一侧，如靴形，另有顶部弯曲的铜矛和铜斧。从首饰类青铜器来看，班清出土的手镯样式多样，有细条单环、宽面单环、T 形宽面，还有细条串式环状的造

---

① 何贤武、王秋华：《中国文物考古词典》，辽宁科学技术出版社，1992 年，第 5 页。

② 杜乃松：《论巴蜀青铜器》，载《江汉考古》，1985 年第 3 期，第 62～65 页。

③ 闵锐：《云南剑川县海门口遗址第三次发掘》，载《考古》，2009 年第 8 期，第 22 页。

④ [泰]素甘雅·包娜：《暖农活：泰国铜鼓铸造遗址》，梁燕理译，载《民博论丛》，2019 年，第 13 页。

型。班诺瓦遗址出土有管形铜镯。可以看出，不同遗址出土的青铜器未呈现完全的统一性风格，同一遗址的同类青铜器造型也多元化，大型的铜鼓也分为不同类型。从泰国出土的铜鼓来看，造型由鼓面和鼓身构成，鼓身分为三个部分：鼓胸、鼓腰和鼓足。黑格尔Ⅰ型铜鼓有鼓胸，但鼓身呈桶状，鼓足呈喇叭状。出土于泰国素叻他尼府苏梅岛 Taling-phang 寺的铜鼓就展现此特点（图 1）。该鼓现在收藏于素叻他尼府的猜耶国家博物馆，这面铜鼓的胸部、腰部和脚部等三部分清晰，整体器型瘦长，如桶状。泰国的黑格尔Ⅲ型铜鼓（图 2）体型瘦长流畅，体现克伦铜鼓特征。比如泰国华富里博物馆藏的铜鼓（图 3a），出土于泰国那空沙旺府达欺县 Chansen 古城，也是典型的黑格尔Ⅲ型铜鼓。该鼓鼓形高瘦，鼓面宽大，边沿向外伸出，鼓身上大下小为直筒形，胸腰足之间没有明显的分界线。可见，铜鼓的造型整体上虽有统一性，但是不同类型之间差异也较大。

图 1　素叻他尼府苏梅岛 Taling-phang 寺的青铜鼓（泰国学者陈柳林拍摄）

图 2　泰国那空沙旺府达欺县铜鼓（泰国学者陈柳林拍摄）

a. 鼓形

b. 玉树纹和螺纹

c. 大象立饰

图 3　泰国华富里博物馆藏那空沙旺府达欺县铜鼓及局部纹饰（笔者拍摄）

从造型的文化内涵来看，乐器类青铜器更体现宗教象征性。铜鼓较大，为礼仪文化的重器，常常与仪式有关。泰国出土的铜鼓也作为陪葬品和葬具，翁巴洞遗址出土的两面铜鼓就是作为陪葬品紧靠着船棺。除了铜鼓，泰国还出土了铜钟，造型上小下大，瘦长型，黎逸府 Pathumrat 区 Ban Dog-lam 遗址出土的羊角钮钟（图 4），顶部为弯曲的叶状造型，莫拉限府尼空堪细县那乌东村暖农活遗址图的铜钟（图 5）顶部是卷曲的管状造型。从象征意义来说，铜鼓和铜钟作为丧葬和仪式礼器，具有承载灵魂的意义，也象征着富裕、权力和神力。而另外一些小型青铜器在墓葬中作为陪葬品出现，如小型铜俑、迷你铜鼓及其他饰品和工具，都是墓主人财富和权力的象征。

图 4　收藏于泰国黎逸府的国家博物馆

图 5　泰国暖农活遗址出土①

（二）泰国青铜艺术的纹饰特征

从纹饰内容来看，泰国青铜艺术具有朴实简单和美丽精致双重特性。泰国出土的小型青铜器大多没有明显纹饰。班清遗址出土的多数铜镯都无装饰，小部分饰珠形纹。农诺塔遗址出土的铜斧只有一些在束腰处有两条或三条简单纹饰。但是暖农活遗址的铜勺纹饰在小型青铜器里较有创意，底部有太阳纹，勺身外部有连续半圆纹，还有写实性的人骑大象纹及鹿纹，纹样美丽精致。相较之下，铜鼓的纹饰更为复杂精美，类型多元，具有形式美感。鼓面有太阳纹、

① 图 4 来自 Arunyanak J，*Bronze：the Metal That Changed the World*，Bangkok：Fine Art Department，2005；图 5 来自素甘雅·包娜：《暖农活：泰国铜鼓铸造遗址》，梁燕理译，载《民博论丛》，2019 年，第 17 页。

光晕纹、翔鹭纹、羽人纹、孔雀鸟纹、小鸟纹、六角芒纹、海鸟纹、房屋纹、多瓣花纹、鱼纹、菱形纹等。鼓身上有栉纹、同心圆纹、划船纹、蝴蝶纹、鸟喙纹、树纹等。铜鼓的立饰有青蛙、螺蛳、大象、大小牛等。总体来说，铜鼓分为不同的类型，其纹样风格也有一定的变化。

从纹饰风格来看，泰国青铜艺术具有抽象和写实的双重特性。小型青铜器多用简单抽象的线条作为装饰。铜钟的纹饰是抽象图案的典型，器面饰人字形纹饰，呈四线重叠排列的涡卷形。也有一些青铜器纹饰非常写实，如作为陪葬品的铜俑，还有铜鼓上的立饰如青蛙、螺蛳、大象、大小牛等。

从文化意义上来说，泰国青铜艺术的纹饰具有一定的宗教性，往往表达了对自然的崇拜和对丰收的期盼。一些纹饰刻画了祭祀的相关场景，比如羽人纹、划船纹、房屋纹等，一些雕刻了自然界的现象，比如太阳纹、光晕纹、星芒纹等，还有一些刻画了动物，如鸟纹、蝴蝶纹、鱼纹等，也都具有一定的宗教意义。

三、泰国青铜艺术特征形成的原因

从形式来看，泰国青铜艺术并没有非常统一的特点，器物同时具有简单和精美双重特性，纹饰样式丰富多元，不同的遗址生产的同类青铜器也具有不同的特点，一个遗址内同种类青铜器的造型也非常多样。那么为何泰国的青铜器如此的复杂多元呢？

（一）文化交流对泰国青铜艺术产生的影响

泰国位于东南亚地区，毗邻越南、老挝、缅甸等东南亚国家及中国西南地区。相邻的地理位置促进了交流往来，文化上也必然会相互影响，泰国青铜艺术也展现了文化交流的特征。下面将从器物的造型和纹饰、制造工艺两方面，通过具体案例来分析文化交流对泰国青铜艺术产生的影响。

1. 器物造型和装饰上的表现

泰国地处东南亚文化圈，是重要的铜鼓发现地。根据已知资料记载，目前出土的铜鼓已有 75 面之多[①]，且并非涵盖了已知的所有铜鼓类型，目前在泰国只发现有先黑格尔Ⅰ型、黑格尔Ⅰ型以及黑格尔Ⅲ型，也就是中国铜鼓八分法中的万家坝型、石寨山型、冷水冲型和西盟型。先黑格尔型具有类似铜釜灶具的形态，鼓胸突出，鼓身和鼓足呈现喇叭状，鼓面和鼓身都无纹

① 梁燕理：《泰国铜鼓文化研究》，广西民族大学硕士学位论文，2020 年，第 12 页。

饰。藏于出光博物馆的泰国先黑格尔Ⅰ型铜鼓也具有此特点。该鼓鼓胸最大径在中部以上，鼓耳为绳纹，与万家坝三型铜鼓的形制相似，说明该鼓年代应该晚于万家坝铜鼓的年代上限春秋时期。此外，目前发现的62面先黑格尔Ⅰ型铜鼓中，有50面出土于中国云南、广西等地，3面发现于泰国，还有9面在越南[①]。从造型比对和出土数量来看，此类铜鼓是由中国西南地区经越南向泰国传播的，具有明显的文化交流痕迹。目前发现的62面先黑格尔Ⅰ型铜鼓中，有50面出土于中国云南、广西等地，3面发现于泰国，还有9面在越南[②]。与中国西南地区的铜鼓相比，泰国的黑格尔Ⅰ型铜鼓器型以及纹饰都与云南、越南的铜鼓类似，如太阳纹、翔鹭纹、羽人纹，立饰如青蛙、田螺等。此类铜鼓呈桶状，铜鼓仍有鼓胸，但鼓身几乎为直线而非喇叭状，鼓高的数值大于鼓宽，出土于泰国素叻他尼府苏梅岛 Taling-phang 寺的铜鼓就展现此特点（图 1）。该鼓现在收藏于素叻他尼府的猜耶国家博物馆，这面铜鼓的胸部、腰部和脚部等三部分清晰，鼓面饰有翔鹭，胸部刻画了竞渡船，腰部被竖线分为几块方框，每框带有羽人图。鼓纹的鸟图风格写实，但羽人图表现出一定的抽象性，整体器型瘦长，如桶状。这些特征都与越南的东山铜鼓非常相似，表明该类铜鼓受到越南铜鼓文化的直接影响，而只是受到中国西南地区铜鼓文化的间接影响。

泰国的黑格尔Ⅲ型铜鼓（图 2）也与中国云南、广西，缅甸、老挝、柬埔寨的西盟型铜鼓基本相仿，体形瘦长流畅，鼓面太阳纹和立体青蛙叠蛙，且侧面有完整的大象雕塑、螺蛳、玉树（图 3b、图 3c）。相较于越南东山铜鼓，其鼓的鼓身不再呈直线，而是上大下小，更具流线型。比如泰国华富里博物馆藏的铜鼓（图 3a），出土于泰国那空沙旺府达欺县 Chansen 古城，也是典型黑格尔Ⅲ型铜鼓。此型铜鼓以缅甸东部掸邦高原与老挝、泰国交界的山区为中心[③]，但也发现于中国云南、广西，缅甸、老挝、柬埔寨等地区，体现了后期铜鼓文化传播的广泛性。

目前泰国境内发现的三种古代铜鼓，都体现了不同的文化交流特征，并且每一种的交流样态并不相同，传播方向不同，时期也并不完全相同，这导致了泰国铜鼓在器型、纹饰上的多样性。

---

① 李昆声、黄德荣：《再论万家坝型铜鼓》，载《考古学报》，2007 年第 2 期，第 207 页。

② 李昆声、黄德荣：《再论万家坝型铜鼓》，载《考古学报》，2007 年第 2 期，第 207 页。

③ 韦丹芳：《中缅、中老跨境民族传世铜鼓比较研究》，载《贵州民族研究》，2014 年第 4 期，第 29 页。

除了铜鼓，许多其他类型的青铜器造型和纹饰上也能看到文化交流所带来的影响。在云南以及泰国东北部发现的串式手镯由许多单个环形手镯组合而成，组合数量多达十个。这类串式手镯在中国云南出土也颇多，时间多为战国晚期到汉代；而泰国环形手镯出现最集中的地区为东北部蒙河呵叻高原地区，皆为墓葬出土，时间为中国的战国到南北朝时期，时间跨度较大①。从串式铜材质手镯的时间来看，未能分清最早的传播地区在哪里，然而，泰国班诺瓦遗址 2 至 4 期（公元前 1000—前 800）中更早出土的串式贝壳材质手镯②，其材质虽有不同，但样式和串式铜镯基本一致，可以证明泰国是串式手镯的发源地，而后传播到中国云南地区，但是云南地区的串式铜镯更成熟、更精美，可能这种串式饰品文化传播到云南，在云南繁荣以后，又回流至泰国地区，铜镯的传播体现了中泰文化的相互影响。可以看出，T 形铜镯和串式铜镯是中泰交流的代表性青铜艺术。在兵器与工具方面，班农瓦遗址出土的铜斧造型有伞形、荷包形、新月形、蘑菇形。其中伞形、新月形铜斧都能在中国云南、越南找到一致的器型，荷包形铜斧在巴蜀地区、云南地区以及缅甸地区都有发现，蘑菇形铜鼓则与越南、缅甸地区的形制相似。班清遗址出土的不规则铜钺非常独特，呈单斜的半圆造型，与云南、越南地区出土的单斜型钺器型相同。还有一种翼状胡戈，其特点是有援后部两面带对称翼状物。该类铜戈在战国时期的巴蜀地区便已经出现，往往装饰虎纹。西南的滇池、滇东、滇东南地区也有发现带翼铜戈，带有三角、菱形、孔雀翎等装饰。越南北部的东山文化以及泰国南勐地区也同样出土了许多此类铜戈③。泰国的兵器和工具类青铜艺术造型多样，特点鲜明。

青铜乐器、铜饰、兵器、工具的造型都能在中国西南地区以及其他东南亚地区找到一些相似之处，但是这种交流也不是统一的，不同遗址的青铜器与不同的地区产生交流，所以泰国一些青铜器出现了非常多的分类，也导致出现了不同风格。

2. 制作工艺上的体现

从泰国早期的青铜技术来说，有学者认为包括泰国在内的东南亚青铜技术起源于先安德罗诺沃文化的“欧亚森林-草原冶金区”，从中国西北部沿青藏高原，经中国四川、云南到达老挝、缅甸、泰国等东南亚地区。泰国青铜铸造

① 杨勇：《论古代中国西南与东南亚的联系——以考古发现的青铜器为中心》，载《考古学报》，2020 第 3 期，第 337 页。

② [新西兰]查尔斯 • 海厄姆：《东南亚的青铜时代：班农瓦遗址社会变革的新视角》，宋秋莲、谢颖译，载《南方文物》，2022 年第 1 期，第 68～84 页。

③ 杨勇：《论古代中国西南与东南亚的联系——以考古发现的青铜器为中心》，载《考古学报》，2020 第 3 期，第 360 页。

具有带銎造型、合范技术、铸匠墓等特点，更符合南方铸造技术传统，与欧亚文化更有相似之处[①]。也有学者认为泰国的青铜技术传播途径有两条：一条线从中国四川、云南到达东南亚；另一条线由中国华中地区开始，经过两广地区，到达东南亚[②]。中国广西南宁元龙坡遗址的砂岩合范上的图案与泰国普龙（Phu Lon）以及考王帕占峡谷遗址出土石范的花纹一致[③]，可以证明该传播路径的可能性。

从铜鼓的铸造技术来说，日本学者丹羽崇史对早期失蜡法进行比较，认为泰国、越南以及中国华南的铜鼓均使用失蜡法铸造[④]。但不同地区和时代的青铜器使用的失蜡法有所不同：一种是华南地区在青铜器的立体造型上使用失蜡法，一种是华中地区大型青铜的纹样上使用失蜡法，一种是青铜器整体使用失蜡法。出光美术馆所藏的泰国先黑格尔Ⅰ式铜鼓上没有范线，日本学者今村启尔认为该铜鼓整体使用失蜡法铸造[⑤]。学者丹羽崇史认为泰国、越南的铜鼓整体上使用失蜡法制作，两者技术相同。

总的来说，无论是泰国的早期青铜技术，还是较为成熟的铜鼓青铜技术时期，都受到了文化交流的影响。泰国青铜艺术的许多造型、纹饰上也受到了文化交流的影响。事实上，泰国地区的青铜文化较为特殊，虽然泰国青铜艺术以泰国作为青铜器研究的地域界定，但是在青铜时代，这个区域还未能形成高度集中的文明，这些具有不稳定性的小型青铜文化属于更大的东南亚文化圈。东南亚文化圈包括中国西南、华南地区，以及越南、缅甸、泰国、老挝、柬埔寨、马来西亚、新加坡、印度尼西亚等地。我们对泰国青铜艺术的分析应当放到整个东南亚青铜文化圈进行比较才能看出其特点。在东南亚文化圈内，这些地区有着相近的地理位置，人们得以通过迁徙、贸易、战争等方式流动往来，促进了文化的互鉴和影响，所以泰国的青铜艺术与相邻地区有许多相似性。这些地区也有着较为接近的稻作文化，很多青铜艺术得以进行流传和发展，比如相同的青蛙雕塑用以象征雷雨的到来。东南亚文化圈涉及的地区与南方丝绸之路沿路区域基本重合，泰国的一些晚期青铜遗址已

① 乔伊斯·怀特、伊丽莎白·汉密尔顿：《东南亚青铜技术起源新论》，陈玮译，载《南方民族考古》，2011 年第 7 期，第 79 页。

② 赵春光：《泰国青铜时代的年代问题和青铜技术起源》，载《南方文物》，2020 年第 5 期，第 118 页。

③ 韦仁义、郑超雄、周继勇：《广西武鸣马头元龙坡墓葬发掘简报》，载《文物》，1988 年第 12 期，第 1～13、99 页。

④ [日]丹羽崇史：《中国周边地区早期“失蜡法”的比较研究——关于东亚地区失蜡法出现与发展之研究序论》，黄盼译，载《三代考古》，2018 年，第 396 页。

⑤ [日]今村启尔：《关于先Ⅰ式铜鼓》，载《中国古代铜鼓研究通讯》，王大道译，1985 年第 4 期，第 7 页。

经体现出贸易的特征。可以看出，南方丝绸之路也对中国与包括泰国在内的东南亚地区的各种跨区域交流起到了重要的作用。越南和中国西南地区是作为更为高级的文明存在，对周边其他国家和地区的影响更大。前文有许多的体现文化交流的青铜器案例都与这两个地区有关。但是这种文化的传播并不是单向的，而是非常复杂的。

（二）泰国本土文化在青铜艺术上的反映

从青铜艺术的资料分析来看，并非所有的青铜器都展现了文化交流的特点。有些青铜器的造型、纹样都非常特别，并不能在东南亚文化圈其他地区的青铜器上找到相同之处，有些在统一性的造型纹样上产生了新的演变。其中，比较典型的反映在铜鼓、铜钺等器物的造型和纹饰上。

1. 泰国本土文化在泰国青铜造型上的反映

在泰国的青铜乐器方面，铜鼓和铜钟都出现了独特的造型。泰国铜鼓在器型上演变出了新的形式，比如出土于素叻他尼府猜耶县的铜鼓（图 6）。该铜鼓目前收藏于素叻他尼府的猜耶国家博物馆，其胸部、腰部与脚部界限清晰，鼓面大于鼓胸，鼓胸远高于鼓胴，鼓腰更细。该鼓的器型既不似灶具，也不似桶形，更似非洲单面皮鼓的金杯鼓样式，该铜鼓的器型可能是融合了黑格尔Ⅰ式和黑格尔Ⅲ式，也有可能体现了以泰国为中转，连接南海诸岛的文化融合的新特性，又结合其他文化的鼓形创造而成。此铜鼓胸部带耳，鼓面有写实性的鸟图，腰部被竖线分成几个方框，但该鼓鼓面上没有立体的青蛙像，鼓身也没有大象、田螺等立饰，很可能是泰国当地工匠所做。除了铜鼓，泰国铜钟顶部出现了具有特色的造型。越南地区及中国云南出土的羊角钮钟（图 7、图 8）较多，器形也比较类似，整个青铜器体型瘦长，顶部有方形穿孔，其上有两个羊角形的钮。而泰国地区的羊角钮钟只有零星几件，虽然泰国铜钟的整体样式与越南、中国的相仿，但在顶部钮位置具有泰国本土的独特样式。黎逸府 Pathumrat 区 Ban Dog-lam 遗址出土的羊角钮钟（图 4），收藏于黎逸府的国家博物馆。该羊角钮钟上部没有长方形的穿孔，且顶部羊角纹饰演变成叶状造型，而莫拉限府尼空堪细县那乌东村暖农活遗址出土的铜钟（图 5）顶部演变为管状造型。相较之下，两件铜钟的顶部造型不再体现纤细的特点，而更为厚重，这可能和当地的制造工艺有关。在中国云南地区，羊角钮钟和铜鼓往往一起出现，铜鼓的使用场景与音乐联系比较紧密。泰国的羊角钮钟的出土数量逐渐减少，羊角造型也丢失，原因可能是青铜器的使用场景和文化内涵都发生了变化。

图 6　素叻他尼府猜耶县的青铜鼓（笔者拍摄）

图 7　收藏于越南胡志民市历史博物馆（笔者拍摄）

图 8　收藏于云南省博物馆（笔者拍摄）

在青铜武器和工具方面，铜钺和铜戈的造型具有地域性特征。虽然泰国的铜钺中能找到与中国、越南的铜钺相对应的器型，但相较之下，泰国的铜钺仍然具有一些独特性。其中，一些有束腰的铜钺尤为突出，数量众多，另一些器型整体呈现出 X 形的弯度，独具一格。另外，泰国农诺塔出土的双肩斧，双肩上有两个凸起的小尖角，这种器型在其他地区也较少见。与中国西南地区相比，泰国的带翼铜戈也有一定的地域性，体型更大，援部呈弧形，更为细长。泰国铜戈吸收了这种带翼的做法，又与本地的文化技术结合，演变成细长弧形的带翼铜戈样式。

2. 在泰国青铜装饰上的反映

由于泰国青铜器多为小型，造型简单，纹饰较少，所以纹饰的独特性主要反映在铜鼓、铜钟这类礼器上。铜钟上雕刻的花纹比中国云南、越南地区的青铜器更复杂，泰国黎逸府国家博物馆藏的铜钟上有人字形纹饰，呈四线排列的涡卷形。泰国暖农活遗址出土的铜钟上的涡卷纹饰更大，呈五线排列，这种纹饰可能与本土文化钟的自然崇拜相关，是对风、云的艺术表达。

除了铜钟，一些铜鼓的纹饰也反映了本地文化。除了统一性的太阳纹、光晕纹、翔鹭纹、羽人纹等，泰国铜鼓还有其独特的纹饰，比如鼓面有孔雀鸟纹、六角芒纹、海鸟纹、房屋纹，鼓身有蝴蝶纹、鸟喙纹、对鸟纹等。泰国翁巴洞穴 86 号铜鼓的鼓面上的十二芒太阳纹，纹间有翎眼纹，第四晕围绕的羽人纹中有两个房屋图案的纹饰（图 9），该纹饰像干栏式建筑，下面是木架，上面是房屋，有弧形的屋顶，雅克 · 德 · 格尔尼认为这可能代表了两个家庭或者两个世界[①]。笔者认为这种房屋出现在羽人群中，应该与祭祀神灵或丧葬仪式中使用的建筑有关，可能是其中一个重要的仪式环节。古代泰国人为祈求农作物丰收而信仰土地神，而泰国的土地神来源于民间一个古老的传说。据说一位国王命令他的九个儿子去守护各地，有居所、城门、堡垒、牲畜圈、粮仓等，传说中的守护者就是土地神[②]。铜鼓上的房屋纹饰与牲畜圈、粮仓、居所都有一定的相似，该纹饰可能代表了古人对丰收的期盼和对土地神的崇拜。除此之外，该铜鼓第三晕圈的九个鸟纹中，有一只鸟的尾巴末端有圆圈纹，可能是孔雀的象征。那空寺坦马拉博物馆所藏的 Wat khi lek 青铜鼓外围的晕圈也有孔雀纹。虽然中国铜鼓鼓面上也有象征着孔雀的翎眼纹，但是鸟形直接呈孔雀纹的还比较少。春蓬博物馆所藏的高山基“金鼓”的鼓面晕圈里围绕着三种鸟纹，其中一种鸟纹似海洋物种，有着狭长的翅膀，而非翔鹭纹的宽阔翅膀。泰国翁巴地区处于连接南北的重要交通枢纽地，海洋文化和陆地文化在此交融，在铜鼓的铸造过程中变化鸟纹的样式，也是他们对本土生活环境的真实表达。泰国铜鼓的鼓面除了有本地特色的鸟纹，还有一些其他独特的纹饰。素可泰府国家博物馆藏一面青铜鼓便是如此，该鼓仅存鼓面，独特的是铜鼓鼓面上有六芒星纹（图 10）饰于每个翔鸟之间。六角芒形出现在鼓面，与太阳纹、鸟纹在统一象征天空的界面，可能代表天空中的星星，与泰国的自然崇拜有关。这种纹饰未在其他地区铜鼓上发现。除了鼓面，铜鼓鼓身也出现本土的独特纹饰。泰国莫拉限府堪差伊县出土的铜鼓上有鸟喙纹（图 11）、蝴蝶纹（图 12），这种纹饰有别于中国及越南出土的铜鼓，原本典型的羽人纹变成了蝴蝶纹，而羽人划船纹演变成蝴蝶人划船纹。蝴蝶可能与泰国的自然崇拜相关，具体的象征含义以及与仪式的关系为何暂时未能在资料中发现。该地区铜鼓上的鸟喙纹有两种，一种是和蝴蝶纹一起出现，置于蝴蝶纹右上方相嵌；一种是两个鸟喙相对。该地出土的蝴蝶纹和鸟喙纹，也同样出现在暖农活遗址出土的铸范上，这说明泰国东北部出土的铜鼓很可能都是在暖农活本地铸造的[③]。铜鼓铸造地相关的铜鼓很容易受到工匠审美趣味或者本地文化的影响。另外，曼谷玉佛寺门口左右两侧的铜鼓身侧有独特的母牛小牛立饰[④]，虽然中国的石寨山型铜鼓也有牛纹，但是这种大小牛同时出现的立饰还未曾发现。

---

① [法]雅克 · 德 · 格尔尼：《泰国铜鼓调查研究》，廖敏倩译，载《中国古代铜鼓研究通讯》，2022 年第 25 期，第 17 页。

② 陈晖、熊韬、聂雯：《泰国文化概论》，世界图书出版社，2014 年，第 73 页。

③ [泰]素甘雅 · 包娜：《暖农活：泰国铜鼓铸造遗址》，梁燕理译，载《民博论丛》，2019 年，第 17 页。

④ 龙村倪：《铜鼓鼓身立饰的演变及其象征意义》，载《铜鼓和青铜文化的再探索——中国南方及东南亚地区古代铜鼓和青铜文化第三次国际学术讨论会论文集》，1996 年，第 9 页。

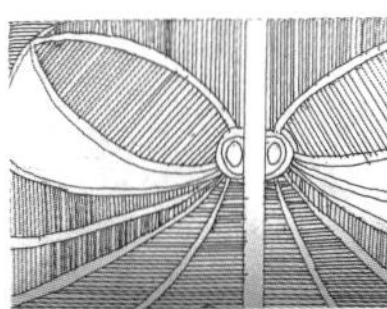
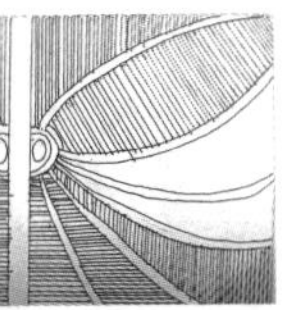

图 9　房屋纹　　图 10　六芒星纹　　图 11　鸟喙纹　　图 12　蝴蝶纹[①]

总的来说，泰国已经发掘了许多青铜遗址，其中，许多遗址都包含小型青铜器铸造技术，具有大型青铜铸造技术的遗址只有一个，本地制造的模式让泰国的青铜艺术受到本土文化的影响。虽然各个地区在文化交流中，会学习文化输出方的技术、造型、纹样等，但是在文化的输出方和接受方之间，存在有限传播或者不完整传播的情况。当泰国地区的古代人接触到来自中国或者越南、老挝等地的青铜器，又不能得到直接的技术传授，作为接收方，他们制作的青铜器和本土的民族文化结合，便会产生新的创新，这种创新可能是技术上的，也可能是外观造型上的，这使泰国出土的青铜器呈现出独特的样式。这些样式丰富的小型青铜器展现了泰国青铜文化的地域性特征。

四、结语

泰国作为东南亚重要的青铜艺术中心，对青铜早期文化的交流和传播起到了非常重要的作用。泰国青铜艺术复杂多样的风格特点正展现了文化交流的复杂性和文化的主体性。泰国青铜器的互鉴与独创体现了不同的交流方式，有从中国华中地区经由云南、越南传播到泰国的黑格尔Ⅰ型铜鼓；有发源于泰国、老挝、缅甸交界的黑格尔Ⅲ型铜鼓传播到中国及其他东南亚地区；有繁荣于中国云南的羊角钮钟，却逐渐湮灭于前往东南亚的路途中；有起源于泰国的串式手镯样式，却在中国云南繁荣；也有起源于巴蜀的带翼同钺，却出现在泰国的墓葬出土文物里；还有样式和技术可能分别来源于不同地区，却在泰国融合的青铜器样式。泰国的青铜文化可能与中国、越南、缅甸、老挝，甚至“欧亚森林-草原冶金区”都曾有过交流，这种文化交流体现出相互影响、错综复杂的传播样态。泰国青铜器在复杂的交流网络中，仍然

① 图 9 来自[法]雅克・德・格尔尼：《泰国铜鼓调查研究》，廖敏倩译，载《中国古代铜鼓研究通讯》，2022 年；图 10 为笔者拍摄；图 11、图 12 来自[泰]素甘雅・包娜：《暖农活：泰国铜鼓铸造遗址》，梁燕理译，载《民博论丛》，2019 年，第 16 页。

有自己的文化主体性。通过当地铸造，被本土文化所影响，创造出具有本土特色的造型和纹样，比如泰国铜鼓演变的器型，铜鼓上的蝴蝶、鸟喙、六芒星等纹饰，羊角钮钟上面的叶状纹饰，铜戈的细长变化等。泰国的青铜器也在创新以后对其他文化产生影响，如黑格尔Ⅲ型铜鼓、串饰手镯这些独特的形式。这些都体现出了文化的主体性特征。

由于泰国青铜文化中的各个小型青铜器的不稳定性，导致了泰国青铜艺术的复杂多元化特征。这种特征受到了不同时期、不同地域的文化交流的影响。在文化交流影响下，泰国青铜艺术学习其他青铜文化的造型、技术，整体上与东南亚文化圈的青铜器具有相似性。同时，泰国青铜艺术也存在从模仿到本土化的过程，但具有泰国地域性特点的青铜艺术以点的方式出现，并未产生整体统一的艺术体系，也未呈现强大的文化影响力。这种文化交流方式展现了不稳定的小型文化如何在器物上的吸收、继承、创新、传播，为文化交流样态的研究起到补充的作用。

参考文献

包娜, 2019. 暖农活: 泰国铜鼓铸造遗址[J]. 梁燕理, 译. 民博论丛: 13-20.

陈晖, 熊韬, 聂雯, 2014. 泰国文化概论[M]. 广州: 世界图书出版社.

丹羽崇史, 2018. 中国周边地区早期“失蜡法”的比较研究——关于东亚地区失蜡法出现与发展之研究序论（2）[J]. 黄盼, 译. 三代考古: 396-418.

德·格尔尼, 2022. 泰国铜鼓调查研究[J]. 廖敏倩, 译. 中国古代铜鼓研究通讯.

杜乃松, 1985. 论巴蜀青铜器[J]. 江汉考古（3）: 62-65.

傅宪国, 1996. 泰国早期青铜文化的发现与研究[J]. 华夏考古（4）: 77-86.

海厄姆, 2022. 东南亚的青铜时代: 班农瓦遗址社会变革的新视角[J]. 宋秋莲, 谢颖, 译. 南方文物（1）: 68-84.

何贤武, 王秋华, 1992. 中国文物考古辞典[M]. 沈阳: 辽宁科学技术出版社.

怀特, 汉密尔顿, 2011. 东南亚青铜技术起源新论[J]. 陈玮, 译. 南方民族考古: 59-112.

黄春征, 阮玉碧, 1978. 冯原考古遗址[M]. 河内: 河内社会科学出版社.

今村启尔, 1985. 关于先Ⅰ式铜鼓[J]. 王大道, 译. 中国古代铜鼓研究通讯（4）.

李昆声, 黄德荣, 2007. 再论万家坝型铜鼓[J]. 考古学报（2）: 207-232.

梁婷婷, 2023. 泰国史前考古学史[D]. 武汉: 武汉大学.

梁燕理, 2021. 泰国铜鼓文化研究[D]. 南宁: 广西民族大学.

龙村倪, 1996. 铜鼓鼓身立饰的演变及其象征意义[C]//铜鼓和青铜文化的再探索——中国南方及东南亚地区古代铜鼓和青铜文化第三次国际学术讨论会论文集.

闵锐, 2009. 云南剑川县海门口遗址第三次发掘[J]. 考古（8）: 3-22.

王大道, 1990. 云南青铜文化及其与越南东山文化、泰国班清文化的关系[J]. 考古（6）: 531-543, 553.

韦丹芳, 2014. 中缅、中老跨境民族传世铜鼓比较研究[J]. 贵州民族研究（4）: 25-29.

韦仁义, 郑超雄, 周继勇, 1988. 广西武鸣马头元龙坡墓葬发掘简报[J]. 文物（12）: 1-13, 99.

杨勇, 2020. 论古代中国西南与东南亚的联系——以考古发现的青铜器为中心[J]. 考古学报（3）: 337-368.

赵春光, 2020. 泰国青铜时代的年代问题和青铜技术起源[J]. 南方文物（5）: 106-118, 113.

GONMAN C F, CHAROENWONGSA P, 1976. Ban Chiang: A Mosaic of Impressions From the First Two Years[J]. Expedition, 18（4）: 14-26.

SOLHEIM W G, 1972. An Earlier Agricultural Revolution[J]. Scientific American CCVI（4）.

WHITE J, HAMILTON E, 2009. The Transmission of Early Bronze Technology to Thailand: New Perspective[J]. Journal of World Prehistory, 22（4）: 357-397.

A Study on the Localization of Thai Bronze Art under the Background of Cultural Exchange

Ren Xingyuan

Abstract: Thailand is an important center of bronze culture in Southeast Asia, and with the continuous excavation of Thai sites, many Thai bronze artifacts are presented to the public. This article analyzes existing data, sorts out the complex and diverse characteristics of Thai bronze art, and places Thai bronze art in the Southeast Asian bronze cultural circle for a more specific analysis to understand the reasons for its formation in terms of shape, decoration, and other aspects. It shows the specific forms of cultural exchange between bronze artifacts in different sites and other regions. At the same time, based on cultural exchange, it sorts out the influence of local culture, Thai bronze art creates artistic details with regional characteristics. The artistic features exhibited by Thai bronze art reflect the complexity and richness of Thai bronze culture in cultural exchange, as well as its cultural independence.

Keywords: bronze vessel; Thailand; culture communication

泰国音乐文化形式探究[①]

周毅琼[②]

摘要：最早在佛教传入泰国的时候，泰国音乐将佛经中的故事以歌曲与舞蹈相结合的方式来表达对佛教的尊重和崇拜，具有强烈的宗教色彩和民族色彩，音乐形式呈多样化发展状态。以传统泰国音乐的旋律为基础，发展出了歌曲、舞蹈、乐队、合唱等多种艺术形式和表现手段。这些表演形式，以其独特鲜明的音乐风格、浓郁的民族色彩成为整个东南亚音乐文化中最具代表性的部分，在亚洲地区影响十分广泛。多元化的音乐形式反映出泰国音乐文化深厚的人文底蕴和艺术价值，值得我们去探究和学习。

关键词：泰国传统音乐；泰国歌舞；乐队；合唱

泰国古称暹罗，是一个历史悠久的佛教国家，拥有独特的文化传统和民族风俗。最早的游牧民族“泰族”以打猎和采集为主，在中国云南定居。当蒙古人占领了中国南方一带时，泰族开始南迁到了现在的泰国、北缅甸和老挝一带。直到 1253 年，泰族进行了最后一次大迁移。1238 年，泰族人夺取柬埔寨吴哥王朝下辖的素可泰城，逐渐巩固了自己的新统治范围，在湄南河下游建立了泰族的第一个王朝——素可泰王朝[③]。而在素可泰王朝时期，佛教开始进入泰国地区，人们将佛经中讲述的故事用歌曲与舞蹈相结合的艺术形式表达出来，在民间广为流传，进而形成了今天形式丰富而又独具特色的音乐文化艺术，这种音乐文化艺术以传统泰国音乐的旋律为基础，发展出了歌曲、舞蹈、器乐、乐队等多种艺术形式和表现手段。这些表演形式，以其独特鲜明的音乐风格、浓郁的民族色彩成为整个东南亚音乐文化中最具代表性的部分，在亚洲地区影响十分广泛。本文对泰国主要的音乐文化进行介绍和探究。

---

① 本文系成都大学泰国研究中心项目“泰国传统音乐文化研究”（项目编号：SPRITS202327）。

② 周毅琼，成都大学中国-东盟艺术学院音乐与舞蹈学院副教授，研究方向为声乐演唱。

③ 胡博巍：《从泰国历史看泰缅关系的发展》，载《天津市经理学院学报》，2009 年第 2 期，第 61 页。

一、泰国传统音乐

泰国位于亚洲中南半岛中南部，东临老挝、柬埔寨，西接缅甸，南面为暹罗湾和马来西亚。其主体民族“泰族”起源于中国南方，直到 11 世纪蒙古大举南侵后才开始逐步迁入中南半岛，因此其文化源头与中国关系密切，音乐方面也是如此。历经几个世纪的战乱和破坏，保存下来的相关文献资料十分有限，但从泰国现有音乐体系来看，其传统民族音乐和中国音乐尤其是一些南方的传统音乐无疑有着紧密的内在联系。同时，由于泰国地处中国与印度次大陆的交叉地带，历史上与波斯、非洲、希腊和罗马均有重要的贸易来往，因此泰国的传统音乐不可避免地受到这些国家和地区的影响，事实上正是上述多重因素共同造就了泰国内涵丰富、特色鲜明的传统音乐文化。这种文化既有东南亚文化圈共同的旋律和节奏特征，如对五声、七声音阶及锣群文化的运用与表现，也有着独特的风貌、气质与体裁。下面就从音阶体系、旋律特点、节奏类型等几个方面做一个简明的介绍。

（一）音阶体系

泰国传统音乐本身与中国音乐有共同的起源，因此中国的五声音阶对其影响很大，一般说来泰国音乐从旋律特点上大体可分为泰族风格和孟族风格，其中泰族风格就以五声音阶为基础，这种五声音阶的结构特征是在音阶中没有半音，但有小三度距离，与中国音乐关系密切，在传统声乐中采用较多。另一种是孟族风格，其基础也是五声音阶，但五音之外的其余四和七音在旋律中也经常出现，同时经常使用“移宫转调”手法，从而形成一种十分独特的七平均律音阶，即把一个八度划分为 7 等份，每相邻两音级间距的音分数均为 171.4。这种音阶尤其在传统乐器上运用较多，究其根本，主要是受印度音乐的影响而发展出来的。由于乐器和演唱经常使用不同的音阶体系，所以泰国传统音乐表演中往往采用演唱和伴奏交替进行的方式。

（二）旋律特点

泰国传统音乐旋律上通常采用五声音阶中的自然音，旋律中的跳跃和进行有一定的规律，比如在出现四度以上的大跳之后，旋律一般都要改变进行方向，此外泰国音乐中特别突出进行中的五度关系。一首乐曲的主要旋律通常由一定数量、长度两小节或四小节的主题单位所构成，这些单位的中间或结尾之间经常是五度关系，这种五度关系又被称为“枢纽五度”。这是泰国传统音乐旋律的一个重要特点。

总的来说，在号称“千佛之国”的泰国，传统音乐的旋律大多具有抒情婉转、轻盈柔和、富有动机性的特点，往往表现佛陀的安详和宽容，十分具有仪式感，这与其传统音乐的发展始终与佛教的普及传播紧密联系在一起有关。

（三）节奏与速度

泰国传统音乐大都是双拍，极少有例外，因此在节奏的处理上相对也比较简单。行进速度上一般只有快速、中速和慢速三种。慢速大致相当于行板（每分钟 50～60 拍），中速比慢速快一倍。但与西方音乐不同的是，泰国传统音乐中节奏经常是不固定的。在西方音乐的演奏中，保持固定的行进速度是最基本的要求，而泰国传统音乐演奏中其节奏却往往是逐渐加快的，泰国音乐家总是习惯于从慢速的音乐开始，而后逐渐加快，乐曲的节拍无法始终保持不变，这一点或与佛教表达的世事无常的观念有关。

总之，泰国传统音乐在现代世界音乐中是一种十分独特的存在，也为现代泰国音乐文化的发展提供了取之不尽的养分。

二、泰国歌舞艺术

泰国人能歌善舞，在一些重要的节日活动中，主要以歌曲与舞蹈相结合的艺术形式来表达对生活、对节日的美好祝愿。泰国的歌舞最早是随佛教传入泰国的，将佛经中的故事用歌曲与舞蹈相结合的方式表现出来，来表达对佛教的尊重和崇拜，佛教也因此进一步成为泰国人民心中的一种信仰。因此泰国的音乐与舞蹈有着强烈的宗教色彩和民族色彩，很多都是根据佛教中不同的活动和仪式而发展出来的不同的歌舞艺术形式。除了受佛教的影响，多民族音乐的结合也是泰国民间音乐的一大艺术特色，泰国传统音乐非常多元化，这些多元化的音乐形式也使得泰国歌舞艺术具备了自己独特的意义与价值。

（一）泰国歌舞中歌曲特点

泰国歌舞的歌曲从律制上看大都不用传统意义上的十二平均律，而是采用泰国传统音乐独有的音阶和音律——七平均律。这种平均律是将一个八度音程划分为七等份，每一个相邻音级的音数都是相等的[①]。以这种形式产生的律制相较于传统的十二平均律整体的音高都偏低，对于经常听古典音乐的人而言，忽

① 郭奕：《自动音乐标注系统多基频估计方法研究》，电子科技大学博士学位论文，2013 年，第 34～36 页。

然听到这种律制的音阶往往不习惯，觉得不准确。但正是这种独特的音阶赋予了泰国歌曲委婉柔和的个性和风味。此外，从旋律结构上看，泰国歌曲一般都是从各地口口相传的民间音乐素材中提炼出来的，音乐结构大多是方整型结构，以对称的乐句来体现音乐主题的前后呼应、首尾连接。曲风上普遍较慢，抒情婉转。伴奏则主要是采用一些民间打击乐、丝竹乐器等。在调式上，泰国的本土音乐受中国的传统音乐影响很深，与我们的五声调式非常相似。我国的民间歌曲主要以宫调式和羽调式占主要部分，然后是商、角、徵这几种调式。而在泰国非常受欢迎的南旺舞的旋律和调式就很接近我们的五声调式，简单欢快，朗朗上口，边唱边跳。节奏上，泰国的本土歌曲并没有太复杂的节奏变化，因曲式结构的方整性和对称性，大都是以四二拍、四四拍为主。民间的歌舞则大都是以人们的生活劳作为音乐素材编写自己的歌曲与舞蹈，来反映田耕农作时的心情和感受①。

（二）泰国歌舞的主要形式

（1）烛光舞，这种舞蹈形式主要是以泰国本地特有的舞蹈动作为基础，配上金色的指甲，指甲中间夹着蜡烛。其伴奏采用佛教的音乐，使用泰国特有的双簧管、代表佛教文化图腾的锣和特制的两面鼓及鼓棒进行伴奏。

（2）戏剧性舞蹈，这是一种泰国南部的戏剧性舞蹈，其伴奏形式主要借鉴了印度的打击乐五重奏表演形式，在双簧管和打击乐的配合下，舞者随着节奏的律动展现舞蹈，与音乐相结合，散发出一种不同的音乐魅力。

（3）假面舞，这一类的舞蹈源于 1782 年，由拉马一世创作，属于宫廷舞蹈。在伴奏上采用的是打击乐器——木琴，主要材质是木板和厚竹，琴键排列的方式模仿钢琴的黑白键，声音清脆空灵，用带有软球的鼓槌去敲击，散发出细腻的音乐情感和魅力。

（4）婆罗门的乔装打扮，乔装打扮在音乐表演中称为“chui-chai”，意思是“乔装打扮，看着高雅”。主要以女生的声音和双簧管进行伴奏，尽管故事描绘的是一位男士，却常常以女演员来进行演出，为的是符合舞蹈动作的优美和柔软。

（5）即兴歌舞形式，这一类表演形式源自依萨王朝，是根据诗词进行即兴的演唱，再加上具有特色的口琴伴奏，简单而朴实的舞蹈动作，成为泰国人民特别喜爱的舞蹈。

泰国歌曲与舞蹈相结合的形式大多是根据不同的地域文化来进行改编和创作的，北部地区、中部地区以及南部地区都拥有各自代表性的舞蹈和民族特

---

① 程多佳：《泰国的音乐和舞蹈》，载《中国音乐》，1993 年第 4 期，第 34～35 页。

色，传统的音乐加上优美的舞蹈，使得泰国的歌舞有了进一步的发展和普及。

三、泰国的乐队

乐队是音乐中一个必不可少的重要组成部分，无论古典音乐、流行音乐、民间音乐还是管弦乐、民乐等，包括电视、电影的配乐等，都需要乐队的配合。而不同的国家，由于不同的音乐文化和背景，乐队乐器的配置也是不一样的。比如中国的民族音乐大都是以大三度来进行旋律的创作，而在乐队的配置上会加上像琵琶、二胡这样的乐器，再根据不同地区的民族特色和音乐风格，采用其他合适的乐器加入乐队给作品伴奏。日本的音乐作品大多是以小三度来创作旋律，在乐器的选用上会采用尺八或者筚篥等乐器加入乐队给作品伴奏。而泰国的本土音乐也有着自己鲜明的民族特色和许多具有代表性的乐器①。想要了解泰国的乐队是怎样配合和伴奏的，首先就必须要了解泰国本土的各种乐器。

泰国的乐器主要是通过印度流传下来的方法进行划分，一般可分为弹拨组、弓弦组、打击组、吹奏组等。

弹拨组：主要包括鳄鱼琴（jakhe）、四弦琴（krajabpi）、葫芦琴（pin-namtao）等。这些乐器在演奏时都需要把象牙片绑在右手食指上弹拨琴弦，演奏中有摇指和轮指等演奏技法。其中鳄鱼琴形似鳄鱼，有 1 个共鸣箱和 3 根琴弦（1 根弦用黄铜制成，2 根弦用丝线制成）、11 个琴码，定弦彼此相隔四度和五度。葫芦琴多由男乐师演奏，葫芦状音箱放置在左胸前，左手把住葫芦上的弦，右手进行弹奏发声。

弓弦组：主要包括三弦琴（saw-sam-sai）、都旺胡（saw-duang）、乌胡（saw-ou）等。其中三弦提琴是弹拨组里最常用的一种乐器，演奏和调音都需要较高的专业水平，这个乐器主要是以牛皮、羊皮作为材料制作，兽皮上镶着一块石头以平衡重量。其形状类似西洋乐中的大提琴，但演奏方式与大提琴不同，要靠着不断变换乐器的角度来产生不一样的音色和效果。三弦提琴在素可泰王朝时期就已经盛行，因其高超的演奏技巧和优美的旋律受到乐队和人们的喜爱，是乐队中必不可少的一种伴奏乐器。都旺胡和京胡大小相仿，由一节粗竹筒制成共鸣体，琴杆比京胡长，有 2 根弦（以纯五度定弦），形状和演奏技法与中国的二胡相似。乌胡是一种中音乐器，音箱由椰子壳制成，上面覆盖着普通的牛皮，另一侧有一个声孔，两根弦一根高音，

---

① Pamela Myers-Moro：《泰国乐器与乐队（一）》，姜宝海编译，载《天津音乐学院学报》，1999 年第 1 期，第 48～51 页。

另一根低音（以纯五度定弦），通常在都旺胡的伴奏下进行演奏。演奏方式和定弦法和中国的二胡类似。

打击组：打击组主要有扬琴、排琴、马林巴、围锣，以及歌舞音乐中运用的双面鼓等。其中扬琴由中国扬琴发展而来的，演奏方式和中国扬琴一样，用两根琴竹同时击奏两个音，但音阶从中国五声调式改成了七声调式。排琴由竹制板或金属板按大小排列，串联在船形的共鸣箱上，通过敲击竹制板或金属板发出声响。马林巴是木琴的一种，将木制琴键置于共鸣管之上，以琴槌敲打产生旋律。围锣是一种旋律打击乐器，其音域为 2 个八度，主要有两种：一种是大围锣（gong-wong yai），一种是小围锣（gong-wong lek）。大围锣一般作为演奏主旋律的乐器，其他乐器分别在大围锣所演奏旋律的基础上进行演奏。小围锣音高比大围锣要高些，与大围锣演奏方式是一样，只有一个调，由 18 个小釜锣组成。

吹奏组：包含竖笛和皮（pi）等泰式管制乐器。其中竖笛有 7 个音孔（指孔）和 1 个膜孔，音域范围有一个半八度，又分为低音竖笛（khui-ou）、中音竖笛（khui-piang aw）和高音竖笛（khui-lip），竖笛是马荷里管弦乐队和弦乐合奏中常用的乐器。“皮”是一种有 6 个音孔（指孔）的竹制簧片乐器，有孔膜，簧片是用棕榈叶做的，有 22 个调，可以模仿人的声音，既能独奏也可以装饰旋律，在乐队中为领奏乐器，在泰国东北民族音乐中经常使用。

此外，泰国乐器十分强调拟人化，性别差异概念被广泛运用，一些乐器常被比喻成男性和女性，以突出乐器演奏属性的差异。比如印第安鼓，击打时出现的高音代表男性，击打时出现的低音则代表女性，由于演奏时坐的位置与脚的高度不同，手的配合也会产生不同的音高和音低的效果，使得两者在音色上有很明显的差别。泰国的乐器在特定的音乐风格中会展示出一种性别，比如三弦提琴，演奏者在演奏时仿佛能看到一个穿着彩裙的长发美女出现在眼前。而且不同的人演奏这一乐器会反映出不同的音乐情感，体现的也是一种女性独有的气质和内涵。这一类乐器宛如温柔贤惠的女子，成为泰国音乐所特有的符号与标志。此外还有些乐器会通过演奏方式体现出不同性别的差异，比如泰国特有的本土乐器高音二弦琴，在演奏上男女的坐姿和手势都会影响其发声效果，一般男生在演奏时，会将乐器放置于腿的根部，腰杆和腿部形成一个角，而女生演奏时，则需将乐器放置于腿的中部，挨着膝盖来进行演奏。由此可见在泰国音乐文化中，性别的差异化在乐器的演奏过程中和产生的音乐效果上常常都会有所体现①。

① 姜宝海：《泰国乐器与乐队（二）》，载《天津音乐学院学报》，1999 年第 2 期，第 70～77 页。

熟悉了泰国本土具有代表性的乐器，下面我们来介绍泰国乐队的两种形式：标准化乐队和非标准化乐队。

标准化乐队：在今天，乐队一般都是以标准化或者传统化的方式为人们所接受和认识的。对于泰国本地的音乐人而言，乐队是诉说对自己国家音乐的方式，而乐队随着时间的推移，大都会越来越趋于正规化和标准化。泰国的标准化乐队按演奏方式主要可以分为皮帕特、库朗塞和马何里[①]。皮帕特主要是以打击乐和双簧管组成，库朗塞主要是以弦乐组、鼓、竖笛等乐器配合演出，而马何里的乐器配置相对较多，是前面两种乐队形式的结合。这几种乐队在出现和在演出时，演奏者都需要遵循一定的礼仪规范，正式演奏过程中，一个乐手有时会担任两个声部的演奏，需要遵照曲谱进行长期的训练，但同时在演奏时也可以即兴华彩，适当脱离标准。标准化乐队的另外一个特质就是经常会通过增加人数来增强音乐的饱满度。此外人数递增规模也反映了乐队中乐器的凝聚力，就像弦乐组和皮帕特的合并形成了马何里，结合起来成为一种新型的乐队。

非标准化乐队：标准化乐队虽然是泰国乐队的主要形式，但实际上并非只有这一类型的乐队推动着泰国音乐的发展，还有很多不属于标准化乐队的乐队，也就是一些器乐组合比较自由的所谓“混合乐队”。这种乐队一般按演奏效果可分为重与轻、柔和与刺耳。其区别在于运用的弓弦组、打击组、弹拨组都有相应的演奏方式和处理方式，柔和的音乐大多使用弓弦组、吹奏组等乐器，节奏缓慢，音调高；而刺耳、感受较重的音乐则用主要使用打击组乐器，速度相对较快，音调低。两者音乐节奏的加速和减缓方式不同。混合乐队的贡献在于将西方的弦乐、钢琴、管乐与泰国本土乐器相结合，从而创作了大量具有泰国音乐风格的作品。混合乐队虽然不是标准化乐队的一种艺术演奏形式，但通过演奏方式的创新，将西方乐器和泰国本土乐器相结合，产生了非常奇妙的化学反应，使泰国的音乐文化达到了一个新的高度。

四、泰国的合唱

在泰国多元化的音乐中，除了歌曲与舞蹈相结合的歌舞艺术形式、乐队演奏的艺术形式，还有一项特别的音乐文化，那就是泰国的合唱艺术。泰国合唱音乐的历史，虽然相较于歌舞和传统的乐队演奏没有那么深厚，但在泰国的音乐文化中却占有重要的位置。

① Pamela Myers-Moro：《泰国乐器与乐队（一）》，姜宝海编译，载《天津音乐学院学报》，1990 年第 1 期，第 48～51 页。

作为一种舶来的艺术形式，合唱可以说已经深深融入泰国人的艺术生活，不过这种东西方音乐文化的融合在开始时却并不容易。

由于合唱本是从西方基督教文化中衍生出来的艺术产物，最早起源于西方基督教堂中歌颂上帝的唱诗班，而泰国属于东方佛教文化圈，两种宗教在教义、理念和传统上有巨大的差异，与之相关的社会习俗和文化更是格格不入，因此在合唱被引入泰国的早期，推广起来并不顺利，甚至就连“合唱”这一专业的音乐术语，在很多泰国人看来也仅仅就是说一群人在一起唱歌，并不能真正理解其中所蕴含的极为丰富的艺术内涵，更别说欣赏了。因此早期的先行者们尽管做了很多的工作，合唱这种外来的艺术形式却并没有很快为广大人民群众所接受，显得有点水土不服。

直到一些本土音乐家将其与泰国民族音乐相结合，以自己所学的西方音乐作曲技术，将泰国本土的民歌改编成合唱曲目，运用合唱的表演形式去演绎，合唱这种西方的音乐艺术才开始在泰国焕发出生机。

可以说，合唱之所以能够在泰国广泛普及并受到人民的喜爱，正是因为这些本土音乐家将其与泰国民族音乐所做的深度融合。他们在这个过程中做了大量的探索和创新，创作了大量基于泰国民歌的合唱作品，深受本地人的喜爱和追捧，以致泰国组建了许多的合唱团，合唱演出已经成了泰国最常见的音乐节目之一。最近十年中，泰国的合唱事业更是与日俱增，各种合唱团体也是多种多样，层出不穷。不管是从声部来看，还是从专业与非专业的角度来看，泰国的合唱音乐发展都是非常可观的。

由于这些合唱作品在创作中既借鉴和吸收了原汁原味的西方音乐元素，又极具泰国民族风情，因此也受到了西方观众的喜爱，多次在世界合唱比赛中获奖，引起剧烈反响。所谓民族的就是世界的，在国际比赛中获奖也反过来成了泰国合唱音乐继续前进的动力。

泰国合唱音乐的民族性主要体现在对本国传统文学、民歌、乐队、民间乐器尤其是泰国皇家宫廷音乐的大量借鉴上。泰国皇室传统，一般在重要的节日和皇室活动都会专门创作演出纪念性的音乐作品，这些传统的宫廷音乐以合唱的形式表现出来，不仅显得更加丰富与饱满，而且令人倍感亲切，往往会在民间广为流传，传唱度非常高。

乐器方面泰国的合唱团队常常会使用民族乐器进行伴奏。其中首选的泰国本地乐器就是一种打击乐器——木琴，其构造和外形与西方的木琴相似，在结构和外形上却是不一样的。泰国木琴的排列板向里凹，而我们常见的西方木琴排列板结构类似于钢琴的黑白键排列方式，整个排列板呈平行的状态。在鼓槌的选用上，也是有着不同的考究，泰国的木琴鼓槌相对用较硬的材质，西方的木琴鼓槌相对用较软的材质，不同材质的鼓槌与力度去敲击演奏，其音色的不同也会呈现一个坚硬、一个柔和的音质效果。而在小型的打击乐器中，还有一个叫“钹”的乐器，它类似我们中国常用到的“碰玲”，声音清脆，同时在敲击的过程中会产生一点回音，就像寺庙中撞钟的回响一样，音量虽比不上，但这小小的乐器呈现出来的音色却是合唱音乐中必不可少的。这种“钹”在合唱中也是起到一个打节奏的作用，有时两小节才会敲一次，有时也会在一小节的强拍中体现出来，而敲的这一次往往把音乐中的重拍或一些需要打击乐器起手的地方都很好地诠释出来了。

除了打击乐器，还有泰国特色的弦乐器——三弦琴，这种琴声音优美而婉转，类似我们中国的二胡，结构和造型上都与二胡有很多相似的地方，都需要去把位、把音阶来进行演奏，其演奏的音响效果也符合了合唱作品中需要的音乐色彩和渲染效果，在泰国的合唱音乐中起到了锦上添花的作用。

另外很多泰国的合唱团队还喜欢采用纯人声演唱，也就是所谓无伴奏形式，用人的声音来模仿和代替乐器的声音。在泰国一般称为“阿卡贝拉”。

总之，合唱进入泰国后，泰国的音乐工作者们就一直尝试用各种方法将本国的宗教文化、习俗等融入合唱，以一种全新的、多元化的艺术形式来表达这个国家的音乐与文化，使得泰国的合唱艺术得到蓬勃发展，并且受到世界人民的喜爱，走出了一条属于自己的音乐道路。

五、结语

随着时间的推移，影视和旅游业的快速发展进一步推动着泰国经济的发展，使更多国家的人民了解泰国本土的音乐特色和风格，泰国歌曲与舞蹈相结合的艺术形式、多元化又独具特色的乐队风格、特有的泰国的合唱音乐，将泰国的民间文化、宗教习俗等传遍世界各地。音乐是时代的产物，也是一个国家的产物，不同的时代产生不同的音乐风格，文化在世世代代中传承，泰国以口口相传的形式传递着自己独有的民族音乐艺术形式，借鉴并学习其他国家的音乐风格，使得自身的音乐更趋于多元化。作为东盟国家的代表，泰国的音乐舞蹈、歌曲、乐队的艺术风格、电影音乐的艺术魅力、地方的风俗习惯及其反映出的人文底蕴和艺术价值都值得我们去探究和学习。

参 考 文 献

林多丽, 2016. 泰国合唱艺术[D]. 上海: 上海音乐学院.

郭奕, 2013. 自动音乐标注系统多基频估计方法研究[D]. 成都: 电子科技大学.

Pamela Myers-Moro, 1999. 泰国乐器与乐队（一）[J]. 姜宝海, 编译. 天津音乐学院学报（1）: 48-51.

姜宝海, 1999. 泰国乐器与乐队（二）[J]. 天津音乐学院学报（2）: 70-77.

韩燕平, 1993. 泰国的音乐和舞蹈[J]. 中国音乐（4）: 37-40.

胡博巍, 2009. 从泰国历史看泰缅关系的发展[J]. 天津市经理学院学报（2）: 61-62.

Exploration of Thai Music Culture Forms

Zhou Yiqiong

Abstract: When Buddhism was spread into Thailand for the first time, the Thai music combined the stories in Buddhist texts with songs and dances to express the respect and worship for Buddhism, which were of strong religious and national colors; the music forms developed in diversified forms. Based on the rhythms of the traditional Thai music, multiple art forms and manifestation means like songs, dances, bands and chorus were developed. Out of the exclusive and vivid music styles and strong national colors, these performance forms have become the most representative part of the music culture of the entire Southeast Asia, with widespread influence in Asia. Diversified music forms show the profound cultural deposits and artistic values of Thai music culture, worth our exploration and learning.

Keywords: traditional Thai music; culture; forms

生态视角下壮泰稻作“那”文化比较研究

阮娇龙[①]

摘要：壮泰两族先民同属汉藏语系民族，会不约而同地或习惯性地根据其生态环境、地理特征为自己的生活居住地起名。在壮泰语中，“稻田”被称为“那”。原始社会时期，壮泰稻作农耕民族的居住地往往与稻田相连，而且他们的生活与稻田息息相关，因此“那”字被广泛地用于地名。本文从壮泰稻作民族的语言文化、生产生活方式、饮食文化、居住方式、风俗节日和敬畏自然等方面进行比较研究，探讨历史悠久、文化灿烂的稻作文化——“那”文化，这有助于壮泰两族在生态环境保护、民族文化传承与传播以及社会和谐发展方面产生积极的作用。

关键词：壮泰民族；稻作文化；比较研究

一、引言

生态文化是人类与大自然和谐相处的文化，是人类价值观念发生转变的根本。人类价值观的转变影响了人类中心主义的价值取向，从而成就了人与自然和谐发展的价值取向。生态文化的主要特点是利用生态学的基本观点对现实事物进行观察，并对现实社会进行解释，以及对现实问题进行处理。科学认识生态学的研究途径和基本观点，构建生态思维理论。通过学习和实践，构成生态学和经济学相结合的生态化理论。生态化理论的产生，使人类对生态保护的意识更加深刻。

稻作文化或者“那”文化是人类以种植水稻为主的生产和生活发展方式的文化，由此衍生的衣食住行等种种风俗都属于“稻作文化”的范畴，包括语言文化、生产生活方式、饮食文化、居住方式、风俗节日等方面的内容。“稻田”在壮泰语中称为“那”，原始社会壮泰语稻作农耕民族居住的地方往往与稻田连在一起，而且生活与稻田息息相关，因而将“那”字广泛地嵌入地名。“那”字地名是稻作文明出现的历史印迹。壮泰民族及其先民在长期的历史发

---

① 阮娇龙，广西外国语学院东南亚语言文化学院副教授，泰语系副主任，主要研究中泰民族文化。

展过程中，形成了丰富多彩的稻作文化[①]。

二、壮族稻作文化概况

壮族是我国人口最多的少数民族。自古以来，壮族就繁衍生息于岭南地区。壮族先民是岭南最早的开拓者，他们以辛勤的双手和智慧，创造了许多文化成就。

壮族是稻作民族，其先民对栽培水稻的贡献在我国乃至世界水稻栽培史上占有重要地位。壮族与汉族交往频繁，吸收汉族农业生产中的先进经验，普遍使用牛耕铁犁精耕细作种植水稻，从而形成了本民族独具特色的农耕稻作文化，并融入宗教、饮食、建筑、文学艺术等方面，成为壮族文化的精髓和主流[②]。

壮族种植水稻历史悠久，明清各代地方志均有大量记载。因为壮族人民善长水稻种植，所以有的地方直接将他们称为“水户”。在耕种技术方面，壮族地区的稻田耕种比附近汉族地区更为精细，一般情况下，按照“一犁一耙”或者“两犁三耙”进行耕作。大部分地区使用畜肥和绿肥，所以粮食产量较高。

在壮族的宗教信仰中，对“龙”和“蛙”的图腾崇拜源于农耕稻作文化。对“龙”的图腾崇拜，表现在祭龙祈求风调雨顺，以保丰收；“农家无五行，水旱卜蛙声”，蛙类活动与晴雨有很大关系，因此壮族人民通过祭蛙来祈祷风调雨顺、五谷丰登。对“龙”和“蛙”的崇拜，反映了壮族人民朴素的天人合一的生态文化观。

壮族善种糯谷，在饮食文化中，尤以糯米食品最具特色。他们用红、黄、蓝、紫、绿、黑等天然植物色素加工的七彩糯米饭，色彩斑斓，引人注目，而且香糯可口，是壮家人节日的必备品，主要用来祭神。

壮族多居住在河谷平坝临水地区，依山畔水建山寨。民居为干栏式建筑，既适应炎夏潮湿的气候环境，避免毒蛇猛兽侵害，又为农耕稻作创造条件。

三、泰族稻作文化概况

泰国位于热带季风气候区，全年温热潮湿。一直以来泰族人民以种植水稻为主，泰国也是世界大米出口的大国。泰族的水稻种植受自然环境和聚居地的

---

① 言红兰、黄玉洁：《生态视角下中国壮族与泰国泰族稻作文化比较研究》，载《百色学院学报》，2019 年第 6 期，第 68～74 页。

② 张声震：《壮族通史》，民族出版社，1997 年。

影响，因为泰族的聚居地多为平原，又位于河谷的位置，沉积土壤含有丰富的有机物，对种植水稻十分有利。泰族人民靠着这些有利的自然条件进行水稻种植，依靠牲畜犁田，用牲畜的粪便作为天然肥料，人工锄草和驱虫，与大自然和谐共处，构造生态农业①。

泰国河流众多，靠近大海，水生动植物种类丰富。鱼、虾、蟹等水产品成了泰族人民的日常食物，也受到了泰族人民的喜爱。泰语中的“米”是食物米饭的代名词，“鱼”是菜肴的代名词，所以“鱼米”在泰语里就是吃饭的意思，由此可以看出泰族人民对鱼和米的喜爱，鱼和米在泰族人民心目中占有重要的地位。泰国中部和南部地区的人比较喜食大米，而由于受到了潮汕文化的影响，各种大米制品也成了泰国中部和南部地区人们的欢迎，比如米粉、河粉、粉丝、米线等。泰国东北部和北部的人民比较喜食糯米和米浆制成的米糕糕点，他们习惯用手抓直接取糯米食用。

泰国地形复杂，高山、平原、高原兼具，河流河渠众多，湖泊和沼泽遍布，临近大海。复杂多样的地貌特征和常年湿热的气候条件，使泰国人民只能因地制宜，居住风格多样。总的来说，泰国的民居多为高脚屋，又叫“干栏式建筑”。

泰国中部地区是最大的冲积平原，河流众多，人们喜欢靠水而居，房屋多建于河岸边。在泰语中，靠近河流而建的房屋称为“邦”，它的特点是顺着河流而建，正面朝着河流，阶梯和走廊向着河岸，屋子后面是园子，园子后方是田地。沿着河流湖泊建成的村子称为“班”。中部地区的“泰式房屋”很受欢迎，最为流行，它的结构为高脚屋的构造，二层住人，架空层用于储存物资、饲养牲畜，可以防止蛇兽毒虫，还可以辅助通风散热、防潮等。房屋的屋顶为高耸的三角墙式样，面积大，斜角倾斜。屋檐比较长，对排雨水和遮阳散热非常有利。泰族人民在水稻种植的基础上，能够根据复杂多样的地貌特征和常年温热潮湿的气候修建独具特色的泰式房屋，是泰族人民适应自然，与自然和谐共处的体现。

在以前，泰国人民主要从事农业，人们需要依赖自然地理环境和生态环境生存，所以产生了丰富的自然神信仰文化。其中，和稻作文化有关的生产性节日有春耕节、火箭节等，其中春耕节是泰族重要的农耕典礼。

四、壮族和泰族稻作文化比较

壮族和泰族的稻作文化有许多相似之处，例如在语言文化、饮食文化、宗教

① 陈晖、熊韬：《泰国概论》，世界图书出版社，2012 年。

信仰、民俗节庆节日、民族服饰、建筑等方面。

（一）壮族和泰族稻作文化的相似之处

1. 语言文化方面

壮泰语中都有很多与稻作相关的词汇，例如“那”（壮语：nā；泰语：nã），是指“田”和“峒”的意思，普遍指田地或者土地。壮泰语中也有一些与汉语相似的词汇，例如人体器官等。此外，“那”在壮语和泰语中都指“田”和“峒”，即土地的意思，因此壮泰稻作文化也被称为“那”文化，即与土地有关的文化[①]。

2. 饮食文化方面

壮族和泰族都以大米为主食，同时也食用玉米、豆类、薯类等。在烹饪方式上，壮泰族都以蒸煮为主，一日三餐[②]。

3. 宗教信仰方面

壮泰两族都有自然崇拜的信仰结构，认为自然界中的一切都由神灵掌管，神都是自然的化身。壮泰两族人民非常信奉大自然，对自然的崇拜和对道教、佛教等宗教的信仰，最终形成了今天的宗教观。

4. 民俗节庆节日方面

壮泰两族都有与农耕相关的节日，如壮族的“撒秧节”和“牛王节”，泰族的“春耕节”等，这些节日都有复杂的祭祀仪式，以祈求来年丰收、风调雨顺。

5. 建筑方面

壮泰两族的建筑都适应了当地气候和自然环境，室内干燥通风，适宜居住。壮泰两族人民的传统民居都是干栏式建筑，这种建筑适合在潮湿多雨的地区居住，有利于防潮、防兽、防洪等。

（二）壮族和泰族稻作文化的不同点

壮族和泰族的稻作文化存在一些不同点，主要体现在种植季节、聚居地和民族服饰方面。

---

① 郭桂明：《汉语“邕”字与壮泰语“水”一词的关联考证》，载《广西教育学院学报》，2016 年第 3 期，第 38～40、54 页。

② 覃圣敏：《壮泰民族传统文化比较研究》，广西人民出版社，2003 年。

（1）种植季节方面。

由于壮泰两族所处气候区不同，因此水稻种植时间也存在差异。泰族生活区属于热带季风气候区，全年分为三季，3—5 月为夏季，6—10 月为雨季，11 月至次年 2 月为凉季，月均温度 22～25℃，年均降雨量 1000mm，全年日温差较小，太阳辐射较充裕，适合水稻生长，一年可生产三季稻。而壮族生活区属于亚热带季风气候区，一年分为春夏秋冬四季，夏季和冬季分明，一年可种两季稻，4 月播种，7 月收割；7 月播种，10 月收割。

（2）聚居地方面。

“住水边，喜居楼”是壮族民居的主要特点，壮族除一部分居住在半山区外，大多居住在河谷或平坝的临水地区。壮族自古“构楼而居”，因地域不同，主要有三种建筑形式：传统的纯木结构的杆栏建筑、土木结构的干栏建筑和土木结构的汉式二层楼房。相比之下，泰族人民的居住地主要以平原为主。湄南河是泰国的母亲节，也是滋养泰国人民的主干河流。泰族居住地地形简单，村落布局比较规整。为了防止火灾殃及人民的粮食，泰族人民会在他们房屋周围建立一座独立的仓库来储存粮食，这样的谷仓在壮族地区比较少见。

（3）民族服饰方面。

壮族的劳动妇女善于刺绣和纺织技术，她们织出的的壮锦和布匹的图案和花纹极为精致、美丽。除此之外，壮族还有别具一格的蜡染技术，也为人们所称赞。传统服饰上，壮族男子穿着比较素雅，而女子的穿着比较艳丽，多姿多彩。壮族人民比较喜欢在鞋子、帽子等上面用五色线绣各种精美的花纹，虫鱼鸟兽、花草树木，各式各样，多姿多彩。

泰族传统服饰主要为“麻栽”，这是一种纯手工制作的传统泰族服饰，代表了泰族人民的智慧和生活方式。麻栽主要由麻、棉、丝等天然材料手工编织而成，花色繁多，纹样细致，每一件麻栽都有其独特的寓意和象征意义。麻栽不仅是泰族人民的日常服饰，也是各种特殊场合的礼服，如婚礼、节日庆典等。

（三）造成壮泰两族稻作文化不同点的原因

壮泰两族拥有悠久的农耕稻作文化，这种文化已经成为壮泰族人民根深蒂固的生存理念，它所产生的巨大凝聚力，促使着壮泰族人民团结奋斗、生生不息，并在民族大家庭的优良传统文化中大放异彩。造成壮泰两族稻作文化不同点的主要原因有以下三点。

（1）受到不同的地理气候环境影响。

壮泰两个民族都是稻作农耕民族，但水稻的种植必定会受到当地的自然地理和气候条件的影响。壮族聚居区处于亚热带季风气候区，泰族聚居区处于热带季风气候区。泰族一年分为三季，分别是凉季、雨季和夏季，一年三季的气候温差基本不变，所以泰族一年可以生产三季稻。而壮族一年分为春、夏、秋、冬四个季节，夏季和冬季分明，气温差异较大，一年可以生产两季稻。因此，壮泰两族在播种、施肥、收割的时间上会有所不同。

（2）受到不同地域文化因素的影响。

无论是在民俗文化、宗教信仰，还是礼节文化方面，壮泰两族都或多或少地受到了周边民族或族群的影响。壮泰两族所处的地域环境不同，他们所受到的地域文化影响也不一样。

（3）受到不同社会制度的影响。

社会制度和社会现代化水平的不同，也会导致壮泰两族在生产、生活、语言等方面有所不同。

五、结语

在自然环境和生态环境眼前，所有国家和民族都是平等的。不同的国家和民族，有着差异性和相似性，但都能够彼此和谐相处、平等相待、互相尊重，并且构造出更加色彩斑斓的生态文化。从自然生态文化的角度看壮泰两族人民的稻作文化，认识壮泰两族人民的生产生活方式、节日庆典、民族服饰、房屋结构等方面上的相同点和不同点，能够反映出壮泰两族人民与大自然的亲近关系，与大自然和谐共处的生态理念。两族地理环境、宗教信仰等不同，其稻作文化也别具风格，各自散发着自身所特有的异彩。壮泰两族人民源远流长的稻作文化中体现出来的生态意味，对两族人民居住地的自然生态环境保护、民族文化传承与传播，以及社会和谐发展等方面将产生积极的影响。

参 考 文 献

陈晖, 熊韬, 2012. 泰国概论[M]. 广州: 世界图书出版社.

李远国, 陈云, 2009. 衣养万物: 道家道教生态文化论[M]. 成都: 巴蜀书社.

蒙翡琦, 2014. 壮泰稻作文化比较研究[J]. 东南亚纵横（7）: 61-65.

戚盛中, 2013. 泰国民俗与文化[M]. 北京: 北京大学出版社.

覃圣敏, 2003. 壮泰民族传统文化比较研究[M]. 南宁: 广西人民出版社.

邬桂明, 2016. 汉语“邕”字与壮泰语“水”一词的关联考证[J]. 广西教育学院学报（3）: 38-40, 54.

言红兰，黄玉洁，2019. 生态视角下中国壮族与泰国泰族稻作文化比较研究[J]. 百色学院学报（6）: 68-74.

翟鹏玉，2013. 那文化生态审美学：人地交往模式与壮族生态审美理性[M]. 桂林：广西师范大学出版社.

张声震，1997. 壮族通史[M]. 北京：民族出版社.

A Comparative Study of the "Na" Culture of Paddy Farming among the Zhuang and Thai Peoples from an Ecological Perspective

Ruan Jiaolong

Abstract: The ancestors of Zhuang and Thai ethnic groups, who belong to the Zhuang-Dong branch of Sino-Tibetan languages, would coincidentally or habitually name their living places according to their ecological environment and geographical characteristics when naming them. In Zhuang and Thai languages, "paddy field" is called "na". In the primitive society, the places where the paddy-growing farming ethnic groups of Zhuang and Thai languages lived were often connected with paddy fields, and their lives were closely related to paddy fields, so the word "na" was widely used in place names. This article conducts a comparative study of language, production and lifestyle, diet culture, housing pattern, festival customs, and nature worship of the paddy-growing culture of Zhuang and Thai ethnic groups to explore the history-rich and culturally brilliant paddy-growing culture—the "na" culture, which helps positive effects in ecological environment protection, ethnic cultural inheritance and communication, and social harmonious development of Zhuang and Thai ethnic groups.

Keywords: Zhuang and Thai ethnic groups; paddy-growing culture; comparative study

研究生专栏

编码解码视角下川菜文化对泰新媒体传播的问题与对策分析[①]

文帅[②]　李萍[③]

摘要： 川菜是中华文化的瑰宝，推动川菜文化对泰传播有利于增强中泰交流与情感，同时为中国-东盟的文化交流和借鉴提供支点。本研究以编码解码为视角，发现目前川菜文化对泰新媒体传播中存在翻译与表达不规范，新媒体传播渠道利用度低，受众文化语境的剥离等问题，并从编码、媒体、渠道三个角度提出了应对建议。

关键词： 川菜文化；新媒体；编码解码

泰国作为海上丝绸之路沿线的重要国家，从古至今与中国有着密切且长久的经济、文化往来，同时，泰国作为东盟的重要成员国之一，与中国正逐步加强多方面的合作与联系，具有重要的战略价值。饮食是受国别、意识形态等因素影响比较小的文化载体，饮食串联着不同国家和不同文化地区的人。通过推动川菜文化在泰国的传播，能够加深两国人民的共同情谊，促进中泰、中国-东盟的文化交流借鉴、经济合作与共赢，助推中国文化走出去。

一、面向泰国的川菜文化新媒体传播研究现状

（一）研究背景

川菜文化，从广义上说是四川人在饮食烹饪的社会历史实践过程中，为满

① 本文系成都大学天府文化研究院 2023 年天府文化研究与文创项目“中国-东盟新发展形势下的天府文化传播新媒体策略研究”（项目编号：TYB202301），四川省社会科学重点研究基地川菜发展研究中心 2023 年度研究项目“文明互鉴与巴蜀饮食文化国际传播创新对策”（项目编号：CC23G25），川酒文化国际传播研究中心项目“川泰人文交流视域下的川酒翻译传播策略研究（项目编号：CJCB2017-09）、“四川白酒国际营销交互设计应用对策研究”（项目编号：CJCB2022-06），成都大学泰国研究中心项目“中国-东盟新发展新形势下的成都-东盟人文交流对策研究”（项目编号：SPRITS202302）阶段性研究成果。

② 文帅，成都大学文学与新闻传播学院硕士研究生。

③ 李萍，成都大学文学与新闻传播学院硕士研究生导师。

足生存、发展、享受的生理和心理需要所创造的物质财富和精神财富的综合性、代表性体现；从狭义上来说，川菜文化特指四川人在饮食烹饪的社会历史实践过程中所创造的精神财富①。根据中国国家形象全球调查，52%的海外受访者认为，中餐是中华文化第一代表元素。中餐的海外传播有利于传播中国传统文化②。2010 年 2 月，四川成都被联合国教科文组织认定为“美食之都”，川菜及川菜文化作为中餐走出去的代表，无疑具有重要的地位和意义。

斯图亚特·霍尔认为，电视传播的生产是对意义进行“编码—解码”的过程，信息发送者和信息接收者在文化背景、社会关系和地位利益等方面存在结构性差异，因此编码解码的过程存在不对称性。受众拥有主观能动性和主体性，在解码的过程中，受众都会根据个人已有的框架结构对意义进行再理解，所以必然会有三种不同的信息解码方式，即主导—霸权立场、协商式立场、对抗式立场③。程曼丽在此基础上提出了“二次编码理论”，认为普通的传播过程只需要一次编码，即将原始信息转换成可以被一般受众接收的信息，但当传播需要跨越国家或文化疆界时，需要增加一个“换码”环节，即将本国受众接收的信息转换成为可被他国受众和全球受众接收的信息。二次编码是语言的转换和文化的对接，绝大部分的二次编码必须由媒介完成④。

川菜文化与泰国受众分属与两个不同的“系统”，川菜文化对泰新媒体传播中蕴含着饮食文化、菜名、菜品典故等“意义”的传播，因此存在“二次编码”的环节。在当下新媒体时代，受众具有空前的自主性和主观能动性，如何合理有效地进行“二次编码”，实现语言的转化和文化的对接，对川菜文化中蕴含的各种意义进行“换码”，提升川菜文化的传播力，是推动川菜文化对泰新媒体传播必须要思考的问题。

（二）川菜文化海外传播研究综述

在近年，四川省实施“走出去，把川菜推向世界”的发展战略，作为中国四大菜系之一的川菜以及巴蜀地区饮食文化，迎来对外传播的蓬勃发展时期。通过对相关文献的梳理，笔者发现当前川菜文化的海外传播主要集中在川菜口味与食材对海外传播的影响、川菜翻译艺术对传播的影响、品牌管理和川菜文

① 苏畅、陈卓：《“两微一端”时代川菜文化传播的创新与发展》，载《青年记者》，2017 年第 14 期，第 125～126 页。

② 梼杌：《川菜的海外之旅》，载《中国对外贸易》，2019 年第 7 期，第 66～67 页。

③ 马龙、刘露雅：《编码与解码：“转文化传播”中的传承与创新》，载《传媒》，2022 年第 21 期，第 94～96 页。

④ 魏永征：《对外传播的“赤字”和“二次编码”论——读程曼丽新著〈国际传播学教程〉》，载《新闻记者》，2007 年第 1 期，第 68～69 页。

化新媒体宣传等方面。川菜的食材广泛易得、种类多样、制作简便，这使川菜快速具有广泛的国外影响力，但同时一些动物下水的使用和辛辣的口味与部分地区饮食习惯冲突，受到当地抵触①；川菜的菜名翻译中蕴含着特定的文化内涵和故事背景，目前的川菜外文翻译中丢失了对川菜中蕴含文化的表达和对菜品的解释，这使得川菜及川菜文化对外传播面临困境②；川菜的对外传播中存在对川菜品牌形象管理的疏漏与不足，川菜在海外的迅速火爆和发展使得众多餐馆也打出川菜的招牌，但由于或不够正宗，或餐馆为了降低成本，在选材用料、厨师聘用，甚至食品安全上偷工减料等问题，使川菜名声受损，不利于川菜及川菜文化的传播③；川菜文化对外传播中多依赖传统媒体，对新媒体的利用程度不足，同时缺乏“文化航母”式的国际传播媒体来为川菜文化产品国际传播提供媒介平台④。通过对文献的梳理，可以发现目前川菜文化对外传播研究大多集中在宏观层面，针对具体国别的区域化、国别化的新媒体传播的交叉研究较少。

二、面向泰国的川菜文化新媒体传播中发现的问题

（一）翻译表达的不规范问题

目前川菜翻译有多种语言，但英语仍然是主要语种，川菜菜名的翻译直接影响着菜品在餐桌上的曝光度，菜品的曝光度和菜名的吸引力又直接影响着川菜文化迈出去的第一步。合格的川菜菜名翻译应该在解释菜品原料、口味、烹饪方式等的同时反映菜品中蕴含的文化元素。目前已有两本出版发行的出版物对川菜菜名的翻译做出了规定：一本是《美食译苑：中文菜单英文译法》⑤，

① 蓝勇：《试论中国川江历史文化的世界性》，载《中华文化论坛》，2022 第 4 期，第 85～100、157～158 页。李牧：《跨文化传播与互动：中餐馆与北美犹太人和华人的身份建构》，载《云南师范大学学报（哲学社会科学版）》，2022 第 4 期，第 105～117 页。

② 任晓雨：《论文化自信在川菜与鲁菜的菜名翻译中的体现》，载《今古文创》，2022 第 25 期，第 126～128 页。曹盼盼：《跨文化交际中川菜菜名地域文化英译探析——基于〈美食译苑〉和〈中国川菜〉的对比》，载《南阳理工学院学报》，2020 年第 1 期，第 66～70、86 页。张雨：《川菜文化的对外传播和翻译策略——以乐山美食为例》，载《传播力研究》，2020 年第 21 期，第 14～15、18 页。

③ 黎盛：《川菜整体品牌视觉形象的探究》，载《品牌研究》，2020 年第 5 期，第 48～49 页。

④ 陈衡：《基于手机客户端的川菜文化传播策略研究》，载《文化创新比较研究》，2021 第 26 期，第 96～99 页。李萍：《成都“美食之都”国际传播媒介策略现状与对策——基于川菜文化国际传播的调查分析》，载《西南民族大学学报（人文社会科学版）》，2012 年第 33 期，第 146～149 页。

⑤ 北京市人民政府外事办公室、北京市民讲外语活动组委会办公室：《美食译苑：中文菜单英文译法》，世界知识出版社，2011 年。

出版于 2011 年 5 月；另一本是《中国川菜：中英文标准对照版》[①]，出版于 2010 年 3 月。但是由于实施的难度和网络新媒体语境的特殊性，目前川菜菜名在全球网络上的传播并没有依照上述两份文件实现统一，而是出现了多种传播问题，例如读完菜名后不知所云，或生硬直译使菜名丢失本土川菜文化与特色等等。

（二）新媒体传播渠道利用度低问题

社交媒体的公众参与性、复向传播性、对话性和圈子性极大地助力了国际传播的认同感、覆盖率、亲和性和黏合度，使其成为跨文化传播的重要场域[②]。但是目前川菜文化对泰传播中，一方面借助孔子学院的川菜课堂、川菜文化节或海外川菜厨师等进行传播，一方面借助一些电视节目或者电视剧等传统媒体进行宣传，所占篇幅不大且十分零散，并且很少专门以川菜文化为核心[③]。在新媒体时代，这些传统的宣传模式与路径传播效果十分有限，受众的反馈与互动也十分乏力，难以引起海外受众的共鸣。

（三）文化语境的剥离问题

优化川菜文化对泰新媒体传播的效果，需要贴合泰国新媒体受众的语言表达、新媒体接触习惯、媒介喜好和风格叙事等。李萍认为，要实现川菜的国际化发展，必须明晰不同区域国别的文化背景，深入洞悉不同文化背景的消费者的饮食特点、生活习性、风俗习惯等，在打破跨文化差异障碍的基础上制定针对性措施[④]。目前川菜文化在对泰国的传播中，仍然停留在“自我语境”，即宏大的、笼统的文化外宣层面。媒介的受众本位意识较弱，个性化传播策略尚未完善，这种脱离特定受众文化语境的传播不利于川菜文化的渗透与融合。

三、提升面向泰国的川菜文化新媒体传播的对策建议

（一）编码对策：深化文化洞悉，提升翻译艺术

身处不同的语言系统，传、受双方必须通过“翻译者”这一中介才能完成

---

① 卢一、杜莉：《中国川菜：中英文标准对照版》，四川科学技术出版社，2010 年。

② 辛静、叶倩倩：《国际社交媒体平台中国文化跨文化传播的分析与反思——以 YouTube 李子柒的视频评论为例》，载《新闻与写作》，2020 第 3 期，第 17～23 页。

③ 苏畅、陈卓：《“两微一端”时代川菜文化传播的创新与发展》，载《青年记者》，2017 年第 14 期，第 125～126 页。

④ 李萍：《川菜发展中的跨文化适应研究》，载《旅游纵览》，2014 第 22 期，第 220～222 页。

传播过程，传播过程也被延长为“（传播者）编码—解码（翻译者）编码—（受传者）解码”的过程[①]。这一过程也被称为“换码”。川菜文化要跨越国界，就需要对川菜菜名进行“换码”，目前绝大多数川菜菜名中包含对食材、口味、烹饪方式、切法、形状、人物典故、地名起源、辅料等的传达，或是一种，或是多种意义要素的混合，因此“换码”不仅仅是机械的翻译和浅层次的转换，需要从两个方面进行把握。

一是应深化对川菜文化的认知。“麻婆豆腐”总是被翻译成“Mapo Tofu”，造成这种现象的原因便是缺乏对四川省历史文化的了解；“夫妻肺片”，如果翻译成“husband and wife lung slices”，那也将是骇人的[②]。在泰国，川菜菜名的翻译形式目前主要为中译英、中译泰。其中，英文作为国际流通语言在泰国的许多餐厅也是广泛使用的，能较大程度在网络上快速传播。但川菜菜名中的很多要素在英文中是没有对应表达的，逐字逐句直译为英文又会失去其本身的意思。因此，在进行二次编码的时，需要“翻译者”对川菜菜名、命名缘由和川菜文化有足够的、充分的了解，在此基础上，才能达成翻译的“形变意不变”，做到译名不失真。

二是要提升川菜翻译的技巧与艺术。熊欣认为，菜名的跨文化交际翻译目的首先在于传递菜肴本身信息，其次在于传递菜肴文化信息[③]。在跨文化交际翻译中，菜名英译应遵循语义切近原则、文化传播原则、简洁原则、美学原则、创新原则等。邝计嘉自建川菜网络点评语料库，并与规范文件中的菜名翻译进行对比分析，发现川菜菜名在网络语言传播环境中与规范翻译有出入，存在简洁性、经济性的趋势[④]。在新媒体环境下，用户的注意力被各种碎片化的内容挤压，他们对复杂多变的内容也逐渐失去耐心。川菜菜名的对外翻译应该按照指定的规范统一，不断加强受众的印象，在此前提下，同时遵循简洁性、经济性、直白性的新媒体传播话语特点。例如，将夫妻肺片翻译成“Sliced Beef and Ox Tongue in Chili Sauce”，受众能够更直接地了解到川菜本身食材与口味，菜肴自身的信息准确完整地直达受众。此外，川菜文化的传播主体可以紧跟泰国本地新媒体热点，在不断更迭的热点中为川菜译名“贴梗”“造梗”，吸引受众的注意，从而扩大川菜的知名度，为川菜文化的传播营造空间。

---

① 伍海英：《“编码——解码”理论在跨文化传播中的应用与发展》，载《新闻爱好者》，2010 第 2 期，第 4～5 页。

② 任晓雨：《论文化自信在川菜与鲁菜的菜名翻译中的体现》，载《今古文创》，2022 年第 25 期，第 126～128 页。

③ 熊欣：《跨文化交际理论下的中国菜名英译研究》，上海外国语大学博士学位论文，2013 年。

④ 邝计嘉：《川菜菜名在网络语言中的英译现状及对译介传播的启示》，载《海外英语》，2023 第 4 期，第 33～35 页。

（二）媒体对策：转变思维，搭建新媒体矩阵

以往借助四川本地传统媒体，以电视节目、电视剧等方式对外传播川菜文化，借助泰国各地的孔子学院、海外川菜馆来传播川菜文化的做法在新媒体时代已经不能充分满足传播的需求。因为前者的受众对于川菜及其文化的反馈具有滞后性，传统媒介的受众流失严重且难以覆盖到大规模的泰国受众，后者所进行的人际传播在互联网时代也显得力不从心。当下，川菜文化的外宣方式应该得到新媒体的融入与补充。推动川菜文化在泰国的传播，具体可以从两个方面进行探索。

转变川菜文化传统对泰传播的媒介思维。互联网络传播媒介的交互性、非线性、多方向性、多链接性传播特质为川菜文化的国际传播创建了前所未有的便捷平台，同时也带来了国际传播受众的规模化与平民化，鼓励了国际传播主体与传播受众的角色边界模糊化①。一方面，应该改变传统的恢宏的叙事语态，采用平民化的叙述语态；另一方面，应该改变传统的介绍式、推销式的方式，采用更为“软”性的宣传方式。互联网与新媒体媒介特性在为传播中华文化，传播川菜文化带来了更多机会的同时，也提高了传播受众接受信息的门槛，只有突破传统媒介的国际传播思维，才能获得新时代海外受众的积极认同。近年来，我国的对外传播媒体上也出现了不少民间新闻的报道，用小人物展现大背景，用小叙事赢得大输出。泰国的文化注重关注社会群体的小人物和小叙事。川菜文化对泰传播同样应该聚焦在小人物和小叙事上，例如，中泰不少社交媒体短视频博主将镜头对准四川的山野生活，在日常的饮食起居中处处展现着川菜饮食、中国非遗与传统文化的风貌，实现了良好的对外传播效果。

打造互联网新媒体传播矩阵。We Are Social 公布的《2023 年全球数字报告》显示，72.8%的泰国人使用社交媒体，涉及 7.1 个平台，其中最受泰国人欢迎的社交媒体分别为 Facebook（91%）、LINE（90.7%）、Facebook Messenger（80.8%）、TikTok（78.2%）、Instagram（66.4%）。有 53.8%的泰国人通过社交媒体了解新品牌，82.7%的泰国人通过 Instagram 搜索他们感兴趣的品牌信息。据此，川菜文化的传播主体应该根据泰国新媒体受众的媒介接触习惯，建构多渠道新媒体宣传策略并进行精细化运作。具体来说，传播主体可以建立专门的账号，入驻泰国头部新媒体平台，根据不同媒体平台的特性和用户的媒介使用场景，以视频、图文、直播等方式进行精细运作，精准推流。如 Instagram 可以通过图文配合展现川菜及川菜的文化故事和历史源流；TikTok 通过视频来调动受众的多种感

① 李萍：《成都“美食之都”国际传播媒介策略现状与对策——基于川菜文化国际传播的调查分析》，载《西南民族大学学报（人文社会科学版）》，2012 年第 6 期，第 146～149 页。

官，增强川菜及文化的魅力；Facebook 能够通过信息流广告、多种复合的方式进行川菜品牌与川菜文化的精准推广，包括品牌推广与附近川菜馆的广告推广等。

（三）渠道对策：借船出海，减少文化阻碍

“借船出海”是指与他人合作，借用其他国家的资源或平台传播我国的文化和观点。由国家和政府主导的中华美食文化外宣效果并不乐观，根据 NoxInfluencer 统计，在排名前 20 位的中国美食博主中，只有一位博主是官方账号[①]。在新媒体时代，来自民间的意见领袖和关键意见消费者在新媒体平台上形成了一个个“台风眼”，是不少受众的决策来源，借由他国资源或创作者进行对外传播的二次编码与换码，能够减少编码过程中意义的形变与流失，抵消泰国新媒体受众对川菜文化外宣的误读与对抗性解码。因此，推动川菜文化对泰新媒体传播的渠道视野可以投向以下两部分群体。

在华泰国人。相关文献认为，国际传播中应该淡化官方色彩，采用多主体、自下而上（从民众出发）的传播方式[②]。相比于专家或其他官方生成的内容，人们更愿意相信普通用户生成的内容[③]，近年来，随着中国与泰国的联系合作不断深入，中泰友好关系不断发展，越来越多的泰国友人选择到中国工作生活与留学，这部分群体是川菜文化对泰传播的有效载体，在华特别是在川泰国人能够体验到最正宗地道的川菜和文化，由于政治色彩的削弱与身份的贴近性，在华泰国人的新媒体传播内容对泰国受众具有很高的信任度，原创与亲身体会的创作方式也会为川菜文化赢得泰国受众信任和好感度有所助益，为川菜在泰传播建立良好基础，甚至带动泰国受众到当地川菜馆消费、体验和传播。

泰国华人华侨。美食行为和美食感受对海外华人思乡情绪具有一定的安抚作用，可以使他们得到巨大的心理满足感，同时，思乡情绪、美食体验、美食文化情结成为海外华人对美食文化传播的主要动因，年轻海外华人将成为美食文化传播的主力军[④]。泰国华人有上千万人口，约占泰国总人口的 12%～14%，

---

① 戴鑫、马永超、金子越等：《国际社交媒体上的中国食物旅程叙事策略及效果研究——基于 YouTube 平台的大数据分析》，载《新闻与传播研究》，2023 年第 2 期，第 68～89、127～128 页。

② 蒋东旭、胡正荣：《系统思维与顶层设计：新时代国际传播布局的逻辑与实践》，载《当代传播》，2022 年第 2 期，第 25～28 页。张书维、申翊人、周洁：《行为公共管理学视角下公共决策的社会许可机制：“一提两抑”》，载《心理学报》，2020 年第 2 期，第 240～256 页。

③ Kaplan A M，Haenlein M，“Users of the World，Unite! The Challenges and Opportunities of Social Media”，*Business Horizons*，2010（1），pp. 59-68.

④ Shan L、尹璐、童清艳，《海外华人的美食文化情结——基于旅英华人的研究》，载《现代传播（中国传媒大学学报）》，2016 年第 12 期，第 21～25、34 页。

具有华人血统的泰国人约有两千多万，约为该国总人口的三分之一。他们在泰国进行生产生活，已经融入泰国的文化背景、语言系统、新媒体语境和饮食文化，会更具有泰国新媒体传播的“网感”，在泰华人可以通过口碑传播发布自己的真实好评，从而带动泰国友人对川菜及川菜文化的接受。原籍中国四川的泰国社交媒体博主“小老虎的泰国行”全网粉丝超 600 万。由于长期生活在泰国当地，他在抖音平台发布了多条川式做法菜肴，也与眉山等川内多地美食餐饮品牌合作共创，获得国内外网友一致点赞与好评。川式做法与当地食材的结合不但拉近了川菜和泰国受众的距离，也为川菜文化的传播带来了新的路径。

综上可见，关注不同国别的新媒体传播的合理编码与解码，提升行媒体传播话语的翻译与表达的规范性，提升新媒体传播渠道利用度，关注受众文化语境，可切实推动川菜文化对泰传播，让川菜润物无声地成为川泰文化交流的重要载体。

参考文献

曹盼盼, 2020. 跨文化交际中川菜菜名地域文化英译探析——基于《美食译苑》和《中国川菜》的对比[J]. 南阳理工学院学报, 12（1）: 66-70, 86.

陈衡, 2021. 基于手机客户端的川菜文化传播策略研究[J]. 文化创新比较研究, 5（26）: 96-99.

戴鑫, 马永超, 金子越, 等, 2023. 国际社交媒体上的中国食物旅程叙事策略及效果研究——基于 YouTube 平台的大数据分析[J]. 新闻与传播研究, 30（2）: 68-89, 127-128.

蒋东旭, 胡正荣, 2022. 系统思维与顶层设计: 新时代国际传播布局的逻辑与实践[J]. 当代传播（3）: 25-28.

邝计嘉, 2023. 川菜菜名在网络语言中的英译现状及对译介传播的启示[J]. 海外英语（4）: 33-35.

李牧, 2022. 跨文化传播与互动: 中餐馆与北美犹太人和华人的身份建构[J]. 云南师范大学学报（哲学社会科学版）, 54（4）: 105-117.

李萍, 2012. 成都“美食之都”国际传播媒介策略现状与对策——基于川菜文化国际传播的调查分析[J]. 西南民族大学学报（人文社会科学版）, 33（6）: 146-149.

李萍, 2014. 川菜发展中的跨文化适应研究[J]. 旅游纵览（下半月）（22）: 220-222.

马龙, 刘露雅, 2022. 编码与解码: “转文化传播”中的传承与创新[J]. 传媒（21）: 94-96.

任晓雨, 2022. 论文化自信在川菜与鲁菜的菜名翻译中的体现[J]. 今古文创（25）: 126-128.

SHAN L, 尹璐, 童清艳, 2016. 海外华人的美食文化情结——基于旅英华人的研究[J]. 现代传播（中国传媒大学学报）（12）: 21-25, 34.

苏畅，陈卓，2017. “两微一端”时代川菜文化传播的创新与发展[J]. 青年记者（14）：125-126.

梼杌, 2019. 川菜的海外之旅[J]. 中国对外贸易（7）: 66-67.

魏永征, 2007. 对外传播的“赤字”和“二次编码”论——读程曼丽新著《国际传播学教程》[J]. 新闻记者（1）: 68-69.

伍海英, 2010. “编码——解码”理论在跨文化传播中的应用与发展[J]. 新闻爱好者（2）: 4-5.

辛静，叶倩倩, 2020. 国际社交媒体平台中国文化跨文化传播的分析与反思——以 YouTube 李子柒的视频评论为例[J]. 新闻与写作（3）: 17-23.

熊欣, 2013. 跨文化交际理论下的中国菜名英译研究[D]. 上海: 上海外国语大学.

张书维，申翊人，周洁, 2020. 行为公共管理学视角下公共决策的社会许可机制：“一提两抑”[J]. 心理学报（2）: 69-69.

张雨，2020. 川菜文化的对外传播和翻译策略——以乐山美食为例[J]. 传播力研究，4（21）：14-15, 18.

KAPLAN A M, HAENLEIN M, 2010. Users of the World, Unite! The Challenges and Opportunities of Social Media[J]. Business Horizons, 2010（1）: 59-68.

Analysis of Problems and Countermeasures of Sichuan Cuisine Culture's Communication to Thai New Media from the Perspective of Coding and Decoding

Wen Shuai　Li Ping

Abstract: Sichuan cuisine is a treasure of Chinese culture. Promoting the spread of Sichuan cuisine culture to Thailand is conducive to enhancing the ties and friendship between China and Thailand, and at the same time provides a fulcrum for the cultural exchanges and reference between China and ASEAN. From the perspective of coding and decoding, this paper sorted out the problems existing in the communication of Sichuan cuisine culture to Thai new media, such as improper translation and expression, inadequate utilization of new media communication channels, and stripping of audience cultural context, and proposed strategies from three perspectives, namely coding, media and channels.

Keywords: Sichuan cuisine culture；new media；encoding and decoding

中国-东盟新发展形势下跨国夫妻在天府文化海外传播中的作用分析

——以 Youtube 博主“老挝媳妇小雅”为例[①]

秦思宇[②]　杨少萍[③]

摘要： 2017 年，成都市政府正式提出要大力发展“天府文化”，这是天府文化首次以一个政策性的概念出现在大众面前，天府文化也由此进入了其发展传播的快车道。文化是经济发展的重要支撑，天府文化的传播有助于四川省的经济发展，研究天府文化的传播也因此成为一种现实需要。跨国夫妻作为一个特殊的群体，在促进天府文化对外传播方面发挥着独特的作用。本研究以视频平台 YouTube 为依托，采用内容分析法和个案研究法，从情感传播的视角重点观察和分析了 YouTube 博主“老挝媳妇小雅”在其账号上所发布的视频，并探索分析像小雅夫妇这样的跨国夫妻在天府文化海外传播方面发挥了怎样的作用，以及如何发挥作用的。研究发现，跨国夫妻的天府文化海外传播以情感传播推动了天府文化的具象化传播，提升了对象国民众对天府文化的认同水平。

关键词： 天府文化；跨国夫妻；跨文化传播；东盟

一、研究背景与意义

2023 年是习近平主席提出建设更为紧密的中国-东盟命运共同体 10 周年，也是中国加入《东南亚友好合作条约》20 周年。在双方领导人的战略引领和亲

① 本文系成都大学天府文化研究院 2023 年天府文化研究与文创项目“中国-东盟新发展形势下的天府文化传播新媒体策略研究”（项目编号：TYB202301），成都大学泰国研究中心项目“中国-东盟新发展新形势下的成都-东盟人文交流对策研究”（项目编号：SPRITS202302），四川省社会科学重点研究基地川菜发展研究中心 2023 年度研究项目“文明互鉴与巴蜀饮食文化国际传播创新对策”（项目编号：CC23G25），川酒文化国际传播研究中心项目“川泰人文交流视域下的川酒翻译传播策略研究”（项目编号：CJCB2017-09）、“四川白酒国际营销交互设计应用对策研究”（项目编号：CJCB2022-06）阶段性研究成果。

② 秦思宇，成都大学文学与新闻传播学院硕士研究生。

③ 杨少萍，成都大学文学与新闻传播学院专硕校外导师。

自推动下，中国-东盟经贸合作水平不断提升，取得了丰硕成果。已互为最大规模的贸易伙伴、最具活力的合作伙伴、最富内涵的战略伙伴，成为亚太区域合作中最为成功和最具活力的典范，促进东盟各国与中国的友好往来、务实合作是两国人民的共同期盼，也是助力全球经济复苏的重要动力，而这都离不开双边在文化交流领域的深度合作，而文化交流与合作必然涉及传播的问题。在文化交流的过程中，倘若缺乏适当的传播能力，文化交流与合作就难以达到积极的双向推动，而可能是被动地前行。只有主动增强传播能力，才能更好地开展文化交流与合作。习近平主席强调指出，构建人类命运共同体要尊重世界文明多样性，以文明交流超越文明隔阂、文明互鉴超越文明冲突、文明共存超越文明优越。加强中华文化的对外交流沟通，是推动构建人类命运共同体的重要内容。中华文化“走出去”，对于增强中华文化的影响力，提升中国文化软实力，促进世界文化欣欣向荣，维护人类文化的多样性和人类社会历史发展道路的多样性，对于促进人类社会的健康发展和世界和平发展具有重要意义。由此可见，中国与东盟的文化交流与合作需要传播主体自身提升对外传播水平，切实为中国-东盟命运共同体的构建贡献力量。

四川作为陆上丝绸之路和海洋丝绸之路的交会点，是连接西欧地区，沟通中亚、东南亚的重要交通要道，是中国内陆腹地开放的前沿地区和西部大开发的重要战略依托。四川省委提出，积极加入“一带一路”建设，加快构建对外开放的新格局，既是四川面对国家战略的必尽之责，也是自我发展、转型提升的强力支柱和重大机遇。东盟国家是中国建设 21 世纪海上丝绸之路的重要合作伙伴，东南亚地区是海上丝绸之路建设在海外延伸的起点。因此，四川省与东南亚国家可以说是海上丝绸之路在国内外的两个极为重要的节点，促进川蜀之地与东南亚地区的合作是海上丝绸之路建设的题中之义，也是四川省紧抓“一带一路”建设红利，促进自身发展的必然选择。

2017 年 4 月，成都市第十三次党代会提出要深度发掘地域文化特质，发展以“创新创造、优雅时尚、乐观包容、友善公益”为主要内涵的天府文化。同年 12 月，中共成都市委十三届二次全会提出了建设“三城三都”的战略目标，开启了“世界文化名城”的建设之路。2018 年 9 月 25 日，“世界文化名城建设大会”在成都召开，再次指出要注入“天府文化”，以此培根铸魂，确定了建设“世界文化名城”的战略定位，强调了天府文化在城市建设与塑造城市形象中的重要意义。2019 年 2 月，成都市政府正式出台《中共成都市委关于弘扬世界文化名城的决定》，并拟定了“三步走”战略，旨在将成都建设为世界文化名城。

作为成都市政府正式提出的概念性标识，天府文化在相当程度上代表了成都乃至四川地区地域文化的总和。文化是经济发展的支撑，文化交流或文化传播则是整个区域沟通与发展的“粮草”，兵马未动之际，文化这车粮草必须“先行”传播。要增强四川与东盟各国文化交流的主动性，促进四川省自身的总和发展，从本质上讲就是要提升天府文化在东盟国家对外传播的主动性。

在此背景下，研究天府文化在东盟国家的传播策略和方法成一种现实需要，而近年来有关天府文化对外传播的学术研究比较有限，多数关于天府文化的研究仍然停留在对天府文化内涵与外延的探讨，主要回答了天府文化是什么的问题，如黄益倩等分析了天府文化在乡村的传播[①]。李世佳分析了天府之根——宝墩文化，认为宝墩文化就位于此链条的前端，可谓天府之根，是古蜀迈入文明的历史见证[②]。李霜琪认为都江堰是天府文化的源头[③]。此外，也有一些学者论述了天府的三星堆文化、农耕文化、餐饮文化、古蜀文化、说唱文化、网红文化、音乐文化等等。总结起来，这些学者都认为天府文化具有鲜明的地域特征，即天府文化是古往今来孕育和发展在川蜀大地上的各种文化的总和，它涉及人民方方面面的生活，本质上是一种大文化观。还有一些学者没有在天府文化的内涵上进行较多的分析，而主要关注某种形式的天府文化如何服务于地区经济发展、城市建设、文化繁荣，是一种实用主义哲学观指导下的工具性应用型分析，如杨玉华探讨和分析了天府文化如何服务于成都这座超大型城市的治理[④]。还有一些学者讨论了天府文化的传播问题，但鲜有对天府文化对外传播方面的研究，多数学者研究的问题仅仅局限于天府文化对内传播或者传承的问题，如张晓雯等研究了天府文化在当代的创造性转化与创新性发展[⑤]，马静研究了新时代背景下的优秀天府传统文化传承路径[⑥]，眭海霞等研究了天府乡村文化的保护与传承[⑦]。在知网检索后发现，涉及天府文化的对外传播的文献偏少。其中一篇论文研究了天府文化融入孟中印缅的途径，作者刘兴全等认为成都市要充分运用好当地的旅游资源，将天府文化融入留学生教育，以促进天府

① 黄益倩、齐艳：《天府乡村文化保护与传承》，载《书屋》，2023 年第 6 期，第 24～25 页。
② 李世佳：《天府之根：宝墩文化述略》，载《天府新论》，2023 年第 2 期，第 2、161 页。
③ 李霜琪：《论都江堰是天府文化之源》，载《文史杂志》，2021 年第 5 期，第 83～88 页。
④ 杨玉华、万春林：《天府文化与成都超大型城市治理》，载《成都大学学报（社会科学版）》，2021 年第 4 期，第 24～31 页。
⑤ 张晓雯、眭海霞、李玫瑾等：《天府文化创造性转化创新性发展研究》，载《中共四川省委党校学报》，2020 第 1 期，96～102 页。
⑥ 马静：《新时代背景下的天府优秀传统文化传承路径》，载《文化产业》，2023 年第 3 期，第 91～93 页。
⑦ 眭海霞、陈俊江、练红宇：《乡村振兴战略下天府乡村文化保护与传承研究》，载《四川省社会主义学院学报》，2022 年第 1 期，第 75～84 页。

文化在孟中印缅的传播[①]。

综上所述，天府文化的对外传播存在很大的研究空白，特别是它作为跨文化传播的一种类型，由于缺乏跨文化传播相关理论的支撑，尚且没有形成科学的研究体系来指导天府文化的对外传播实践。

二、研究对象与研究问题

本研究的研究对象是 YouTube 平台上“老挝媳妇小雅”夫妇在其社交账号上发布的视频，选择这一博主的视频为研究对象有以下几个方面的原因。第一，在中国-东盟新形势下研究天府文化的对外传播，其研究对象的选择应当勾连东盟某国和四川省，媳妇小雅是老挝人，而其丈夫万里是中国四川人，这使得研究这对跨国夫妻及其双边家庭的往来具有十分鲜明的跨文化色彩。第二，媳妇小雅虽然是老挝人，但是她有中国留学的经历，汉语水平很高，且视频中涉及的老挝语交流都设置了中文字幕，这使得本研究的研究难度大大降低。第三，正是由于视频内容的双语呈现，使得老挝媳妇小雅的视频有着广泛的跨国受众，这使得本研究不仅能够通过视频内容本身研究天府文化在人际交流层面的传播，也能通过对视频的评论对外国受众进行传播效果分析，以丰富研究的内容。第四，“老挝媳妇小雅”这一视频账号发布了总计 500 多条视频，样本选择的余地很大，且由于视频更新稳定，有助于后续研究的开展。此外，小雅夫妇所拍摄的视频涉及老挝文化与天府文化的多维主题，这使得研究能够从微观的个体案例的追踪视角较为立体地窥见天府文化的传播现状，并提出针对性的传播策略。

本研究的研究问题是：在中国与东盟新的发展形势下，以老挝媳妇小雅及其丈夫为代表的跨国夫妻在天府文化对外传播的过程中发挥了什么样的作用，这种作用是如何发挥的？

三、视频样本选取与内容分析

本研究选取了 YouTube 平台账号“老挝媳妇小雅”播放量最高的 30 条视频，根据视频的内容将其分为以下几个大类。

① 刘兴全、崔晓、智凌燕等：《天府文化融入孟中印缅区域人文交流的途径研究》，载《成都行政学院学报》，2022 年第 5 期，第 86～95 页。

(一)夫妻情感类

	标题	播放量	点赞数	评论量	热评
1	中国老公婚前让我当太太，嫁过来才知道，带娃干农活，我被骗了？	53 万	4672	243	比本地 90%以上的媳妇更懂得感恩。小伙子你找了一个漂亮、睿智、勤劳的好媳妇
2	老挝媳妇第一次来中国，被冷得浑身发抖，我不是被骗了吧？	34 万	4144	139	姑娘你找对了人。中国人勤劳智慧，善良。好好过吧，祝你们幸福美满
3	中国老公发年终奖了，老挝媳妇被惊到：50 万？我没看错吧！	28 万	4119	208	小雅加油，你嫁的是一位非常优秀的老公
4	老挝媳妇嫁到中国农村，介绍还是被骗？听听我的真实经历	24 万	4952	128	小雅谈吐温文尔雅，一口流利的中文比许多中国人还标准，看得出来聪明、智慧
5	小雅和中国老公结婚七年，一直都是长期分居，为什么我不离开？	21 万	1874	113	这媳妇会理解人，赞
6	中国老公准备神秘惊喜，让老挝媳妇激动尖叫：到底买了啥？	13 万	2998	111	神秘惊喜

(二)家庭交往类

	标题	播放量	点赞数	评论量	热评
1	时隔三年回老挝娘家，小雅带了 230 万现金，哇，我变富婆了吧	36 万	5046	202	小雅美丽加智慧是一流的，娶妻娶德，一路从成都到万象再到家乡，不容易
2	花 150 万给老挝妈妈装太阳能灯，亲戚都来围观：哇中国制造真棒	33 万	5442	263	这下不仅照明，还省点，一举多得，大家觉得怎么样
3	中国女婿来了，老挝丈母娘开心得抹眼泪，好酒好肉招待，太热情	26 万	3411	123	小雅家房子还是不错的，很大，也很有气派
4	老挝娘家猪饲料都买不起，中国女婿急了，直接转 20000！咋不早说	23 万	4468	208	你老公绝对深藏不露，但是对自己很节省，对亲人很大方，好男人啊
5	中国公公喜提奔驰，瞧把小雅给激动的：爸，这车太帅了	19 万	3593	113	小雅受过名校高等教育，聪明漂亮，乐观开朗，好老婆，好媳妇，好母亲
6	老挝妈妈来到中国，中国亲家直接安排豪华大餐：这场面，太大气了	13 万	2998	111	有好的家教，自然就有孝顺的女儿，给娘家母亲点赞。小雅是个好媳妇
7	老挝亲戚第一次吃到中国特产，赞不绝口拍照炫耀：太幸福啦	14 万	3657	147	家人团聚的画面好温馨感人，好美！赞啦！祝小雅和万里两家人一辈子皆幸福安康
8	中国女婿太好了！舍不得他走！女婿临走前给老挝丈母娘塞红包	14 万	3057	83	小雅老公在老挝，所做的事情让小雅很有面子，这个很重要，你们夫妻两一定百年好合
9	老挝妈妈来中国玩，非要把猪卖了，中国女婿一句话，丈母娘听哭了	13 万	3426	130	可以看出小雅妈妈对土地的深切的热爱，农人，对土地的爱是流淌在血液里的

续表

	标题	播放量	点赞数	评论量	热评
10	得知老挝丈母娘欠外债，中国女婿直接掏出250万：妈，先拿去	12万	3050	305	女婿太好了，能帮忙还，就尽己之力吧！毕竟是自己的丈母娘，相信小雅也完全了解，感谢你所做的一切。
11	中国女婿要带外孙回国了，老挝丈母娘泪流满面：舍不得你们走	12万	3538	120	亲情哪里是说割舍就能割舍的，打断骨头连着筋。
12	婆婆家果子卖不出去，一脸无奈，老挝媳妇心疼：妈，我帮您	12万	2448	56	这位奶奶也太温和善良了，儿媳也绝对100分
13	给老挝丈母娘改造厨房第二天，丈母娘越看越着急：发生了啥事	11万	3321	135	妈妈很心疼万里，天气太热了
14	给老挝妈妈改造厨房总结：各种设施一应俱全：看看效果怎么样	11万	3430	156	小雅和万里把岳母家照顾的很周到，厨房装修得也到位，一应俱全。在经济允许的前提下可以做到这些，这位女婿真的没的说
15	老挝妈妈终于到四川，第一次和中国亲家见面，紧紧拥抱太激动	11万	3266	119	好开心啊！看到你接你妈妈到中国来玩，替你和你妈妈高兴，希望你和妈妈在中国玩得开心
16	中国女婿帮老挝老丈人养猪，给猪洗澡、喂饲料：这女婿谁见谁夸	11万	3076	116	这个女婿用心又心细，有头脑有爱心，赞一个

（三）新奇体验类

	标题	播放量	点赞数	评论量	热评
1	第一次坐中老铁路来中国，老挝妈妈超级激动：感觉比火箭还快	29万	7264	388	妈妈很朴素善良，安心享享女儿、女婿的福吧
2	老挝妈妈第一次在中国住楼房，直接泪崩：跟着我女儿享福了	23万	4133	252	中国今天的发展确实得来不易，数十年卧薪尝胆上下一心，始终未敢忘记百年苦难走过的历史，祝愿老挝人民也可以共享一带一路的发展成果
3	在老挝实现吃榴梿自由，七块钱一斤，吃到撑得走不动：太过瘾	19万	2867	169	这一集，简直就是折磨人，看得到，吃不到，心情都变差了！
4	老挝妈妈第一次来中国农村被震撼：亲家母，娘家果园咋这么大？（天府农村文化）	13万	3426	130	可以看出小雅妈妈对土地的深切的热爱，农人，土地的爱是流淌在血液里的
5	看到外孙在中国生活这么棒，老挝妈妈高兴落泪：中国孩子真幸福	13万	3240	146	我是一个住在美国的越南华侨，很高兴看到中国人对外国人的包容
6	中国品牌送来神秘礼物，老挝亲戚全来微观：哇，太高级了（苏泊尔厨房用品）	12万	3605	204	我是中国台湾人，看到万里夫妇俩孝顺，家庭和谐。尤其女婿的大器，肯用心为丈母娘家付出帮助，值得效法
7	回湖南老家第一次抓鱼，老外媳妇一抓一个准，大姑小姑也来家里，真热闹	12万	3612	300	亲子活动，浑水抓鱼，真实温馨又和乐的家庭

续表

	标题	播放量	点赞数	评论量	热评
8	老挝妈妈参观女儿买的新楼房，忍不住落泪：谢谢中国女婿的努力	11 万	3961	206	小雅你老公是一个很好的人，为了让你们生活得更好独自一个人去外国打拼，给你老公大大赞

从视频内容来看，发布在“老挝媳妇小雅”账号上的热门视频多数为家庭交往类，共计 16 个，占到了热门视频的一半以上。且这种家庭的交往既包括老挝亲家造访远在四川的万里家，也包括万里夫妇与小雅娘家的交往，这种跨国家庭的交流是双向对称的，这为天府文化在“你来我往”的友爱交往中进行传播提供了合适的场域。在进一步对家庭交往类视频进行分析后可以发现，这种家庭层面的交往，重点表现了以万里为代表的四川家庭的成员对老挝亲家的真情实意，以及四川家庭在跨国家庭交往中表现出的人情世故。诸如万里帮丈母娘还债、帮老丈人养猪、帮小雅娘家改造厨房，都表现出天府之国人民朴素善良的品格，这是天府文化传播最好的表现。在人际传播的层面，小雅夫妇所联结的两个跨国家庭在仪式互动的过程中可谓真心换真心，例如双边家庭为彼此开展的欢迎宴会，在这个互动仪式上，跨国家庭相聚在一起，在符号与意义的互动过程中，彼此的情感得到了共鸣，并在这种反复的传播链接中，强化了集体认同，实现了人际传播效果层面的某种“情感传播”。

比较热门的视频是新奇体验类，这类视频多展示了老挝亲家来华体验各种新鲜事物。对于中老铁路、中国制造、天府农村、中国建造等新鲜事物，老挝亲家的参观体验无疑是新鲜有趣的，在老挝的传播系统中，四川乃至中国的形象是由媒介传播的，参观的过程在某种意义上就是媒介朝觐的过程，情感得到了激发，天府农村文化、城市形象也被传播了出去。

排在最后的热门视频是夫妻情感类，这类视频的内容多为小雅夫妇的情感叙事或对白，这些视频展现出了小雅夫妇的相敬如宾，以及丈夫万里对妻子小雅的疼爱有加，这种叙事性的情感传播使得小雅夫妇形象饱满，善良朴素的性格动人心弦。

从视频传播形式和网络传播效果来看，上述视频的标题大量使用“泪流满面”“紧紧拥抱”等通俗文化词汇，并多用感叹号、问号等情感色彩强烈的符号，在一定程度上使得视频标题具有一定的煽情性。此外，通过阅读和分析热评后可以发现，国内外受众在观看小雅的视频后，对小雅夫妇及其所联结的跨国家庭普遍有较强的好感，特别是对天府之国的人文、科技、教育、住房等方方面面的生活方式普遍有较高程度的认可。

四、传播作用与机制分析

（一）从抽象到具体，天府文化的对外传播者

天府文化的主要内涵包括“创新创造、优雅时尚、乐观包容、友善公益”，由此来看，政府对天府文化内涵的确定更多是从道德品格或社会风尚的角度来说的，这有利于塑造一个包容和具有活力的城市形象，但是这种“文化”的表述却不能很好地展示天府文化的地域特色，在概念上有一定的抽象性，国外受众不容易产生明显的感知，特别是作为一种高语境的描述，诸如优雅时尚、友善公益这些词汇，对于传播受众来说，其“解码”的结果可能与成都市政府的“编码”初心存在较大的差距，从而不利于对外传播城市形象和天府文化。符号互动论认为，社会传播的过程本质上是一场符号的互动，跨文化传播之所以存在较高的门槛，是因为符号互动这一过程的不顺畅，其原因在于符号的定义和理解本质上也是社会交往的产物，对符号的共同理解有赖于人与人之间共同的社会经验、惯例习俗，跨文化的传播由于文化语境的偏差，跨国受众对抽象性概念的理解往往存在困难。

而在天府文化对老挝传播的过程中，如小雅夫妇一样的跨国夫妻成了中老文化间有效的桥梁，是增进老挝民众对天府文化了解的重要引路人。梳理“老挝媳妇小雅”这一账号上播放量最高的 30 个视频，可以发现小雅夫妇经常带着小雅在老挝的亲人来川内体验生活，包括但不限于小雅的妈妈、二哥和妹妹，而这些体验式的经历涵盖了川内人民生活的方方面面。

根据上文的分析可以发现，这些日常性的生活体验实际上是天府文化的载体，老挝家人在吃四川火锅、看川剧、干农活的过程中对抽象的天府文化有了一个具象的了解。伯明翰学派代表学者威廉斯曾将文化定义为物质、知识与精神所构成的整个生活方式，这种主张人类生活的全部方式的“大文化”观，用于考察天府文化也同样适用，即天府文化可以是天府人民生活的全部方式。小雅夫妇正是有效地将这种生活方式传播给了他们在老挝的家人，使天府文化不再是悬于高阁的概念，而成了可触可感的生活方式，这有助于天府文化的对外传播。

（二）从疏离到认同，天府文化的共情者

人类常常对异于自己的文化形态感到好奇，且常常伴随着恐惧，这是一种本能，天府文化作为老挝文化视阈下的“他者”，往往容易被理解为“文化渗透”或“文化入侵”，这种意识形态领域的对抗十分不利于传播，容易造成老

挝民众对“天府文化”的疏离。而要打破这种潜意识的对抗心理，就要促成老挝民众对天府文化的共情，至于这种共情可以是对某个事件的共同看法，可以是对某种话语的共同理解，也可以是对某种认知或行为的认可。而促成这种共情的方法有很多，其中提升人际传播环节的传播效果尤为重要，因为人际传播是社会传播的基础，也是跨文化传播的初始环节，促进中老两国人际层面的共情，将有利于天府文化的跨文化传播。

而小雅夫妇在他们的跨国家庭的交往中十分擅于情感传播或激发情感传播，引发老挝亲家对来自天府之国的婆家的认可，以及他们对天府文化的共情、共鸣。具体来说，这种影响从情感传播的角度来说，有两种发生机制。第一，小雅夫妇在带老挝亲戚来川坐高铁、吃美食，体验各种川内特色的过程中，老挝亲戚对天府文化逐渐祛魅并产生好感和认同，例如小雅妈妈坐高铁时将中国的高铁形容为火箭，对中国制造的太阳能灯赞不绝口，这些都表现了老挝亲戚对中国科技产品的由衷认可。

此外，小雅特别是其丈夫万里，在与老挝家人相处的过程中，实际上成了天府文化的代表人，他们的一言一行都映射出天府文化的内涵。例如，小雅夫妇花费 500 万老币购买了一台电动车，并将其作为老挝妈妈的新年礼物，万里的孝心是天府文化最好的表达。在收到这份“大礼”后，老挝妈妈非常激动，这也增进了她对天府文化、中国科技文化的认同，万里的老丈人还表示这台电动车 60 公里的最高时速，要比老挝本地一般的电动车“跑得都快”，也反映出在这一赠礼的过程中，老挝亲家对天府文化的亲近和认同。再如，媳妇小雅支持其公公在眉山市买奔驰，并且给公公准备了十分周到的提车仪式，其公公对此非常感动，这反映出在万里影响下，小雅已然成为天府文化“孝顺”这一特质的最好名片和窗口，可见天府文化就是在这种人际交往的过程中实现了跨文化层面的借船出海，为传播天府文化，增进老挝人对天府文化的认同发挥了显著作用。此外，诸如小雅在分享她和万里的情感经历中描述的敦厚善良的四川男人形象，老挝妈妈造访中国亲家时万里全家为其准备的“豪华大餐”所表现出的待客之道，万里随小雅回娘家时送给老挝亲家从四川带来的川内特产所体现出的人情世故，都是天府文化在这对跨国夫妻联系交往时的最好体现。

五、结语

综上所述，从对 YouTube 博主“老挝媳妇小雅”在其账号上所发布的视频的统计分析来看，跨国夫妻小雅夫妇在天府文化海外传播方面发挥了积极的作用，他们以情感传播推动了天府文化的具象化传播，提升了对象国别民众对天府文化的情感认同和文化认知水平。

参 考 文 献

黄益倩, 齐艳, 2023. 天府乡村文化保护与传承[J]. 书屋（6）: 24-25.

李世佳, 2023. 天府之根: 宝墩文化述略[J]. 天府新论（2）: 2, 161.

马静, 2023. 新时代背景下的天府优秀传统文化传承路径[J]. 文化产业（3）: 91-93.

刘兴全, 崔晓, 智凌燕, 等, 2023. 天府文化融入孟中印缅区域人文交流的途径研究[J]. 成都行政学院学报（5）: 86-95, 106, 119.

眭海霞, 陈俊江, 练红宇, 2022. 乡村振兴战略下天府乡村文化保护与传承研究[J]. 四川省社会主义学院学报（1）: 75-84.

李霜琪, 2021. 论都江堰是天府文化之源[J]. 文史杂志（5）: 83-88.

杨玉华, 万春林, 2021. 天府文化与成都超大型城市治理[J]. 成都大学学报（社会科学版）（4）: 24-31.

张晓雯, 眭海霞, 李玫瑾, 等, 2020. 天府文化创造性转化创新性发展研究[J]. 中共四川省委党校学报（1）: 96-102.

China-ASEAN New Development Situation Analyzing the Role of Transnational Couples in the Overseas Dissemination of Tianfu Culture: Taking Youtube Blogger “daughter-in-law Xiaoya from Lao” as an Example

Qin Siyu　Yang Shaoping

Abstract: In 2017, the Chengdu Municipal Government officially proposed to vigorously develop “Tianfu culture”, and for the first time Tianfu Culture appeared in front of the public as a a policy concept, and Tianfu Culture has thus entered its fast development and broad dissemination. Culture, as it is known, is an important support for economic development, and the dissemination of Tianfu culture contributes to the economic development of Sichuan, a southwest Province of China. The study of the dissemination of Tianfu culture has thus become a practical need. As an unique study target group, transnational couples play an unique role in promoting the spread of

Tianfu culture to the outside world. Observing the YouTube blogs, the world' s most influential video platform, this study adopts the content analysis method and the case study method and focuses on the videos posted by the blogger "daughter-in-law Xiaoya from Lao" on her account. By means of emotional communication, the blogger tries to analyze the role of this transnational couples in the promotion of the communication of Tianfu culture to the outside world. The findings of this study showed that the couples have contributed to the spread of Tianfu culture to the outside world by emotional communication means. By employing visualization of Tianfu culture, they promoted the positive recognition of Tianfu culture in Lao and other countries.

Keywords: Tianfu culture; transnational couples; cross-cultural communication; ASEAN

认同、从众与移情：包青天形象 IP 在泰国的传播心理研究

周孟楠[①]　周宝[②]

摘要： 中泰文化交流历史源远流长。早在公元前 3 世纪，西南丝绸之路便已构建起两国交流的通道。包青天、孔子、孙悟空、佛教、儒家、道教等文化符号在泰国有着非常高的认同度。包青天在泰国掀起的经久不息的热潮，充分体现了中泰两国在长久的文化交流和积累之后所形成的对佛教文化、儒家以民为本思想等相近文化的认同，而欣赏者也在对包青天这一形象 IP 的思考与探讨中获得了情感互动与自身参照。认同心理、从众心理、移情心理共同构成了包青天在泰国的传播心理机制，增强了这一形象在泰国的传播效果。

关键词： 包青天；认同；从众；移情

2023 年是“一带一路”倡议提出十周年，也是中泰建立全面战略合作伙伴关系十一周年，在此期间，两国开展了大量文化、艺术、教育等方面的交流活动，有力地促进了两国的文化交流。而中泰文化交流并非近十年内才开始的。中国学者申旭认为，中国西南与泰国等地的贸易随着西南丝绸之路的产生便已出现，早在公元前 3 世纪，西南丝绸之路便已构建起两国交流的通道。[③]随着“茶马古道”“丝绸之路”以及近代中国几次大规模向泰国移民活动的发展，两国有了更为深入的文化交流与传播。包青天、孔子、孙悟空、佛教、道教等文化符号在泰国有着非常高的认同度。1993 年版电视连续剧《包青天》在泰国有着极高的传播热度，深受泰国人民的喜爱。本文以包青天这一形象 IP 为切入点，研究其中蕴含的传统文化内涵以及观众的传播心理，对促进中华传统文化对外传播有着积极的意义。

---

① 周孟楠，成都大学硕士研究生，主要研究方向为新媒体艺术传播。

② 周宝，成都大学硕士研究生，主要研究方向为新媒体艺术传播。

③ 申旭：《郑和下西洋对明代中国与东南亚贸易的影响》，载《东南亚》，1992 年第 4 期，第 22 页。

一、包青天形象 IP 在泰国的传播现状

学者张月在 2017 年对中国文化符号在曼谷地区的认同情况进行了调查，调查结果显示，无论是否为汉语学习者，无论是否来过中国，包青天的认同程度都位列前三①。包青天这一形象 IP 在泰国主要通过相关书籍与影视作品进行传播。

在泰国与包青天有关的文本最早出现在泰国是在拉玛四世时期（1851—1868），当时泰国皇室大力支持中国文学作品进入泰国，官方组织翻译工作，《万花楼》作为其中一本文学作品在拉玛四世时期被选中翻译并流传至今②，于是包青天与其传奇故事进入了泰国民众的视线。随后又多次翻译出版了《包龙图公案》《包文拯一百个公案》《包公出世——包公传》等十余种相关作品，丰富了泰国文学类型③。

从 20 世纪 50 年代开始，大量港台影视作品开始涌入泰国，以金庸为代表的武侠作品伴随着相关泰文译作在泰国盛极一时，掀起了武侠电影的狂潮。这也为后来港台剧在泰国的传播创造了良好的基础。至 20 世纪 70 年代，随着电视在泰国的普及，电视剧成为泰国人日常消遣娱乐的重要媒介。1970 年，泰国首家商业电视台第三电视频道（Thai TV Colour Channel 3，即 CH3）成立。为迅速抢占收视市场，第三电视频道采取了大量引进外国剧集的策略。1974 年引入的台湾版《包青天》便是引入的第一部中国电视剧，一经播出，便在泰国引起了观众的强烈反响，收获了极高的评价。但真正使包青天得到广泛传播，红遍大街小巷的，则是 1993 年版的《包青天》。与 1974 年相比，电视传播技术得到了大幅度改进，并在播放时采用了泰文翻译版本，以至当第三频道播放 1993 年版《包青天》时，泰国民众对此剧的喜爱程度令人惊讶，可谓万人空巷。经观众强烈呼吁，播放周期也从一周播放一天改为每周播放两天，随后又增加至每周四天。至今仍在不断重播，主题曲也广为传唱，在综艺节目中频频出现，甚至诞生了所有包青天形象的诸如洗衣粉、牙膏、肥皂、T 恤等周边。

① 张月：《中国文化符号在泰国曼谷地区的认同调查研究》，扬州大学硕士学位论文，2017 年，第 26～32 页。

② 姚建彬：《中国文学海外发展报告（2018）》，社会科学文献出版社，2019 年，第 49 页。

③ 颜艾华：《中国文化在泰传播与推广研究——以电视剧〈包青天〉在泰国的传播为例》，重庆大学硕士学位论文，2021 年，第 9～13 页。

二、包青天形象 IP 的文化表达

包青天本名包拯，字希仁，北宋庐州合肥人。宋仁宗时考中进士，自此开始了长达三十余年的仕途。自宋代以来，有关于包拯的生平事迹便开始通过文学、戏剧等艺术形式广泛传播。在这些故事的创作中，包拯无一例外地被塑造成一个刚正不阿、为民做主的清官形象，民间将这类清官尊称为“青天大老爷”，包拯也因此被称为“包青天”。经过近千年的传播，包青天集合了多种美好品德，成了一个被民间传说“神化”了的清官形象。这也直接体现了这一人物形象在大众心目中的地位，同时体现出其中蕴含的文化内涵。

（一）佛教文化的因果轮回

佛教自汉明帝时期传入我国以来，已悄然影响了我国文化近两千年。在这一文化背景下，文艺作品亦深受佛教的影响。佛教报应论秉持善恶有报的理念，认为善行终得福报，恶行则必遭严惩。

以 1993 年版《包青天之天伦劫》为例，剧中江文海残忍杀害同僚季大人家 16 口人，并企图与庞太师联手掩盖罪行。当季家遗孤季明月姐弟前往开封府求助时，江文海竟派人暗杀，却未料其子江威在混乱中偶遇并救下了季明月，还将她带回家中，并将证据交给了江文海，寻求他的帮助。江文海却将掉包后的证据转交给包青天。然而，真相终有大白之日，江文海的罪行被妻儿发现，江威带着明月姐弟逃离江家，却遭父亲派来的黑衣人阻拦，身受重伤。最终，在明月家犬阿吉的帮助下，包青天查明真相，将江文海绳之以法。江夫人因无法承受丧夫与儿子命悬一线的双重打击，选择自尽。而曾受江家母子恩惠的明月，不忍见他们陷入困境，决定留下照顾。江文海被惩治，江家母子得救，这些情节无一不体现了佛教善恶有报的理念。

佛教报应论鼓励人们向善，为苦难中的人们提供精神慰藉与心理支撑。对于《包青天》这类源自民间的传说故事而言，更是如此。《包青天》的故事反映了劳苦大众对现实生活的无奈，体现了弱势群体的一种自我安慰。在艰难的环境中，人们需要在文艺作品中寻找希望，将对美好生活的向往与对圆满结局的期待寄托于这类善恶有报的“大团圆”结局之中。

（二）儒家伦理的辩证思维

儒家思想长期以来都是我国传统文化的主流，尤其是在中国封建社会后期，统治阶级大力提倡，体系日渐完善，对许多艺术家的创作都产生了深刻的影响，并渗透到社会的各个领域[①]。儒家伦理道德更是中华民族精神不容忽视的重要组成部分。儒家传统伦理主要有五种，即《孟子·滕文公上》所说的"父子有亲，君臣有义，夫妇有别，长幼有序，朋友有信"。处理这五种基本关系的准则是"君惠臣忠""父慈子孝""夫义妇顺""兄友弟恭""朋友有信"[②]。有关包青天形象的文艺作品，包括包青天本人，都深受儒家思想的影响。包青天考中进士任职时，便因父母不愿一同前往决定辞官，遵奉"父母在不远游"的思想，在家侍奉双亲。包拯以"孝"闻名乡里，因此谥号为"孝肃"。有关包青天的作品多提倡"忠孝节义"，而在包青天断案的剧情中，也处处体现着儒家思想的伦理道德判断。当司法与道德发生冲突时，包青天常以伦理道德作为审判标准，司法则退居其后。如《蝴蝶梦》中葛彪仰仗自己皇亲的身份，出手将无辜百姓王老汉打死，王老汉三个儿子在得知之后为父亲复仇将葛彪打死。包青天断案时要求王老汉的儿子为葛彪偿命，王母争着说是自己打死了葛彪，后又为维护王老汉前妻所生的王大、王二两个儿子，更是决定让自己的亲生儿子承担罪名。最终包青天为儿子尽孝、母亲仁义的举动打动，以偷马贼代替其子偿命，并推荐王家三个儿子入仕，并请皇帝封王母为"贤德夫人"。这种贴近平民日常生活的"小人物"刻画，加之道德价值与司法的冲突，更容易消弭传播过程中的距离感，也更宜于成为受众茶余饭后的谈资，从而在社交之中潜移默化地传播儒家思想。

（三）以民为本的批判精神

在中国古代农耕社会，农民处于封建制度压迫下的最底层，忍受着压迫与剥削，在政治上更是处于"失语"状态，没有发言权，因此底层人民不得不将自己的命运寄托在能以民为本、为民发声的明君与清官身上。可以说包青天相关文艺作品的创作史，也是各时代底层人民的时代记录史。最早将包公带入文学领域的是宋代深受广大市民欢迎的说唱艺人。《合同文字记》是迄今所知包公断案故事的最早雏形。至元代，由于统治者的无能和腐败，草菅人命、违法犯罪的事情时有发生，阶级矛盾加剧，平民百姓无处申冤，于是有关包青天公正廉洁、不畏权贵、为民申冤的作品开始大量涌现。据考证，现存 60%的公案戏创作于元代。万历以后的明朝，政治统治日渐腐化，但小说却得到了积极的发展，出现了空前的繁荣局面。近代以来包青天的故事不断推陈出新，艺术魅力不减反增，并逐渐开始走出国门，在东南亚、韩国、日本等地区产生了广泛

① 李永平：《包公文学及其传播》，陕西师范大学博士学位论文，2006 年，第 214 页。
② 韩星：《儒家伦理道德及其现代意义》，2023 年 8 月 6 日，https://mp.weixin.qq.com/s/W9nIgOTy0B1tXDjjgM0R9Q.html。

地影响，相关作品还被译成英、法、德、日等文字等广为传播[①]。创作题材也更加多样，表现形式更为丰富，经过长久地发展，塑就了这一经典的形象IP。

三、包青天形象IP在泰国的传播心理

（一）相似文化背景下的认同心理

认同（identity）一词源于拉丁文“idem”（相同，the same）。认同概念最早是由安娜·弗洛伊德（Anna Freud）提出，最早是指病理性的认同。[②]这里是指人们倾向于与自己有相似或相同特征、观点、态度、行为的人或事物产生共鸣和信任感。中泰两国在民族信仰、地理位置、合作关系等多种因素的影响之下，在文化上早已产生了密切的联系，且有着许多共同点，因此中国文化在泰国的传播环境相对也会更具优势。首先，在民族信仰方面，中泰两国都有佛教信仰。佛教在67年传入我国，属于“北传佛教”；泰国则是在尚未建国之前便已接触到了“南传佛教”，后经发展，“南传佛教”成为泰国境内最具影响力的宗教。虽然中泰两国佛教派系不同，但其源头是统一的，并非割裂的个体，且中泰双方佛教文化一直存在着积极的交流。其次，中国文化最早开始在泰国传播是通过移民至泰国的华侨进行的。华人移居泰国最早可追溯至宋末元初，吃苦耐劳的移民深受泰国政府与人民的欢迎。中国文化在泰国经过华侨的传播，逐渐形成规模，吸引了最基本的受众，为之后的深入交流打下了良好的基础。此外，中泰双方地理位置相近，双方文化有许多共同点，加之在泰华语学习的普及，使双方文化在传播过程中的差异与误解也逐渐减少，为文化交流打造了一个良好的传播环境。中国艺术作品虽然反映的是中国的社会现象与传统文化，是中国人的价值观念，但因为文化接近，泰国欣赏者在接触中国艺术作品时会更容易接受，进而产生文化认同。以民间流传的谚语“关节不到，有阎王包老”为例，这句话被用来形容包青天执法严明、刚正不阿、不徇私情，而其中所提到的“阎王”则是指阎罗王，即管理地狱的魔王。如果不是中泰双方有着相同鬼神文化，以及佛教报应论文化的信仰，便不易理解其中所表达的深层含义。这也是中国文化能够在泰国广泛传播并获得喜爱的重要原因。

（二）互动交流情境中的从众心理

从众效应（Bandwagon Effect），也称乐队花车效应，是指个体受到群体的

① 陆卫理、焦惠园：《包公形象与文化》，载《河南大学学报（社会科学版）》，2001年第6期，第93页。

② 方旭光：《政治认同的基础理论研究》，复旦大学博士学位论文，2007年，第5页。

影响，会怀疑并改变自己的观点、判断和行为，朝着与群体大多数人一致的方向变化[①]。1995 年，泰国三台引进我国台湾电视剧《包青天》（1993），开播即引发万人空巷。2018 年，湖南卫视某期《天天向上》里，节目组邀请的一位泰国嘉宾主持人就说道，《包青天》在泰国非常火，在开播的时候就会一家人坐在一起陪妈妈看，甚至姐姐长大后做了和包青天职业相近的工作——法官。作为侦探类剧集，它能充分地引发观众的好奇心，在每次剧集结束后，便会引发对新一轮剧情的讨论。以《包青天》中单元剧集《红花记》为例，京城发生连环杀人案，且凶手都会留下一朵红花。展昭在回乡扫墓的途中巧遇惜春院妓女白如梦被人追打，展昭救下该女子并将其送回惜春院，却不料中了老鸨的计谋，被诬陷为杀害养女小红的“红花杀手”，蒙冤入狱。包青天在审判过程中，白如梦拒不说出实情，随后包青天准备开棺验尸寻找线索时，尸体却不翼而飞。真相难查，包青天放出展昭查明真相，展昭却再次遭到杀手追杀，被杀手之后掉入河中，下落不明。包青天也险些被治罪。在这个故事里，每次接近真相时线索便会被打断，也使得真相愈发扑朔迷离，一次次加强观众对真相的期待，同时引发观众的猜想与讨论。而电视剧的特点之一便是参与性，一般在观看过程中都是一家人在一起观看，这种对观众兴趣的调动，想象空间的营造，能够充分引发观众的互动交流。随着包青天爆火，他的形象也开始出现在洗衣粉、牙膏、T 恤上，甚至在歌曲 MV、广告、综艺节目之中也多次出现。在这种曝光效应的影响之下，先前喜爱包青天的人就会因为接触次数的增加而加深对其的喜爱，这也是为什么包青天这一形象在泰国传播多年仍占有重要地位的原因。而先前未曾关注的人也会一定程度上受到从众心理的影响，部分转变或接受，成为其中一员。

（三）具身参照需求下的移情心理

移情（transference）原本是精神分析学中描述来访者和心理医生之间关系的术语。来访者由于自己的某种心理难题求助于心理医生，在诉说自己心理活动的过程中，无意识地将对他者的情感转移到面前的心理医生身上。欣赏艺术作品的过程可类比为心理咨询过程，欣赏者把情感投射到艺术作品之中，艺术作品中的人物化身为心理咨询师。移情是一切艺术作品打动欣赏者的根源。泰国有着和我国古代封建社会相近的社会背景，即平民百姓都承受着一定的压迫。处于军政府统治之下的泰国，政治环境并不清明，芭堤雅的旧衣服商贩有时也会对你说一句：“当利欲熏心之际，许多人往往会不择手段，受苦的，总

① [英]马克·伊尔斯：《从众效应：如何影响大众行为》，钱峰译，清华大学出版社，2010 年，第 4 页。

是那些无力反抗的贫苦大众！”（1993 年版《包青天》台词）《包青天》在泰国收视长虹也并非意外。因为泰国观众在这一人物形象的塑造之中，看到了新的可能与希望。在小说《三侠五义》第十五回中，陈州三年大旱灾，颗粒不收，国舅安乐侯庞昱抢男霸女，荼毒百姓，克扣赈粮，强征壮丁建造花园，使得陈州百姓民不聊生，包青天则奉旨下陈州查赈，公孙策设计要来龙、虎、狗三口御铡。庞国舅为保自身安全，派刺客暗杀包青天，幸得展昭所救。后来展昭又帮助保护人证与受害者，捉拿庞国舅，最终包青天克服了重重困难，审明案情，把安乐侯庞昱送进龙头铡，为陈州百姓伸张正义，百姓无不感谢为民做主的包青天。包青天对不法之徒的惩治、对平民百姓的关照、对家庭伦理的思考、对昏聩官员的讽刺，无不体现着“民为贵、社稷次之、君为轻”的民本思想，也体现了底层人民的内心呼喊。欣赏者在鉴赏过程中实现了移情参照，最终获得审美满足，获得心理安慰。时至今日，有关包青天的各类作品仍备受关注，各种活动中也常体现出他的形象。

结语

本文通过对《包青天》影视作品的剖析与解读，发现中泰两国在佛教文化、儒家伦理以及民本思想等方面展现出的深刻共鸣与相互映照。这种共鸣不仅体现在包青天形象的塑造与传播上，还深刻影响了受众的心理机制。认同心理、从众心理及移情心理在推动包青天形象在泰国广泛传播中发挥了重要作用，进一步增强了包青天这一形象 IP 传播的成效与影响力。

包青天这一形象 IP 在泰国的成功传播现象所折射出来的价值主要有以下两个方面：首先，增加泰国人对中国风俗、中国文化、中国历史的进一步了解，更为深刻地体验其中所蕴含的儒家思想与佛教文化；其次，对以后的对外传播有着重要的启示。在艺术作品创作前期，艺术创作者便需要对文化传播市场以及受众群体进行充分的调查与了解，深入分析文化接收方的需求与禁忌，争取与文化接收方的政府或官方平台进行合作推广，拓展传播渠道，以多重传播方式同步进行，线上线下同步传播。对于传播心理的分析能够帮助创作者从期待视域出发，充分去把握艺术作品的创作内容，增强后期传播效果。

参考文献

方旭光, 2007. 政治认同的基础理论研究[D]. 上海：复旦大学.

韩星. 儒家伦理道德及其现代意义[EB/OL]. (2023-08-06)[2023-11-30]. https: //mp.weixin.qq.com/s/W9nIgOTy0B1tXDjjgM0R9Q. html.
李永平, 2006. 包公文学及其传播[D]. 西安: 陕西师范大学.
陆卫理, 焦惠园, 2001. 包公形象与文化[J]. 河南大学学报（社会科学版）（6）: 92-95.
彭吉象, 2019. 艺术学概论[M]. 北京: 北京大学出版社.
颜艾华, 2021. 中国文化在泰传播与推广研究[D]. 重庆: 重庆大学.
燕耀, 徐金丹, 2021. 盗猎、狂欢与互动: 鬼畜视频的传播心理研究[J]. 当代电视（6）: 81-85.
姚建彬, 2019. 中国文学海外发展报告（2018）[M]. 北京: 社会科学文献出版社.
伊尔斯, 2010. 从众效应: 如何影响大众行为[M]. 钱峰, 译. 北京: 清华大学出版社.
张月, 2017. 中国文化符号在泰国曼谷地区的认同调查研究[D]. 扬州: 扬州大学.

Identity, Bondwagon and Transference: A Psychological Study on the Communication of Bao Qingtian Image IP in Thailand

Zhou Mengnan　Zhou Bao

Abstract: As a friendly country of China, the cultural exchange between China and Thailand has a long history. As early as the 3rd century BC, the Southwest Silk Road has built a channel for exchanges between the two countries. Cultural symbols such as Bao Qingtian, Confucius, the Monkey King, Buddhism, Confucianism and Taoism are highly recognized in Thailand. Bao Qingtian's prolonged upsurge in Thailand fully reflects the recognition of similar cultures such as Buddhist culture, Confucian ethics and people-oriented spirit formed by China and Thailand after the accumulation of long-term cultural exchanges, and the appreciators have also gained emotional interaction and self-reference in thinking and discussing the IP image of Bao Qingtian. Identity, Bandwagon Effect and Transference together constitute the psychological mechanism of Bao Qingtian's communication in Thailand, which enhances the communication effect in Thailand.

Keywords: Bao Qingtian；identity；bondwagon；transference